JN416724

리더십의 철학

-열두 명의 경영자에게 배우는 리더 육성법-

LEADERSHIP NO TETSUGAKU by Kazuo Ichijo
Copyright ⓒ 2015 Kazuo Ichijo
All rights reserved.
Original Japanese edition published by TOYO KEIZAI INC.

Korean translation copyright ⓒ 2016 by Dasan Publishing Co.,
This Korean edition published by arrangement with TOYO KEIZAI INC., Tokyo,
through HonnoKizuna, Inc., Tokyo, and EntersKorea Co., Ltd.

이 책의 한국어판 저작권은 (주)엔터스코리아를 통해
저작권자와 독점 계약한 다산출판사에 있습니다.
저작권법에 의하여 한국 내에서 보호를 받는 저작물이므로
무단전재와 무단복제를 금합니다.

리더십의 철학

-열두 명의 경영자에게 배우는 리더 육성법-

이치조 가즈오(一條和生) 저 · 노경아 역

다산출판사

내가 가장 좋아하는 영화인 〈시네마 천국〉[1]에는 안타까운 장면이 나온다. 영사기사인 알프레도가 자신을 따라 영사실에 들락거리다가 아들처럼 가까워진 청년 토토를 떠나보내는 장면이다.

토토는 무한한 가능성을 품은 청년이었지만 그대로 작은 마을에 머물며 추억만 되새긴다면 더 이상의 성장을 바랄 수 없었다. 그래서 알프레도는 토토에게 "더 넓은 세계를 보고 현실 속에서 살아가라."고 말한다. 그리고 만감이 교차하는 가운데 "너와는 이제 만나지 않을 테니 마을에 돌아오지 말거라.", "세상은 영화와는 달라. 인생은 더 힘들단다."라며 그를 밀쳐낸다. 그리고 기차를 타려는 토토의 등을 떠밀며 마지막으로 말한다. "향수에 잠기지 말거라."

그저 고향을 생각하고 향수에 잠기다 보면 미래가 없다. 그렇다고 과거를 돌아보는 일에 소극적이어야 한다는 말은 아니다. 사람은 미래를 생각할 때 자신이 경험한 다양한 사건에 비추어 판단을 내리기 때문이다. 지향해야 할 미래가 있으므로 많은 경험 중 특정한 사건이 강력하게 떠오르는 것이다. 미래를 향한 관심은 현재라는 연결다리를 통해 과거의 경험과

---

1) 원제는 〈Nuovo Cinema Paradiso〉. 쥬세페 토르나토레(Giuseppe Tornatore) 감독의 1988년 작품.

이어진다.

현재 나는 매월 1회, 사회인을 대상으로 '경험 공유 세션'이라는 강좌를 진행하고 있다. 이는 히토쓰바시 대학의 노나카 이쿠지로(野中郁次郎) 명예 교수가 주최하는 '지식 포럼' 프로그램의 일부다. '지식 포럼'이란 일본을 대표하는 30개의 기업에서 5년에서 10년 이내에 CXO(CEO나 CFO 등 최고 경영자)가 될 만한 사람을 추천받아 1년에 걸쳐 실시하는 경영자 육성 프로그램이다. 나는 2011년부터 노나카 교수와 함께 이 강의의 핵심 요원으로 일하고 있다.

이 '경험 공유 세션'에서는, 자신의 경력을 돌아보아 특히 중요한 교훈을 얻었다거나 인상에 깊이 남은 경험 및 사건 2~3가지를 골라 이야기로 정리한 다음 30분 동안 발표하는 순서가 있다. 이 강좌가 '경험 공유 세션'으로 불리는 것도 그 때문이다. 여기서는 1년 동안 30명의 이야기를 듣게 된다.

'경험 공유 세션'의 목적은 수강생이 일단 멈춰 서서 자신의 여정을 돌아보고 다시금 여정을 시작하도록 하는 데 있다. 경험은 그대로 두면 암묵지(暗默智)로 축적된다. 그런데 그 상태로는 타인과 경험을 공유하기도 어렵고 스스로도 그 기억을 점차 희미하게 잊어 갈 수 있다. 그래서 특히 큰 교훈을 얻었던 과거 경험을 객관적으로 분석함으로써, 자신이 새롭게 소중히 여겨야 할 것—인생의 신념 또는 자기 철학이라고도 말할 수 있는—을 재확인하려는 것이다.

깊은 신념과 철학이란 본인이 경험을 통해 얻은 실천지(實踐智, 실천을 통해 얻은 지식)를 말한다. 실천지는 남에게 말로 전달하는 과정을 통해 형식지가 됨으로써 신념에 기초한 행동을 더욱 강화한다.

또 과거를 돌아보는 일은 미래를 생각하는 일이기도 하다. 하지만 인상 깊었던 사건만 골라 이야기해 달라고 하면 난색을 표하는 사람도 있다. 과거의 경험은 셀 수 없이 많기 때문이다. 그중에서 중요한 것을 고르려 할 때, 사람은 자신의 현재와 미래를 동시에 생각하게 된다. 지금의 자신에 비추어 과거의 사건을 돌아보는 것이다. 또한 우리는 미래를 향해 살아가고 있으므로, 현재의 자신에 비추어 돌아본 과거의 경험은 미래의 자신과도 연결된다. 그래서 무언가 하고 싶은 일이 있을 때, 그것과 관련된 과거의 특정한 사건이 강력하게 떠오르는 것이다.

이처럼 과거를 생각하는 것은 현재와 미래의 자신을 생각하는 일이기도 하다. 사람은 이야기를 통해 과거와 현재를 연결하고 미래를 내다본다. 그래서 도전에 직면하고 그것을 극복하여 미래를 개척해야 할 리더에게 자신의 리더십 여정을 이야기의 형태로 전달하게 하는 것이다. 우리는 미래를 지향할 때 희망을 품는다. 미래를 개척할 리더에게는 희망이 반드시 필요하다.

그런 한편, 과거를 돌아보는 일은 자기 변혁으로도 이어진다. 과거를 확인하며 자신의 진정한 목표가 무엇이었는지 재확인하고, 그것을 실현하기 위해 행동을 바꿀 수도 있기 때문이다. 이처럼 사람은 '말'을 통해 삶의 의미를 찾고 자기를 변혁하며 사람과 사람 사이의 공동체를 만들면서 세대와 세대를 연결한다.[2)]

세션이 끝날 때마다 발표자의 인간적 매력이 훨씬 강하게 느껴지는 것이야말로 '경험 공유 세션'의 강점이라고 할 수 있다. '경험 공유 세션'을 마친 사람에게는 확실히 '저 사람은 그런 경험이 있었구나.', '이 사람은 그런 일을 했구나.' 하며 관심이 높아진다. 또 그 사람의 평소 행동, 즉 그 사람의 스타일이 어떤 경험과 배경을 통해 형성되었는지도 이해할 수 있다.

따라서 '경험 공유 세션'이 끝나면 발표자와의 대화가 활발해지는데, 그 대화는 언제나 호의적이고 허물없으며 화기애애하다. 그야말로 이야기가 화자와 청자의 관계를 긍정적으로 만든 것이다.

---

2) 야마다 요코(やまだようこ) 편저, 『인생을 이야기하다—꾸밈없는 라이프스토리(人生を物語る—生成のライフストーリー)』, 미네르바(ミネルヴァ)서방, 2000(국내 미출간—역자).

영국의 경영학자 린다 그래튼(Lynda Gratton)은 이렇게 말했다. “리더가 ‘맨몸’으로 나서게 된 이 시대에는 공감, 내적 성찰, 메시지 발신이 그 어느 때보다 중요하다. 리더가 자신의 과거와 미래를 연결하는 나름의 이야기를 팔로워에게 전하면, 그것이 공감을 불러일으킴으로써 있는 그대로의 자신이 팔로워에게 전해진다.”[3] 이처럼 양호한 인간관계의 구축을 가능케 하는 ‘이야기’는 남을 이끌어야 할 리더에게 반드시 필요한 도구다.

그러나 자신의 과거를 돌아보고 그것을 이야기로 정리하기란 결코 쉽지 않다. 실제로 ‘경험 공유 세션’에서는 30분이라는 시간의 대부분을 회사 소개와 업무 보고로 채우는 사람도 드물지 않다. 그런 한편, 하나의 사건을 멋진 이야기로 만들어 많은 이를 감동시키는 사람도 있다. 그 차이는 과연 어디에 있을까? 그것은 화자가 자신의 리더십을 깊이 자각하느냐 못 하느냐에 달려 있다고 생각한다.

‘경험 공유 세션’에 등장하는 모든 사건은 발표자가 기업이라는 조직 속에서 타인과 접촉하는 중에 일어난 것이다. 거기에는 성공 경험도 있고 실패 경험도 있다. 대부분의 화자는 그런 사건 속에서 도전에 직면하였으며, 그것을 극복하기 위해 타인과 협력하여 노력하는 과정에서 큰 깨달음을 얻었다. ‘어떻게 역경을 극복할까?’, ‘어떻게 사람들을 움직일까?’, ‘어떻게 다른 사람들과 목표를 공유할까?’, ‘어떻게 나 자신을 격려하고 타인을 통솔할까?’ 그 사건들은 이런 리더십을 배우는 귀중한 계기가 되었다. 그 덕분에 각자의 리더십 철학이 확립된 것이다.

즉 그들의 이야기에 등장하는 사건은 발표자가 리더십의 정의, 리더의 바람직한 삶의 방식과 철학을 실천적으로 배우는 귀중한 계기였다. 그들은 그렇게 경험을 쌓으며 리더십을 더 깊이 이해하고 자신만의 리더십 스

3) 린다 그래튼, 『미래기업—레질리언스 경영과 리더십(未来企業—レジリエンスの經營とリーダーシップ)』, 요시다 신지(吉田晋治) 역, 프레지던트(プレジデント)사, 2014(원서는 *The Key: How Corporations Succeed by Solving the World's Toughest Problems*, McGraw-Hill Education, 2014—역자).

타일을 확립해 나갔다. 이처럼 귀중한 경험이 포함된 이야기는 화자의 리더십 여정, 즉 리더로 성장해 온 역사 그 자체라 할 수 있다.

리더십 여정을 이야기로 엮다 보면 각자의 리더십 스타일도 분명히 드러난다. 리더는 자신만의 독자적인 리더십 스타일을 확립해야 한다. 나는 지금까지, '경험 공유 세션'뿐만 아니라 다양한 리더 육성 프로그램 및 사내 변혁 프로젝트를 통해 여러 기업의 많은 리더와 함께 일해 왔다. 그 덕분에 리더십 스타일이 얼마나 다양한지도 잘 안다. 리더십이라는 말을 들으면 전형적인 리더의 모습을 떠올리는 사람이 많지만, 사실은 비슷한 리더십을 가진 사람을 둘 이상 찾아내기가 오히려 더 어렵다.

따라서 리더십을 발휘하려면 반드시 자신만의 독자적 스타일을 확립해야 한다. 그것이 바로 '오센틱(Authentic) 리더십'이다. 이 말을 직역하면 '진정한 리더십', '진짜 리더십'이다. 그러나 그 의미를 확장하여 '자신만의 리더십', '자신다운 리더십'으로도 해석할 수 있다. 즉 남을 통솔하면서 자신다움을 잃지 말라는 뜻이다. 남의 스타일을 아무리 모방해도 자신의 것은 되지 않는다. 그 리더십은 그저 가짜, 모조품으로만 남을 것이다.

다양한 리더십 스타일의 기반에는 각각의 결정적인 사건이 있다. 그런 귀중한 경험을 통해 리더로서의 '흔들리지 않는 축', '자신다운 리더십의 철학', '실천지'를 획득하게 된다.

'지식 포럼'에서 리더들의 다양한 리더십 여정을 듣다 보니 그런 이야기를 더 많이 듣고 싶어졌다. 그래서 지금까지 내가 만나고 함께 일했던 리더, 혹은 독자적인 리더십 스타일로 주목받는 리더와의 인터뷰를 통해 각각의 리더십 여정에 관한 이야기를 모으고, 그것을 책으로 엮어내고 싶다는 생각을 했다.

리더십 스타일은 매우 다양하므로 자신에게 맞는 최적의 스타일을 찾아내는 일이 중요하다. 그리고 '흔들리지 않는 축', 즉 리더로서의 신념과 철학의 중요성을 일깨워 준 '결정적 경험'을 발굴하고, 그에 따라 일관된 행동을 취하며 리더십 여정을 지속해야 한다. 매력적인 리더십 이야기를 통해 독자들에게 이런 메시지를 전하고 싶었다. 그리고 리더십을 여전히 특정인의 전유물로 생각하는 일본 사회에 경종을 울리고 싶었다. 더 많은 사람이 자신의 리더십을 자각하고 그것을 발휘하기 바란다. 이것이 이 책을 출판하면서 내가 희망하는 바다.

원래 여행의 백미는 감동적인 경험이며, 그것은 우리 마음에 영원한 추억으로 남는다. 그리고 우리는 그 경험을 타인에게 전하려고 애쓴다. 그래서 그 이야기에 공감한 사람은 같은 감동을 찾아 같은 곳으로 여행을 떠나기도 한다. 이처럼 감동은 말을 통해 전달된다. 하나의 이야기를 계기로 누군가는 새로운 여정에 발을 내딛을 것이다. 리더십 분야에도 이런 일이 일어나기를 바라는 마음으로 이 책을 펴내게 되었다.

이 책에 등장하는 리더는 모두 열두 명이다. 그중에는 나와 무려 20년 가까이 알고 지낸 분도 있고 이번 집필을 계기로 처음 만난 분도 있다. 여성이 두 명, 남성이 열 명으로 모두 일본인이면서 세계적으로 활약하고 있다. 각각의 리더십 여정은 매우 각양각색이다. 스스로 세운 면밀한 계획에 따라 경력을 쌓아온 분도 있고 어느 날 뜻밖에 최고 경영자의 자리에 앉게 된 분도 있다. 할 일조차 없는 한직으로 밀려나 괴로워했던 분, 한때 사표를 품고 출근했던 분도 있다.

그러나 그중 어떤 리더의 여정도 계획대로 순조롭게 진행되지 않았다. 정도의 차이는 있지만 누구나 성공과 실패의 시기를 모두 겪었다. 그래도 모든 리더십 스토리가 긍정적으로 끝나는 것은 이들이 아무리 힘들어도 희망을 잃지 않고 역경을 극복하며 여정을 지속했기 때문이다. 그런 의미에서 열두 명 전원이 레질리언스(resilience, 역경을 극복하는 힘 또는 '정신적 회복력' 등으로 번역됨—역주)를 갖추었다고 말할 수 있다.

모든 리더십 이야기가 매력적이었고, 이야기를 전하는 그들의 모습에서는 빛이 났다. 듣는 나도 재미있어서 인터뷰가 전체적으로 즐거웠다. 그들의 리더십 여정의 감동이 나에게도 전해져 왔다. 많은 독자들도 이 감동을 함께 느끼고 자신만의 리더십 여정을 시작하기를 진심으로 기원한다.

차례

"리더십 여정에는 끝이 없다"

후지모리 요시아키 藤森義明

LIXIL 그룹 상담역

사진 : 우메타니 히데지(梅谷秀司)

1951년 도쿄 도 출생. 1975년 도쿄 대학교 공학부 졸업 후 닛쇼이와이(日商岩井: 현 소지쓰(双日)) 입사. 1981년 카네기멜론(Carnegie Mellon) 대학에서 MBA 취득. 1986년 제너럴 일렉트릭(GE)으로 이직. 1990년 GE 메디컬 시스템즈 제너럴 매니저(GM), 1997년 미국 GE 부사장 겸 GE 메디컬 시스템즈 아시아 CEO. 2001년 미국 GE 수석 부사장. 2005년 일본 GE 회장 겸 GM 관리자 아시아 대표(CEO). 2008년 일본 GE 사장 겸임. 2011년 LIXIL 그룹 사장 겸 CEO. 2016년부터 현직.

The Leadership Journey

후지모리 씨와의 만남

이번에 만난 리더들 중 후지모리 씨를 가장 오랜만에 만났다. 18년 전에 만난 후 처음이다. 나는 당시 크로톤빌(Crotonville)[1]에서 실시되는 GE(제너럴 일렉트릭)의 리더십 프로그램을 일본에 순차적으로 도입하는 일을 돕고 있었는데, 그 과정에서 처음으로 후지모리 씨와 일하게 되었다. 후지모리 씨는 그전부터 GE에서 유명했던 데다, 나도 당시 호텔 오쿠라(Okura) 별관 앞에 있던 일본 GE 본사에 자주 출입했던 덕분에 그를 본 적이 있었다.

후지모리 씨는 GE의 영웅적 존재로, 당시에도 전설적인 일화가 많았다. 회장 겸 CEO였던 잭 웰치(Jack Welch) 앞에서 사업 프레젠테이션을 하여 높은 평가를 받았고, 그래서 즉시 미국으로 건너가 메디컬 사업 간부 앞에서 프레젠테이션을 하게 되었는데 그것이 또다시 높은 평가를 받아 갑자기 미국 사업부장이 되었으며, 그 후 차례차례 맡게 된 어려운 과제를 다 극복하여 연속 승진 가도를 달렸다는 등의 이야기다.

---

1) GE의 리더십 개발 센터가 있는 곳. 이 센터는 현재 전 CEO의 이름을 따서 '잭 웰치 리더십 개발 센터'로 불린다. 당시 GE는 일본 사업을 급속히 확대하는 중이어서 이전에 크로톤빌에서 실시된 프로그램을 일본에 도입하여 더 많은 리더를 육성하려 했다.

내가 담당한 GE 리더십 프로그램 중에 GE에서 활약하는 리더를 롤모델로 초대하여 이야기를 듣는 순서가 있었다. 그때 후지모리 씨를 초빙하여 그 유명한 프레젠테이션을 들었다. 굵직하고 우렁찬 목소리, 손짓과 몸짓이 뒤섞인 열정적인 프레젠테이션은 그야말로 압권이었다. 거기에 압도되지 않을 사람은 아마 없을 듯했다.

당시 GE는 일본 기업에 큰 영향력을 끼쳤으므로(지금도 그렇지만) GE와 잭 웰치에 관한 책과 기사가 꽤 인기를 끌었다. 그런 세계적 우량 기업 GE를 일본 내에서 상징하는 듯한 존재가 후지모리 씨였다. 나 역시 그와 함께 일본을 대표하는 여러 기업을 방문하여 GE의 힘의 원천을 이야기하고 일본 기업의 개혁을 독려했다. 그 후에도 후지모리 씨는 GE에서 눈부신 활약을 펼쳐 일본인 최초로 GE의 임원이 되는 데 성공했다.[2)] 또 2001년에는 GE의 수석 부사장으로 승진하여 새로이 회장 겸 CEO로 취임한 오랜 친구 제프리 이멜트(Jeffrey Immelt)를 보좌했다. 그 후로도 엔지니어링 플라스틱 사업부 대표, GE 아시아 전체 총괄 등을 맡으며 그의 활약은 이어졌다. 그런데 후지모리 씨가 2011년에 LIXIL 그룹의 이사 대표집행역 사장 겸 CEO로 취임했다는 소식이 들려왔다. 한동안 뜸했던 그를 만나고 싶어졌다. 새삼 오늘에 이르는 후지모리 씨의 리더십 여정을 되짚어 보고, 그 리더십의 성과를 LIXIL에서 어떻게 발휘하려는지 듣고 싶었기 때문이다.

유학 중에 자신의 미약함을 깨닫다

리더십은 끝없는 여정이다. 그래서 어떤 경험을 계기로 자신의 리더십

2) 후지모리 씨는 1997년에 GE 부사장, 그리고 GE 메디컬 시스템즈 아시아 사장 겸 CEO로 취임했다.

이 형성되었다는 '진실의 순간' 같은 것도 없고 '내 리더십은 이렇다.'라고 규정하기도 어렵다. 사실 그보다 중요한 것은 언제부터 자신의 리더십 여정이 시작되었는지 자각하는 일이다. 그 자각이 없다면 리더십 여정은 아직 시작되지 않았다고 말할 수 있다.

나는 도쿄 대학교 공학부를 졸업한 후, 기술자의 일은 나와 맞지 않는다고 판단하고 닛쇼이와이(현 소지쓰)에 입사했다. 업계 상위인 재벌계 상사(商社)로 가지 않은 것은 어차피 일할 바에는 언젠가 사장이 되고 싶었기 때문이다. 그렇다면 우수한 도쿄 대학 졸업생이 많은 곳보다 업계 6위로 규모가 작은 닛쇼이와이로 가서 사장이 될 확률을 높여야겠다고 생각했다.

입사 후 배속된 에너지 부문에서는 그야말로 눈코 뜰 새 없이 일했다. 상사라서 고객을 접대할 일이 많다 보니 매일 긴자와 롯본기의 술집을 전전했다. 그러던 어느 날 전무가 "미국에 가서 MBA를 이수하면 어떻겠느냐?"고 권했다. 솔직히 관심이 전혀 없던 터라 생각이 없다고 말했다. '사장이 되는 데 MBA 따위는 시간낭비일 뿐이다. 30년간 남보다 좋은 성과를 지속적으로 내면 결국은 사장이 될 수 있다. 그러니 지금처럼만 하면 된다'는 생각이었다. 그러자 전무는 "그렇게 좁은 시야가 문제"라며 나를 질책했다. '과연 그렇게 생각할 수도 있구나. 그렇다면 어쩔 수 없지. 가보자.'라는 생각으로 공부를 시작했다.

그런데 4월에야 사내 전형에 붙었다. 수업이 시작되는 9월에 입학하기는 시간적으로 무리였기에 일단 현지에 가서 학교 측과 직접 교섭하기로 했다. 당연히 모든 대학이 합격자 발표가 끝났다면서 입학 허가를 내주지 않았다. 그렇게 포기하려던 참에 카네기멜론 대학에서 결원이 났다는 연락이 와서 아슬아슬하게 입학할 수 있었다.

MBA에서는 경영에 관한 이론과 기법 등 기본적인 지식을 배웠다. 리더십에 대해서도 한번 다루기는 했지만 그 진정한 가치를 깨닫거나 나만의 리더십을 발견하기는 어려웠다.

그보다 나는 MBA에서, '지구상에 그처럼 다양한 세계가 존재한다.'는 사실을 절감했다. 내가 너무 작아 보여서 더 커져야겠다는 마음이 강해졌다. 따라서 MBA는 내게 리더십 훈련 과정은 아니었지만, 나를 바꾸는 계기를 제공했다는 의미에서 리더십의 출발에 큰 역할을 한 셈이다.

웰치에게 인정받아 리더십 연수에 참가하다

MBA 이후 닛쇼이와이로 돌아와 캐나다의 천연가스(LNG) 개발 프로젝트를 추진하는 일을 맡았다. 상대측에서는 젊은 사람이 교섭의 실권을 쥐고 있었던 데 반해 나는 말석이라 아무 권한도 없었다. 그래서 '이대로 괜찮을까' 하고 고민하던 차에 헤드헌터의 제안을 받았다. 그래서 35세에 과감하게 제너럴 일렉트릭(GE)으로 이직했다.

그때부터 내 리더십 여정이 본격적으로 시작되었다. GE에 들어가서는 리더십이라는 이름이 붙은 훈련이 무척 다양한 것에 일단 놀랐다. 특히 잭 웰치 시절에 미국 크로톤빌 리더십 개발 연구소의 리더 육성 기능이 강화된 결과, MDC(Management Development Course), BMC(Business Management Course), EDC(Executive Development Course)라는 3단계 리더십 훈련 프로그램이 잘 정비되어 있었다. 다만 MDC의 문은 좁았으며 거기에서 BMC로 진출하는 사람은 더 적은 수의 인재로 한정되었다.

하지만 나는 운 좋게도 입사 후 반년 만에 웰치의 앞에서 프레젠테이션을 할 기회를 얻었다. 의료기 사업의 브라질 진출을 담당하던 때였는데, 남미의 신용불안 사태로 일본 · 유럽 · 미국의 주요 은행이 융자를 꺼리는 상황이었다. 그런데 내가 상사 시절의 인맥을 활용하여 미쓰비시 상사 계열 금융회사로부터 융자를 받는 데 성공했다. 그 일로 나는 본사 인원들뿐 아니라 웰치조차 하지 못한 일을 해냈다는 평가를 받았다. 그리고 이후 연수 프로그램에 속속 참여하게 되었다.

최초로 받은 연수는 입사 2년차의 BMC였다. 보통은 MDC를 이수한 후에 참여하는 코스지만 나는 MDC를 면제받을 수 있었다. 게다가 BMC는 원래 크로톤빌에서만 한 달간 진행되는 코스였으나 내가 참여한 1987년부터는 그 교육 범위가 세계로 확대되었다. 덕분에 프랑스의 비즈니스 스쿨 'INSEAD(INStitut Européen d'ADministration des Affaires, 일명 유럽 경영대학원)'를 비롯하여 독일과 벨기에까지 돌아볼 수 있었다.

연수를 받는 동안에는 '세상에 이만큼 대단한 사람들이 있구나.' 하는 문화 충격을 받았다. 사실 엄선된 인재들과 함께 훈련을 받는 것만으로도 무척 큰 자극이 되었다. 훈련 프로그램이 'GE의 리더십', '바람직한 리더의 행동 패턴' 등 리더십 위주로 편성되어 있는 것도 놀라웠다. 닛쇼이와이 시절에는 리더십을 생각해 본 적조차 없었기 때문이다. 대체 리더십이란 무엇일까? 과연 어떤 뜻인지 궁금하여 사전에서 '리더십'이라는 말을 찾아보았을 정도다.

연수원에서 리더십에 대해 이런저런 설명을 들었지만 좀처럼 가슴에 명쾌하게 와 닿지 않았다. 그런데 리더십의 바탕에는 우리에게 필요한 행동 패턴을 뒷받침하는 일련의 가치관이 존재하고 있었다. 그래서 그런 가치관을 이해하고 제 것으로 만들어 그 가치관에 맞는 행동을 취하는 사람이 리더라고 나는 나름대로 정의했다.

GE 가치의 이해

한 달간 연수를 받으며 차차 알게 된 것이 'GE 가치'의 의미였다. 예를 들어 웰치는 당시 '무경계(Boundary-less)'라는 말을 자주 했다. 장벽을 만들지 말라는 뜻이다. 장벽이 생기면 정보가 차단되어 팀워크가 작동하지 않는다. 일본에서는 자기 정보의 우열을 가지고 경쟁할 때가 많지만 GE에서는 모든 정보를 공개한 뒤 같은 정보를 바탕으로 취한 행동의 우열을 평가받는다.

'책임(Accountability)'도 기본 가치 중 하나인데, 이는 단순한 책임이 아니라 지시받은 일을 '반드시' 성취하는 것을 의미한다. 구체적으로는 전략을 세우고 팀을 꾸려 성과를 내야 한다는 뜻인데, GE의 강점은 이 '책임'이 철저하게 지켜지는 데에 있었다.

당시 BMC 연수생은 유럽에서 리더십 훈련을 받은 후 과제로 받은 프로젝트를 수행하게 되어 있었다. 그리고 한 달 뒤에 크로톤빌에 돌아와 웰치에게 팀 프레젠테이션을 해야 했다. 이때 나는 프레젠테이터가 아니어서 웰치에게 별다른 인상을 남기지는 못했다. 그러나 35세라는 젊은 나이에 이런 연수를 통해 리더십이라는 개념을 접하게 된 것은 크나큰 행운이었다.

롤모델과 '확장(Stretch)'

훈련을 받아 머리로는 알게 되어도 실제 사례를 보고 배우지 않으면 리더십을 자기 것으로 만들 수 없다. 그래서 그 후 나는 웰치를 비롯한 훌륭한 사람들을 만날 때마다 그들의 강점이 무엇인지 파악하여 롤모델로 삼으려고 노력했다. 한 사람의 모든 면을 본받는 것이 아니라 '책임'이 강점인 사람, '무경계'의 화신인 듯한 사람 등 핵심 가치를 실천하는 사람을 만나면 각각 그 강점을 어떻게 성취했는지를 관찰하는 것이다. 그렇게 하다 보면 내가 어떻게 행동해야 하는지도 조금씩 알게 된다.

이런 준비 단계를 거친 후 큰 과제를 받으면 드디어 실천에 돌입한다. 지금까지 배운 리더로서의 행동을 실제로 실행하는 것인데, 그때는 내가 부하의 롤모델이 되어야 한다.

내 경우, 연수 후 GE 메디컬로 이동한 지 1년 반 정도 지났을 때 큰 과제를 맡았다. 갑자기 밀워키(Milwaukee)를 거점으로 하는 매출 200억 엔

규모의 핵 의료기기 사업부 대표로 취임하게 된 것이다. 일본에서는 한 명도 없었던 부하를 졸지에 몇 백 명이나 거느리게 되었다.

경험도 없는데 무모한 발령이라고 생각할지 모르지만 이것이 이른바 GE의 '확장(Stretch)'이라는 가치다. GE는 그렇게 잠재력을 세 배, 네 배로 끌어올릴 기회를 사원에게 부여한다. 무리 없는 범위 내에서만 목표를 설정하면 그것만 달성하고 만족해 버리므로 사원은 현재의 능력 이상으로 발전하지 못한다. 그러나 GE가 말하는 '확장'이란 단순히 능력보다 높은 목표를 설정하는 것이 아니다. 오히려 그 사람의 잠재력을 끌어내는 것이 핵심이다. 즉 본인의 예상보다 훨씬 큰 기회를 주는 것인데, 이는 다시 말해 스스로 그만한 위험을 짊어져야 한다는 뜻이기도 하다.

피드백으로 자신을 발전시킨다

내가 리더의 역할을 수행하는 모습을 주변에서는 어떻게 지켜보고 있을까? 나의 행동이 과연 GE 가치에 부합하는지를 항상 점검할 필요가 있다. 그 과정이 제대로 이루어지지 않으면 좋은 리더가 될 수 없다. 그러므로 자신의 행동에 대한 피드백은 무척 중요하다.

나는 다행히도 처음으로 큰 과제를 받았을 때 스티브 패츠콧(Stephen Patscot)이라는 친구를 만났다. 그는 나보다 열 살쯤 젊어서 당시에는 아직 인사 부문의 훈련생이었다. 우리는 회사 업무가 끝나면 맥주를 마시고 주말이 되면 골프를 쳤는데, 그럴 때마다 그는 나에게 피드백을 주며 GE의 리더십을 역설했다. 젊은 20대 전반의 훈련생도 자사의 리더십을 유창하게 설명할 수 있다는 것이 GE의 인적 관리의 장점이다.

나는 밀워키에 머무르는 9년간 세 곳의 사업부를 거쳤는데, 사업부를 이동할 때마다 패츠콧을 인사 담당자로 데려갔다. 그가 나를 좋은 CEO로 만들고 싶은 진실한 마음으로 부정적인 점까지 숨기지 않고 다 지적해 주었기 때문이다.

GE에서는 임원으로 승진할 때 리더십 평가를 받게 되어 있다. 이 평가는 외부 담당자의 주도하에 일주일간 실시된다. 2~3일 동안은 내가 어떤 과정으로 성장했는지, 무엇을 생각하며 어디서 무엇을 했는지를 조사하는 동시에, 내 주변의 20명쯤 되는 사람들과도 면담을 하는 360도 평가가 진행된다. 평가 담당자는 그렇게 모은 정보를 바탕으로 내가 어떤 사람인지를 정리한 30~40쪽 가량의 보고서를 웰치와 임원진에게 제출한다. 그래서 그들은 내게 충분한 리더십이 잠재되어 있는지를 판단하고 임원 발령을 낸다. GE에서는 그만큼 많은 시간과 노력을 들여 리더십을 평가하는 것이다.

360도 평가를 통해 나와 주변의 인식의 차이를 실감하게 하는 과정은 그야말로 충격적이다. 일례로 '당신은 무경계로 행동하는가?'라는 질문에 대해 본인은 '그게 바로 내 장점'이라고 생각하여 만점인 5점을 주더라도 상사, 부하, 동료는 3점을 줄 수 있기 때문이다.

평가 대상자는 그 결과를 바탕으로 자신이 어떤 사람이고 앞으로 무엇을 해야 할지, 어떤 점을 보강해야 할지 파악하고 개선하며 리더십을 향상시켜야 한다. 그런 후에야 스스로 리더십을 말할 수 있으며, 그 후에도 계속 배우면서 그 내용과 능력에 깊이를 더해야 한다. GE의 리더십 탐구는 영원히 지속되며, 모든 임직원은 '리더십 탐구를 절대 멈추어서는 안 된다.'는 생각을 철저히 주입받는다. 웰치는 물론이고 그보다 더 높은 사람이라 해도 그 탐구를 멈추는 즉시 그 사실이 탄로 나 경력에 종지부를 찍게 될 것이다.

일본 기업도 변할 수 있다는 것을 증명하고 싶었다

그렇게 1997년부터 아시아 헬스케어 사업 대표, 2003년부터 아시아 퍼시픽 대표로 근무하다가 2005년에 일본 GE의 회장으로 취임했다. 그와 동시에 한동안 일본 정세에 소원해지기도 했고 다른 리더들은 어떤 리더십을 실천하는지 배우고 싶기도 해서 경제인 모임에 들어갔다. 토스템(Tostem) 창업자이자 주생활(住生活) 그룹(현 LIXIL 그룹)의 회장 겸 CEO였던 우시오다 요이치로(潮田洋一郎) 씨도 그때 처음 알게 되었다.

60세가 가까워지니 일본 경제와 일본 기업에 공헌하고 싶다는 마음이 커졌다. 그래서 우시오다 씨의 권유에 응해 2011년에 GE를 퇴사하고 LIXIL 그룹의 사장으로 취임했다. 다른 기업의 제안도 받았지만 진심으로 회사를 개혁하려는 우시오다 씨의 마음이 느껴져 LIXIL을 선택했다.

사실 지금까지 많은 사람에게 GE 이야기를 했지만 대부분 "그것은 GE라서 가능했던 일이다."라고 일축하는 것이 매우 유감이었다. 안 되는 것이 아니라 그저 하지 않았던 것이 아닐까? 내가 일본 기업을 바꾸는 데 성공하면 GE와 동일한 개혁이 일본 기업에도 가능함을 증명할 수 있을 듯했다.

LIXIL 사장이 된 후에는 나 스스로가 정체되지 않도록 지속적으로 피드백을 받는 시스템부터 구축했다. 처음에는 스티브 패츠콧을 컨설턴트로 고용했다. 밀워키를 떠난 후 그와 함께 일할 기회가 없었다. 그런데 이번에 그 역시 GE를 그만둔 참이었다. 그가 기업 경영진 컨설팅을 전문으로 하는 스펜서 스튜어트(Spencer Stuart)로 옮긴 후에도 그 컨설팅 계약은 유지되었다. 또 LIXIL은 독일과 미국 기업을 지속적으로 매수했으므로 경쟁력을 유지하기 위해서는 세계적인 관리 시스템의 구축과 인재 보강이 시급했다. 그래서 패츠콧에게 세계 초일류 관리 시스템과 LIXIL의 관리 시스템의 격차를 분석하고 조직 및 인재 측면의 개선책 수립을 위한 정보를 수집해 달라고 의뢰했다.

또, 내가 일본 GE의 대표로 취임하면서 일본으로 기반을 옮긴 뒤 나를 줄곧 도와주었던 야기 요스케(八木洋介) 씨도 LIXIL로 영입했다. 그 역시 나를 항상 제삼자의 눈으로 보고 기탄없는 피드백을 해 준 인물이다.

더 나아가, GE에서 경영진 코칭을 맡았던 게리 랭커(Gary Ranker)에게도 CEO 코칭을 의뢰했다. 이리하여 각기 다른 관점에서 조언을 해 줄 패츠콧, 야기, 랭커의 삼인체제를 통해 내 리더십을 지속적으로 검증받을 수 있게 되었다.

CEO 코칭과 격차 분석

랭커의 CEO 코칭은 3개월에 한 번, 4~5시간에 걸쳐 이루어지고 있다. 그의 코칭에는 내 주변 사람 10~15명으로부터 나온 360도 평가 데이터가 활용된다. 평가자 중에는 우시오다 회장, 동료, 부하, 외국인도 포함된다. 리더십은 상대가 어떻게 받아들이는가가 매우 중요하므로 360도 평가가 반드시 필요하다. 가령 나는 내뱉은 적 없는 말이라도 상대가 들었다고 생각한다면 내뱉은 것을 사실로 간주해야 한다. 그것이 랭커의 생각이며 나도 거기 동의한다.

랭커가 꼽은 CEO의 핵심 능력은 '소통', '리더의 존재감', '관리 능력', '리더십'의 네 항목이다. 소통이란 내가 하는 말이 잘 전달되고 상대가 잘 듣느냐를 말한다.

리더의 존재감이란 내가 사장으로 인식될 만한 분위기를 지녔느냐 하는 것이다. 관리 능력이란 회사에 업무를 제대로 수행할 만한 운영 시스템이 구축되어 있고 사원이 업무상 그것을 실감하느냐 하는 것이다. 그리고 리더십이란 GE에서의 의미와는 달리, 사람을 끌어당기는 힘이 있어 모두가 나를 따르느냐를 가리킨다. 이 네 항목에 관한 질문을 수치화하여 3개월마다 현상을 조사하고 개선된 부분, 저하된 부분, 수정해야 할 부분 등을 살펴본다.

여기서 중요한 것이 자기 평가와 주위 평가의 격차 분석이다. 예를 하나 들어보자. 예전에 나는 소통을 충분히 하고 있다고 생각했다. 사원들과 회사에 관해 기탄없이 이야기하기 위해 원탁회의도 개최했고 블로그도 운영했으며 사내 신문, 외부 신문, TV 등을 통해 지속적으로 메시지를 발신했다. 나름대로 소통에는 자부심이 있었다.

그러나 주위 평가에서는 소통이 부족하다는 결과가 나왔다. 왜 그렇게 느끼는지 조사했더니 내가 말을 충분히 하지 않아서가 아니라 남의 말을 충분히 듣지 않기 때문이라고 했다. 소통은 쌍방 통행이니 자신의 이야기를 더 들어달라는 것이다. 더 깊이 분석한 결과, 막연히 듣는 것이 아니라 관심을 기울여, 도중에 끊지 말고 끝까지 듣고 이해한 후에 대답해 주기를 바란다는 점도 알게 되었다.

사실 나는 참을성이 부족해서 상대의 말을 도중에 끊을 때가 있었다. 남의 의견을 잘 들으라는 충고를 들어도 왜 주절주절 늘어놓는 이야기를 다 들어야 하는지 의아해했다. 그러나 랭커는 "어쨌든 데이터는 이렇다."며 근거를 들이밀었다. 그래서 어떻게 격차를 줄이고 평가를 높일지를 논의했다.

단, 격차를 무조건 해소해야 하는 것은 아니다. 가령 '리더의 존재감'이 너무 크면 부하는 위축되어 아무 말도 못하게 된다. 웰치가 입장할 때 모두 긴장하여 쥐죽은 듯 조용해지는 것처럼 말이다. 그러나 나는 어느 정도의 긴장감은 유지되는 편이 좋다고 생각한다. 물론 무서워서 말을 못할 정도여서는 안 될 것이다. 그러나 어느 정도 긴장된 분위기에서도 과감하게 발언하는 사람이야말로 그릇이 크고 심지가 굳은 사람이 아닐까? 그래서 360도 평가 결과를 가지고 랭커와 다양하게 논의한 결과, '리더의 존재감'에 대한 격차는 그대로 유지하기로 결론지었다.

리더를 배출하는 시스템을 만들자

앞에서도 말했지만 리더십은 목표가 아닌 여정이다. 리더는 끊임없이 배우며 더 높은 곳을 지향해야 한다. 웰치 역시 "배울 마음이 없어졌을 때, 자신을 성장시킬 마음이 없어졌을 때, 그때가 바로 물러날 때다."라고 말했다. '나는 이런 사람'이라고 자신을 확정하는 순간 배울 마음이 없어지고 성장할 힘을 잃는다. 그래서 책을 쓰기 시작하면 인생이 끝난다고 말하는 것이다. 다른 사람이 나에 대해 쓰는 건 괜찮지만 내가 책을 쓰게 되면 거기서 내 리더십 여정은 끝나고 말 것이다.

배울 마음이 사라지지 않는 한 나를 성장시키려는 노력의 과정은 영원히 지속된다. 내가 일과 관계없이 다양한 사람을 만나는 이유 역시 훌륭한 사람들에게서 다양한 형태의 배움을 얻기 위해서다. 경제인 모임에 들어간 것이나 다보스포럼(매년 스위스의 다보스에서 개최되는 '세계경제포럼' 연차총회의 통칭—역주)에 참석하는 것도 같은 이유로, 큰 무대에 나가는 것이야말로 나를 성장시키는 비결이라고 믿는다.

간혹 리더의 소질을 타고난 사람도 있을지 모르지만 나는 기본적으로 누구나 리더가 될 수 있다고 생각한다. 리더는 육성되는 것이다. 그러므로 리더를 기르고 리더십을 가르칠 과정과 수단이 반드시 필요하다. 교육을 통해 리더십을 가르치고, 현장에서 실제 과제를 부여하여 자신의 리더십을 활용하게 해야 한다. 그리고 피드백을 실시해야 한다. 미래의 리더는 그것을 받아들여 자신을 더욱 성장시킬 것이다. 다시 말하지만 스스로 끊임없이 생각하면서 리더십 여정을 유지하게 만드는 과정을 구축해야 한다.

연수나 세미나 등 강의로 공부한 리더십은 도움이 되지 않는다는 의견도 있지만, 깨달음을 얻기만 한다면 거기서도 그 사람의 리더십 여정은 시작될 것이다. 현재 LIXIL에서는 해마다 열 명씩을 MBA에 보낸다. 불과 열 명이지만 이렇게 5년이면 50명의 인재를 육성할 수 있다. 그것이 인재를 몇 백 명으로 늘리는 첫걸음이 되리라 생각한다.

"누구에게나 무한한 가능성이 있다"

사와다 미치타카 澤田道隆

가오(花王) 대표이사 사장 집행임원

사진 : 오가타 후미시게(尾形文繁)

1955년 오사카 부 출생. 1981년 오사카 대학교 대학원 공학연구과 석사과정 수료(프로세스 공학전공). 가오 비누(현 가오)에 입사, 연구개발 부문에 배속. 1999년 소재 개발 연구소장, 2003년 위생용품 연구소장, 2006년 연구개발 부문 부총괄 집행임원, 2007년 휴먼 헬스케어 연구소장, 2008년 이사 집행임원. 2012년부터 현역.

사와다 씨와의 만남

끊임없이 혁신을 추구하는 가오라는 회사를 도와 일하기 시작한 것이 벌써 20년째다. 내가 일을 처음 의뢰받았을 때의 사장은 도키와 후미카쓰(常盤文克) 씨였는데, 과학적 이론과 철학에 입각한 그의 경영 스타일은 지식창조 조직에 관한 이론을 구축하던 나에게 매우 중요한 깨달음을 주었다. 그는 사원 각자의 지적 능력을 향상시키는 인재 육성 프로그램에도 관심이 많아, 당시 가스미가우라(霞ケ浦)에 있던 내 연구소를 자주 찾아왔다.

나는 이론과 실천을 중시하며 부문 간, 계층 간 장벽이 낮아 사원들이 자유롭게 대화할 수 있는 가오가 무척 마음에 들었고, 그런 회사에 조금이라도 공헌하고 싶은 마음으로 지금까지 함께 일을 해 왔다. 도키와 씨에 이어 고토 다쿠야(後藤卓也) 씨, 오자키 모토키(尾崎元規) 씨로 이어지는 역대 사장들을 가까이 할 수 있었던 것도 큰 행운이었다. 가오는 나에게 경영학의 실천지를 얻는 배움의 장이었다.

사와다 씨 역시 인재 육성의 현장에서 처음 만났다. 가오의 글로벌 리더십 개발 프로그램이 만남의 계기였다. 역대 사장들은 각기 장점과 개성이 있어 모두 매력적이었다. 그러나 사와다 씨는 약간 차원이 다른 독특한 매력의 소유자로, 가오에 새로운 형태의 리더가 등장했음을 느끼게 했다.

그때 접한 사와다 씨의 프레젠테이션은 매우 강렬했다. 그는 원고를 전혀 보지 않고 손짓, 몸짓을 섞어가며 청중에게 시선을 고정시킨 채 프레젠테이션을 진행했다. GE에서는 당연한 모습이었지만 가오에서는 그런 프레젠테이션을 처음 보았다. 사와다 씨는 연구자 출신이라는 말을 들었기에 더 놀랐다(연구자 출신이 이런 프레젠테이션을 한다고 이상할 것은 없지만).

가오에 연구자로 입사한 사와다 씨가 어떤 리더십의 여정을 거쳐 오늘날에 이르렀는지, 그 이야기에 깊은 흥미를 느끼며 가야바초(茅場町)의 본사를 찾았다.

기능으로 승부하는 세계에서 단련되다

어떤 사람에게나 무한한 가능성이 있다. 이것은 내가 가오에서 32년간 연구생활을 하면서 체득한 교훈이며, 리더가 된 후 항상 의식하는 사실이다.

나는 오사카 대학교를 졸업하자마자 가오에 입사했다. 처음에는 와카야마(和歌山)의 화학제품 연구부문에 배속되어 구두창에 쓰일 우레탄 소재를 연구했다. 가오는 세제 등 가정용품을 주로 취급하는 회사라서 그런 화학제품은 비주류에 속한다. 그러나 화학제품 연구소라는 혹독한 환경에서 신입 시절을 보낸 덕분에, 기업에서 연구를 한다는 것이 어떤 의미인지를 선배들에게 배울 수 있었다.

화학제품은 종합적으로 승부할 수 없다는 점이 가정용품과 결정적으로 다르다. 예를 들어 가정용품인 샴푸는 내용물 자체가 아니라 용기, 포장, 색상, 광고, 향기 등 제품을 구성하는 중요한 요소를 다양하게 종합함으로써 승부한다. 다양한 부서가 협력하여 하나의 제품을 만들어 나가는 것이다. 사업적 관점에서 보면 샴푸 자체의 성능이 아무리 좋아도 팔린다고 보장할 수 없다. 반대로 고만고만한 제품이라도 종합적으로 구성이 좋으면 부가가치를 높일 수 있다. 다시 말해 가정용품에서는 각각의 요소가 뛰어나지 않아도 허용되는 측면이 있는 것이다. 물론 그래서는 안 되겠지만 말이다.

이에 비해 화학제품은 기능만으로 승부해야 한다. 부자재에는 안정적인 구매자가 필요하므로 제품이 조금 괜찮은 정도로는 부족하다. 기존 제품보다 기능이 두세 배쯤 향상되거나 비용이 확 내려가지 않는 한, 고객은 기존에 사용하던 부자재를 다른 것으로 교체하지 않는다. 그래서 "이 정도로는 안 된다."며 거절당하고 터덜터덜 돌아온 적도 많다. '내가 대체 뭘 하고 있나?' 싶기도 했다. 대학원에서는 조금이라도 더 나은 기능의 제품을 구현해서 세상에 공헌하고 싶다는 마음뿐이었는데, 기업의 연구자는 연구 결과를 비즈니스로 성립시킬 필요가 있다는 사실을 통감했다.

그런 혹독한 환경에서도 좌절하지 않은 것은 당시 마루타 요시오(丸田芳郎) 사장[1)]이 "화학이 확실한 회사여야 좋은 가정용품을 만들 수 있다. 화학연구소는 회사에 큰 도움이 된다. 화학제품 연구자들의 역할이 중요하다."라고 항상 말했기 때문이다. 나중에 내가 리더가 되리라고는 전혀 생각하지 못했지만, 그때 마루타 사장을 비롯한 훌륭한 리더들을 만났던 경험은 이후 리더로서 다양한 방향성을 판단하는 데에 소중한 자산이 되었다.

---

1) 마루타 사장 시절에 확립된 가오의 경영 이념은 '철학 · 교양을 쌓고 인간성 존중을 토대로 한 장기적 전망하에 혁신을 지향한다.'였다. 또 마루타 사장을 도왔던 사람 중 회장을 역임한 사가와 고자부로(佐川幸三郎) 씨가 있는데, 그의 '사가와 마케팅'에 입각하여 만들어진 것이 다음과 같은 가오의 상품 개발 5원칙이다. ①정말로 사회에 유용한가?(사회적 유용성의 원칙) ②자사의 창조적 기술과 기능이 담겨 있는가?(창조성의 원칙) ③품질과 가치에 걸맞은 가격과 타사 제품보다 뛰어난 기능을 갖추었는가?(가성비의 원칙), ④상품화 전에 철저한 소비자 테스트를 완료하였으며 다양한 선별 과정을 통과하였는가?(조사 철저의 원칙) ⑤유통 단계에서 그 상품에 관련된 각종 정보를 잘 전달할 수 있는가?(유통 적합성의 원칙)이다. 이 상품 개발의 5원칙은 지금도 유효하다. 마루타 사장의 후임은 도키와 사장이다.

절대 실패해서는 안 되는 프로젝트

그렇게 화학제품 연구소에서 8년 반쯤 일하다가 '같은 연구를 하더라도 가정용품 개발로 이어지는 분야로 가고 싶다.'는 뜻을 비쳤더니 32세 때 소재개발 연구소로 이동하라는 명령이 내려왔다. 그 후 폴리머(합성수지 등의 원료가 되는 고분자 화합물—역주)와 계면활성제 등 가정용품의 소재를 개발하게 되었다. 그렇게 한동안 십여 명의 리더로 일하다가 총원 60명을 거느린 연구실의 실장으로 승진했다.

당시 플로피디스크와 DAT(디지털 오디오 테이프), 잉크리본 등의 정보 소재까지 취급하던 가오는 이들 정보 관련 사업에서 1998년에 철수하기로 결정했다. 따라서 도치키(栃木)의 정보소재 연구소도 문을 닫게 되었다.[2)]

정보소재 연구소에는 수학과 물리학을 공부한 사람들이 많았다. 계면활성제와 폴리머 등 화학제품 사업을 전개하는 가오로서는 정보소재를 다루지 않았다면 거의 채용하지 않았을 사람들이다. 같은 이과라도 수학·물리학은 화학과는 먼 분야여서 가치관도 발상법도 전혀 다르다. 화학 계열은 대상물의 변화 등 현상론적 관점을 취하는 데 비해 물리학과 수학 계열은 시뮬레이션을 포함한 이론적, 개념적 관점을 취한다. 그런 이질적인 사람들이 사업이 폐쇄된 이후 화학 연구소로 모여든 것이다.

내 연구실에도 정보소재 분야의 팀원이 들어왔다. 그리고 1998년부터

---

2) 가오의 정보 사업 철수는 일본 기업의 변혁 중에서도 상당히 대규모에 속한다. 게다가 가오 정보 사업의 대표인 플로피디스크는 한때 세계 최고의 점유율을 자랑했다. 그럼에도 가오는 플로피디스크의 제조·판매를 담당하는 사업본부의 기능을 일본에서 북미로 이전하고 일·미·유럽의 삼각 체제를 확립하여 글로벌화를 꾀하려 했다. 그러나 컴퓨터 기억 매체가 플로피디스크보다 용량이 훨씬 방대한 CD-ROM과 DVD로 급격히 바뀌는 바람에 가오는 사업을 폐쇄할 수밖에 없었다. 하지만 본문에서 말했다시피, 가오가 사원의 희망에 따라 활약의 장을 열어준 것이 회사에 새로운 혁신을 가능케 했다. 이는 혁신을 대하는 기업의 바람직한 자세로 높이 평가되어야 한다고 생각한다.

잉크젯 프로젝트가 발족되었다. 당시 가정용 잉크젯 프린터는 차세대 성장 분야로 기대를 모으고 있었지만, 그때의 잉크젯 프린터는 주로 수성 잉크를 사용해서 물이 묻으면 번지는 데다 습도가 높으면 인쇄물을 오래 보존하기 어렵다는 단점이 있었다. 그러나 안료 토너를 쓰면 색바램을 방지할 수 있을 것 같았다. 그래서 가정용품에서 연구 중이던 수분 산성 폴리머로 안료를 코팅하여 종이에 부착시키는 방식을 생각해 보았다. 그러면 수성이면서도 복사기 토너 비슷한 화질을 확보할 수 있을 듯했다.

이때 나는 매우 큰 압박감을 느끼고 있었다. 절대로 실패해서는 안 되는 프로젝트였기 때문이다. 약 900억 엔 규모의 정보소재 사업에서 철수하고 총원 200~300명 규모의 연수원을 폐쇄한 일은 이미 회사에 큰 실패 사례로 남아 있었다.

회사만이 아니다. 거기서 일하던 사람들도 일터를 잃은 셈이다. 도치키에 가족을 두고 혼자 와카야마에 부임한 사람도 많았다. 도치키에서 큰 좌절을 맛보았는데 와카야마에서 또다시 좌절한다면 그 사람에게는 너무 가혹한 일이 아닐까? 게다가 그들은 분야가 전혀 다른 연구소에서 일하게 된 것에 큰 불안을 느끼고 있었다. 그래서 '이들의 능력을 어떻게든 활용해야겠다. 이들에게 자신의 능력이 도움이 된다는 것을 알려주고 계속 일하는 보람을 느끼게 하자.'고 결심했다. 또한 화학, 물리, 수학 등 서로 다른 학문이 잘 융합되면 회사 역시 크게 성장할 것이라고 믿었다. 이 프로젝트가 그 시금석이 되어주기를 바랐다.

다행히 그때 개발된 세계 최초의 안료계 수성 잉크가 2002년에 대형 프린터 제조사의 선택을 받았다. 그리고 화학제품 사업의 큰 기둥으로 성장하여 현재는 산업용 프린터 시장을 공략하는 중이다. 그러나 무엇보다 큰 수확은 내가 사람의 무한한 가능성을 발견한 것이었다.

다양한 배경의 인재를 활용하다

서구의 기업은 사업에서 철수할 때 직원을 해고한다. 그러나 일본에서는 그런 일이 드물다. 우리 회사 역시 정보 사업을 접을 때 관련 연구소 직원 대부분을 기초 연구와 가정용품 연구 부서로 이동시켜 회사에 남게 했다. 그 덕분에 히트 상품도 여럿 만들어 낼 수 있었다.

그중 가장 성공적인 예가 스팀 안대인 '메구리즘'일 것이다. 예전에는 카페에 가면 따뜻한 물수건이 나왔던 것을 혹 기억할지도 모르겠다. 이것을 피곤한 눈에 갖다 대면 기분이 좋아졌다. 손난로는 따뜻해질 뿐이지만, 온기와 증기를 한꺼번에 내보내는 제품이 있다면 물수건과 똑같은 효과를 볼 수 있을 테니 재미있을 것이라는 의견이 나왔고, 여기에서 착안해 상품 개발이 시작되었다. 그런데 이 개발에 큰 도움을 준 것이 DAT와 플로피디스크에 쓰는 자성분(磁性粉)을 취급했던 한 팀원의 금속과 분체(粉體)에 관한 지식이었다. 그래서 철분, 활성탄 등을 조합하여 탄생한 세계 최초의 스팀 안대 '메구리즘'은 현재 급격한 신장세를 보이고 있다.[3)]

융합의 효과는 제품개발 외에 다양한 분야에서도 나타났다. 가령 액체 세제 등은 용기에 부을 때 조금만 잘못하면 거품이 일어 넘쳐흐르기 쉽다. 이에 관해 시뮬레이션을 주로 하던 팀원이 시뮬레이션을 통해 넘침 없이 세제를 끝까지 채우는 방법을 알아냈고, 이것이 생산 공정을 설계하는 데 큰 도움을 주었다. 이는 가오(花王) 그룹 연구 부문의 리더들이 정보 관련 사업 팀원의 잠재력을 살리려고 애쓴 덕분에 가능했던 일이다.

---

3) 그러나 '메구리즘'의 개발이 순조로웠던 것만은 아니다. 이전에 가오는 제약회사 노바티스(Novartis)와의 합병으로 탄생한 '노바티스-가오'를 통해 '아이필 눈 촉촉 스티머'라는 제품을 개발 · 판매한 적이 있다. 그 상품은 눈의 피로를 자주 느끼는 여성 고객들에게 좋은 평가를 받았으나 합병이 해제되면서 그 판매도 중단되었다. 이에 퍼스널케어 연구소로 이동한 개발팀은 회사에 연구 재개를 호소하였고, 그것이 메구리즘의 성공으로 이어졌다. 여기서도 혁신을 끈질기게 이어 나가려는 가오의 자세를 엿볼 수 있다.

배경이 서로 다른 사람을 잘 조직하면 엄청난 효과가 난다는 것을 당시는 물론 지금도 실감하고 있다.

원점으로 돌아가 '메리즈'를 되살리다

2003년, 도치기의 위생용품 연구소 소장으로 취임했다. 화학제품 연구, 소재 연구를 거쳐 가정용품 상품 개발팀을 이끈다는 새로운 도전에 직면한 것이다.

상품 개발은 처음이라 설레는 마음으로 연구소에 나갔더니 가혹한 현실이 나를 맞이했다. 주력 상품인 종이 기저귀 '메리즈'는 판매 부진이 계속되어 큰 적자를 내고 있었다. 그래서 1983년에 발매된 후 20년째를 맞는 메리즈는 사업을 접느냐 마느냐 하는 기로에 있었다. 게다가 관련 부문 사이에는 불협화음이 잦았다.

와카야마에서 사람의 잠재력을 최대화하는 일을 했던 나에게 도치기는 사람의 잠재력이 최소화된 정반대의 상황을 보여주었다. 개인의 능력이 발휘되지 못하고 의욕도 저하되어 모두 자포자기한 듯 보였다. 즉 개인의 능력을 100이라 하면 20밖에 활성화되어 있지 않은 상태였다.

그래서 '메리즈'의 대대적인 개혁에 돌입했다. 관계자 전원이 하나가 되어 '일본 최고의 기저귀를 만든다.'는 목표를 내걸고 제품뿐만이 아닌 모든 공정을 처음부터 고쳐 나갔다. 조사 방식도 바꾸었다. 그때까지는 회사 측에 유리한 조사 항목이 많았고 소비자 관점의 평가 항목이 부족했다. 그래서 독선적인 상품 개발이 이루어졌던 것이다. 또 생산에서 경쟁을 너무 의식한 나머지 '피부에 닿는 부드러움'이라는 메리즈의 원래 목표가 희미해져 있었다.

그래서 가오의 원래 이념을 회복하고 시대에 부응하는 신기술을 조합함으로써, 피부 감촉이 부드러우면서도 시대에 잘 맞는 새로운 메리즈를 개

발하여 시장에 재투입하기로 했다. 상품 평가는 양호하여, 2008년에는 『다마히요(たまひよ)』 등의 육아 잡지에서 당당히 1위로 뽑혔다. 그것을 계기로 인기가 급상승했으며 일본 최고의 종이 기저귀로서 중국과 러시아 고객에게도 좋은 평가를 받게 되었다. 결국 메리즈는 중국 및 러시아 수출을 개시하는 등 가오를 지탱하는 일대 상품으로 성장했다.

전원 면담으로 개인의 능력을 최대화하다

메리즈의 개혁이 성공한 이유는 뭐니 뭐니 해도 사원의 의욕을 고취한 데 있다고 생각한다. 사원의 의욕을 고취하기 위해 나는 다양한 궁리를 했다. 그중 하나가 전원 면담이었다. 즉 위생용품 연구소 직원 130명 전원과 면담하는 데 시간을 할애하기로 한 것이다. 한 사람당 15분 정도로 예상하면 한 시간에 네 명, 하루에 두 시간을 할애하면 여덟 명을 만날 수 있을 듯했다. 총원이 130명이므로 한 달 정도면 면담이 완료될 것이라 생각했지만 이는 큰 오산이었다. 실제로 실시해 보니 사람마다 많은 시간이 걸려 결국 끝내는 데 반년이나 걸렸다. 단, 시간을 들인 만큼 성과도 컸다.

면담은 항상 일에 대한 불안과 고민, 회사에 대한 불만에서부터 시작해 결국은 약속이라도 한 듯 육아 고민, 부모님을 모시는 문제 등 개인적 인생 상담으로 끝나곤 했다. 한편, 면담을 통해 각자의 잠재력을 발굴할 수도 있었다.

가오 연구소에는 대졸 이상의 학력을 가진 석사, 박사가 많았지만 위생용품 연구소에는 고졸, 전문대졸 등 다양한 학력을 가진 이들이 섞여 있었다. 그들과의 면담 중 기억나는 장면이 하나 있다. 어떤 직원이 "저는 다른 연구자들만큼 뛰어나지는 않지만 해야 할 일은 확실히 합니다."라고 말하기에 "그렇지 않습니다. 기초 연구나 시뮬레이션, 이론 구축을 담당하는 사람이 대단해 보일지 모르지만 내 눈에는 당신 역시 대단히 수준 높은 일을 하고 있습니다."라고 대답했다. 입에 발린 말이 아니라 진심으로 그렇게 생각한다.

예를 들어 시제품은 처음부터 끝까지 세세한 부품을 조립하여 수작업으로 만들어야 한다. 그 작업을 무리 없이 진행할 만한 사람은 많지 않다. 그래서 "시제품 제작을 맡은 당신이 없으면 시제품 평가도, 생산 개시도 할 수 없습니다. 그러므로 당신은 정말 중요한 사람입니다."라고 말했더니 그 직원은 "제가 정말 도움이 됩니까?"라며 놀란 표정을 지었다. 나는 그를 리더로 간주하여, 지금까지 오랫동안 연마했던 수작업 기술을 다른 사람에게 전수하도록 했다. 리더의 역할을 처음 맡은 그가 남다른 의욕으로 그 일에 임했음은 쉽게 상상할 수 있을 것이다. 연구 외에 상품 평가를 잘하는 전문가도 많았다. 이처럼 본인은 잘 모르는 장점을 인정하고 이야기해 주는 일은 매우 중요하다.

이와 같이 직접적인 대화를 통해 상대의 특기와 장점을 이끌어내야 한다. 그리고 부족한 면은 어떻게 고쳐야 할지 지도한 뒤에 새로운 활약의 장을 만들어 주어야 한다. 이런 과정이 인재 활성화에 반드시 필요하다는 사실을 절감했다.

이렇게 130명과의 면담이 끝나자 연구소 분위기가 확 달라진 것이 느껴졌다. 전체적으로 의욕적이고 수준 높은 집단으로 변모하기 시작한 것이다. 그런데 이는 나 혼자만의 생각이 아니었다. 주변의 실장과 그룹 리더들도 부하들의 표정이 달라졌다고 말했다.

그 후 실장과 그룹 리더들도 부하와의 대화를 늘리도록 권유했다. 이런 활동을 꾸준히 지속하며 새롭게 변모한 '메리즈'를 시장에 투입하자 선순환이 시작되었다. 자화자찬 같지만, 리더가 바뀌자 연구소가 달라진 것이다. 잠재력의 20%밖에 발휘하지 못했던 직원들이 200%를 발휘하게 되었음을 피부로 느낄 수 있었다.

기존 자산을 재평가하여 히트 상품으로

나는 그 후 R&D(연구 개발) 사업부 전체를 맡았고, 2012년에는 전사를 이끌게 되었다. 사장이 된 후에도 위생용품 연구소에서처럼 대화에 노력을 기울였다. 다만 전 사원과 개인 면담을 할 수는 없어서 모든 거점에서 원탁회의를 개최하는 것으로 대신했다.

이 회의에서 나는 매번 "자산을 최대한 활용하라."고 말한다. 그중에서도 가장 큰 자산인 개인의 잠재력을 최대화하면 개인뿐만 아니라 회사와 사회에도 긍정적인 효과를 기대할 수 있다. 새로운 자산을 추가하지 않고 지금의 자산을 최대한 활용하기만 해도 회사는 두 배, 세 배의 성과를 낸다. 그러나 과연 현실에서도 개인과 각 상품의 잠재력이 충분히 발휘되고 있을까? 이는 연구 부문뿐만 아니라 상품 개발과 판매 부서에도 던지고 싶은 질문이다. 실제로, 기술은 훌륭하지만 매출이 저조한 상품을 현재 시대에 맞추어 리뉴얼함으로써 히트 상품으로 재탄생시킨 사례가 있다.

그 대표가 바로 롱셀러 상품인 다림질 풀 '키핑'이다. 다림질 풀 시장은 지속적으로 축소되는 추세라서 타사가 거의 다 철수했기 때문에 가오의 점유율이 거의 100%에 이른다. 그런데 우리는 최근 '쿨비즈룩'이 유행하면서 소비자에게 셔츠 깃을 깔끔하게 다려 입고 싶은 잠재 욕구가 있음을 알아차리게 되었다. 그래서 거기에 초점을 맞추어 상품을 제안했더니 다림질 풀의 사용 빈도가 두 배로 늘어나 안 그래도 경쟁자가 없어서 석권했다시피 했던 시장을 쉽게 성장시킬 수 있었다. 막대한 연구비를 투입하여 신제품을 내놓는 것도 좋지만, 지금 가진 자산을 시대에 맞게 최대한 변경하기만 해도 이처럼 상당한 성과를 볼 수 있다.

이미 판매가 중지된 제품을 부활시킨 사례도 있다. 부엌 청소를 하다가 세제로 지워지지 않는 물때 등을 금속 수세미로 박박 긁으면 싱크대 표면에 흠집이 나기 쉽다. 그래서 예전에 오염물을 쉽게 제거하면서도 흠집을 내지 않는 '수세미 시트'를 종이 기저귀의 부직포 기술을 활용하여 개발한

적이 있지만 아쉽게도 시장에서 히트하지는 못했다. 그래서 최근에 이 상품의 기능과 편의성을 시대에 맞게 리뉴얼하고 이름도 '매직클린 반짝이 시트'로 바꾸어 시장에 재투입했더니 상당한 매출 호조를 보이고 있다.

이렇게 사람이든 상품이든, 무언가 자산이 충분히 활용되지 못할 때 각각의 잠재력을 최대화하기만 해도 회사가 10년은 더 성장할 수 있다고 나는 믿는다. 기존 자산을 최대한 활용하지 못하는 상태에서는 새로운 사업을 시작한다 해도 자산 활용도가 낮아 낭비만 늘어날 것이다. 기존 자산을 최대로 활용하면서 새로운 도전을 추가하는 편이 더 큰 성과를 낼 수 있다.

가능성을 높이는 장을 마련하고 각자의 능력을 조직화한다

자산 중에서도 특히 인적 자산은 마음가짐, 즉 의욕에 의해 크게 활성화된다. 부하의 의욕을 고취하는 방법은 무척 다양하다. 다만 부장, 과장, 그룹 리더, 현장 직원 등 지위에 따라 쓸 수 있는 방법이 각각 다르다. 사장이라면 그룹 전체의 방향성과 비전을 명백하게 제시하고 직원 각자가 일하는 현장을 확실히 파악하며 스스로 견본이 되어 움직여야 한다.

관리자에게 가장 중요한 일은 구성원 각자가 활약할 만한 큰 무대를 만들어 주는 것이라고 생각한다. 그러나 사람이 사람을 키운다는 것은 주제넘은 생각이다. 사람은 스스로 성장한다. 연수를 시키든, 직무를 부여하여 경력을 쌓게 하든, 각자에게 활약의 장과 성장의 장을 마련해 주는 것이 더욱 중요하다. 자신의 가능성은 결국 스스로의 힘으로 열어 나가야 한다. 그러나 그런 장이 없이 자력으로 가능성을 열기는 현실적으로 어려운 것도 사실이다.

잘 마련된 장에 누군가 섰을 때, '이 사람이 이렇게 유능했나?' 하고 놀랄 수도 있고 '좀 더 잘할 수 있을 텐데.' 하고 실망할 수도 있다. 장을 통해 스스로 성장하는 사람은 주변 사람들도 금세 알아보고 도와주려 한다. 하지만 설사 성장하지 못하는 사람이라도 그 단계에서 그를 포기하면 안 된다. 다른 장에서 거짓말같이 의욕이 되살아나기도 하고, 말 한마디만 더 걸어 줘도 깨달음을 얻어 대단한 능력을 발휘할 수 있기 때문이다.

인간은 누구나 그렇다. 나 역시 그런 장을 부여받은 덕분에 여기까지 올 수 있었다. 그러므로 나도 다른 이들에게 똑같은 기회를 제공해야 한다고 생각한다.

그러나 개인의 가능성을 120%로 끌어올린다 해도 개인의 집합체인 조직을 잘못 구성하면 그 성과가 90%로 떨어질 수 있다. 반면 120%로 끌어올린 개인의 힘을 제대로 조직화하면 성과를 150%까지 끌어올릴 수 있다. 이는 개인으로서는 불가능한 일이다.

조직이 커질수록 리더의 조직화 작업에는 큰 무게가 실린다. 현장 사람들은 자신의 눈에 보이는 범위 내에서만 일을 진행하려 하므로 자신의 소속 부서 등 좁은 범위만을 우선시하는 부서 이기주의에 빠지기 쉽다. 그런 오류가 집적되면 반드시 어딘가 힘이 상쇄되는 지점이 생겨나 전체적인 힘을 약화시킨다. 그러므로 회사 전체를 바라보는 관점에서 전체적 역량을 조직화할 책임을 맡은 경영자의 역할이 매우 중요하다.

사람의 가능성을 최대화하는 리더로

세상은 계속 변하므로 조직도 끊임없이 변해야 한다. 그래서 가오는 사업의 세계화를 더욱 가속하기 위해 최근 국제사업 총괄 부문을 개설했다. 이전부터 본부와 각국의 지역별 조직이 매트릭스처럼 짜여 있긴 했지만 그 기능이 원활하지 않았으므로, 현장의 힘과 조직의 힘을 최대화할 수 있도록 조정하는 부문이 본사에 필요하다고 느꼈기 때문이다.

또한 자산을 최대한 활용하며 조직을 구성하고 업무를 추진하는 일이 제대로 이루어지고 있는지를 점검하기 위해 제3자의 관점을 강화한 관리 체제를 마련했다. 이사회는 현재 사외이사 세 명(의장 포함)과 사내이사 세 명으로 구성되어 있다. 127년간 축적된 가오의 문화에 맞는 의사결정 과정을 위해서는 이사회 내에 감사위원회를 설치하는 편이 나을 것이다. 따라서 우리는 감사위원회를 유지하면서도 최근의 추세인 지명위원회 설치 회사와 비슷한 조직 형태를 실현하려 한다.[4] 현재 이사회에서는 모든 경영진이 장래에 관한 자신의 생각과 현재 하는 일을 명쾌하게 설명하고 그에 관해 자유롭게 토론한다. 그래서 방향이 결정되면 모든 집행은 나를 포함한 집행역에게 위임하는 방식으로 직무를 구분하고 있다.

리더를 평가하는 도구로는 2년에 한 번 실시되는 사원 의식평가 'Find'가 있다. 이 평가에서는 사원에게 '회사는 세계화를 추진하는 중인데, 리더도 같은 방향으로 움직이고 있는가?' 하는 식으로 회사에 관한 질문을 던진다. 설문지에는 자유롭게 코멘트를 써넣는 칸이 있는데 거기에 상당히 냉정한 코멘트를 달아 주는 사람도 많다. 나는 이 자유 코멘트를 모두 읽는다. 이만큼 진지한 글을 써 주는 것은 그들의 의식이 높기 때문이라고 생각한다. 그런 한편 그 코멘트를 그들의 능력이 아직 충분히 활성화되어 있지 않으며 얼마간 억제되어 있음을 나타내는 증거로 받아들일 수도 있다. 둘 중 무엇이든 리더는 겸허히 받아들여야 한다.

회사는 사람의 무한한 가능성을 최대화하는 정책을 펼치고 그렇게 최대화된 힘을 조직화하여 한층 더 큰 성과를 내는 곳, 사원들이 '이 회사에서 일할 수 있어서 다행이다.'라고 생각하게 만드는 곳이 되어야 한다. 방향

4) 일본의 회사법은 규모가 큰 공개회사에는 이사회 내에 '지명위원회(줄여서 '위원회')', '감사위원회', '보수위원회' 중 하나를 설치하도록 규정하고 있다. 모든 위원회는 3인 이상의 이사(감사)로 구성되며 그 과반수는 사외이사(감사)여야 한다. 그중 지명위원회는 주주총회에 제출할 이사의 선임 및 해임에 관한 안건을 결정하며, 감사위원회는 집행역 등의 직무 집행을 감사하고 감사 보고서를 작성하며 주주총회에 제출할 회계감사인의 선임 및 해임에 관한 안건을 결정한다.—역주

성만 제대로 잡으면 업적은 저절로 따라온다. 이는 일본뿐만 아니라 전 세계가 공감하는 말일 것이다.

그리고 최종적으로 고려해야 할 중요한 요소는 사회에 대한 공헌이다. 수익만 내는 것이 아니라, 그것을 사회에 환원해야 비로소 회사로서의 의미가 생겨난다. 사회 공헌은 세금을 내거나 사람을 고용하는 것뿐만 아니라 다양한 형태로 실천할 수 있다. 그런 회사를 만들기 위해, 개개인의 힘을 최대화시키는 리더의 이상적인 모습을 실현하기 위해, 나는 오늘도 혼신의 힘을 다할 것이다.

"되도록 단순하게 생각하고 실행하라"

마쓰모토 아키라 松本 晃

칼비(Calbee) 대표이사 회장 겸 CEO

1947년 교토 부 출생. 1972년 교토 대학교 농학부 석사과정 수료, 이토추(伊藤忠) 상사 입사 직후 산업기기, 농업기기 등의 사업을 취급. 그 후 이토추의 자회사인 센추리 메디컬 영업본부장 등을 거쳐 1993년 존슨앤존슨 메디컬(현 존슨앤존슨)에 입사. 대표이사 사장, 최고 고문을 역임한 후 2009년부터 현직. 현재는 '일본에서 외과의가 없어지는 것을 걱정하여 행동하는 모임'의 이사장, 도호쿠(東北) 대학 미래 의공학 치료개발 센터의 객원교수 외에 많은 직무를 겸하고 있다.

마쓰모토 씨와의 만남

나는 마쓰모토 씨를 2009년 봄에 처음 만났다. 2009년은 마쓰오(松尾)가의 가족 회사였던 칼비가 대변혁에 나섰던 해다. 그때 새우 스낵인 갓파에비센(かっぱえびせん), 풍부한 양념의 감자 칩으로 유명한 일본의 스낵 소매회사 칼비는 대담한 시도를 했다. 당시 자본과 경영이 분리되면서 경영진이 한꺼번에 바뀌었다. 그 후 새로운 체제의 회장 겸 CEO로 취임한 사람이 바로 마쓰모토 씨였다. 당시 마쓰모토 씨와 나를 포함한 일곱 명의 이사 중 무려 다섯 명이 사외이사였다.

처음 만났을 때도 마쓰모토 씨는 지금처럼 큰 눈을 끔벅거리며 간사이(関西) 사투리로 나직이 말했다. 나는 솔직히 그때 마쓰모토 씨를 잘 몰랐다. 이토추 상사 출신에 존슨앤존슨(J&J) 사장으로 오래 일했다는 것, 마쓰모토 씨에 대한 지식은 죄송하지만 그 정도뿐이었다. 마쓰모토 씨가 이토추 상사와 J&J 시절에 어떤 활약을 했는지, 또 어떻게 칼비 회장이 되었는지도 잘 몰랐다.

그때까지 칼비는 일본 내에서만 유명한 과자 회사였다. 세계로 눈을 돌리면 스낵 업계에 펩시의 '프리토레이'라는 거대 기업이 버티고 있었고 칼비의 활약은 일본 국내에만 머물렀다. 그러나 칼비는 최근 5년 사이에 크게 달라졌다. 수치상으로도 뚜렷한 차이를 확인할 수 있다.

마쓰모토 씨가 경영에 참여한 지 5년이 지난 2014년, 칼비의 매출은 5년 전의 1.45배, 순이익은 4.5배가 되었다.[1] 2011년 3월 11일에 2,100엔으로 상장된 주식이 현재는 5,090엔에 거래되고 있다.[2] 게다가 4분할된 상태이므로 실제 주가는 그 열 배에 가깝다.

칼비는 타사에 없는 독특한 상품인 감자 스낵 '자가리코' 등을 무기로 삼아 글로벌 사업도 추진하기 시작했다. 본부 역시 아카바네(赤羽)에서 도쿄역 근처로 옮긴 결과, 본부 직원들은 도쿄라는 일본의 중심, 아니 세계의 중심에서 일하게 되었다.

칼비의 사무실에는 정해진 자리가 없다. 자리가 매일 바뀌기 때문이다. 이렇게 일하다 보면 기득권, 직함에 의존하는 관료적 문화가 자연스럽게 무너진다. 칼비의 새로운 업무 스타일, 새로운 문화는 이렇게 양성되고 있다.

요즘 이런 변혁을 성공시킨 경영자는 흔하지 않다. 게다가 직원들 중에는 외부에서 들어온 사람도 있지만 예전의 칼비에서 일하던 사람이 압도적으로 많아 개혁에 대한 저항감이 컸을 것이다. 예전의 칼비를 아는 나는 경영자가 바뀌면 회사도 달라진다는 것, 그야말로 조직에는 리더십이 가장 중요하다는 것을 마쓰모토 씨를 통해 깨달았다. 마쓰모토 씨의 리더십 스타일은 무척 담백하며 전혀 화려하지 않다. 그러나 그는 그런 방식으로 아무도 상상한 적 없는 칼비의 새로운 세상을 그려내고 그것을 확실히 구현하고 있다.

마쓰모토 씨의 리더십은 어떻게 구축되었을까? 도쿄 역 근처의 본부에서 마쓰모토 씨의 리더십 이야기를 들어보기로 했다.

---

1) 칼비의 2008년 4월~2009년 3월의 매출은 1,373억 7,700만 엔, 영업이익은 44억 800만 엔이었다. 그리고 2013년 4월~2014년 3월에는 매출이 1,999억 4,100만 엔, 영업이익은 197억 1,700만 엔으로 늘어났다(칼비 홈페이지).

2) 2015년 4월 16일의 주가.

39세에 경영자 경험을 쌓다

나는 대학원을 졸업하고 1972년에 이토추 상사에 입사했으며, 45세에 외국계인 존슨앤존슨(J&J)으로 이직했다. 이처럼 일본 기업과 미국 기업을 경험하며 각각의 장단점을 파악한 덕분에 양쪽의 장점만 취해가면서 나름의 경영 스타일과 리더십을 확립할 수 있었다.

처음에 입사한 이토추 상사는 일본의 전통 있는 대기업으로, 산업기계 생산에서부터 농기계의 미국 판매에 이르기까지, 국내외에서 폭넓은 사업을 전개했다. 상사는 기본적으로 중개업이다. 즉 마진(중개료)을 얼마나 확보하느냐가 가장 중요하지만 명목 마진은 기껏해야 2~4%다. 그것만으로는 사업이 결코 성립되지 않으므로 외환, 보험 등 이런저런 수단을 써서 2%를 5%로, 4%를 8~10%로 만들려면 머리를 짜내야 한다. 해외 입찰에서는 규정이 엄격해진 지금은 절대 허용되지 않을 만한 수법까지 구사했다. 당시는 수익을 남기는 것이 무엇보다 중요했던 것이다.

나는 성과에 대한 집착이 남보다 강하다고 자부하는 편인데, 이는 상사의 기업 풍토 때문이기도 하고 시대 배경 때문이기도 하다. 나는 전형적인 베이비붐 세대다. 지금보다 사회 전체가 가난했을 때 사회생활을 시작한 우리 세대는 물욕과 금전욕이 강하고 헝그리 정신도 있다. 그래서 회사 경영을 하기에 적합하다.

이토추 시절 의료 관련 자회사로 발령을 받았을 때 그 사실을 새삼 실감했다. 당시 나는 39세로 아직 젊었지만 실질적으로 회사에서 두 번째로 높은 사람이었다. 내 상사인 사장은 돈 버는 일에 그다지 관심이 없었으므로, 지속적으로 대규모 적자를 내는 회사를 구제할 사람은 나밖에 없는 상황이었다.

그래서 일단은 쓸데없는 일을 전부 중단시켰다. 당시 주요 사업이었던 두 가지 중 하나를 완전히 철수시켰다. 남은 사업도 예외가 아니었다. 미국 시장을 위주로 의료기기를 20~25종쯤 취급하고 있었는데 그것을 2종으로 압축했다.

물론 사업 축소에 저항하는 사람들은 있었다. 그러나 회사가 무너지기 일보직전이라 어쩔 수가 없었다. 지금 근무하는 칼비에서도 항상 하는 말이지만, 쓸데없는 일을 그만두면 시간이 생기니 그 시간에 생각을 하면 된다. 또, 새로운 일을 시작하기보다 쓸데없는 일을 중단하는 것이 훨씬 효율적이다.

다행히 개혁을 자유롭게 추진할 권한을 회사로부터 위임받았으므로 톱다운(top-down, 기업의 방침을 경영진이 결정하고 그 실행을 하부 조직에 지시하는 경영관리 방식, 반대말은 bottom-up—역주) 방식으로 개혁을 밀어붙였다. 그 결과, 매출은 20배로 늘고 수지는 흑자로 전환되었으며 회사는 우량 회사로 거듭날 수 있었다. 젊은 나이에 경영자로서의 경험을 쌓은 이 6년의 시간은 이후 내 인생에도 큰 영향을 미쳤다.

사회인의 인생 계획은 15년 단위로

입사 2~3년차, 나이로 말하자면 26~27세쯤 되었을 때, 45세를 기점으로 인생을 전환하겠다고 결심했다. 이토추에서는 임원급까지는 되겠지만 대표는 못 된다고 생각했기 때문이다. 회사원으로 일하는 이상, 어느 정도의 권한과 보수는 손에 넣고 싶었다. 나는 동기 중에서 출세가 가장 빨랐지만 그래도 장래는 뻔했다. 지금은 달라졌을지 모르지만, 당시는 이사를 거쳐 자회사 사장이 된다 해도 본사의 이사보다 급여가 적었다.

급여가 적으면 문제가 생긴다. 마치 모자라는 급여를 벌충하려는 듯 회사 돈으로 밥을 먹고 골프를 치고, 일도 없는데 야근을 하는 기업 문화가 만연하기 쉽다. 아무리 세상을 위하고 남을 위한 일이라 해도 본질적으로는 가족을 행복하게 해 주기 위해 월급을 받고 일하는 것이 아닌가? 하지만 회사 돈으로 접대를 하고 골프를 친다고 가족이 행복해지는 것이 아니다. 나 역시 회사 돈을 전혀 쓰지 않았다거나 완벽하게 청렴했다고는 말할 수 없지만, 그렇게 개인적으로 회사 돈을 써대는 풍조가 무척 싫었다.

당시 나는 30세, 45세, 60세가 인생의 기로라고 생각했다. 특별한 근거가 있어서 15년 단위로 정한 것이 아니라 20년은 너무 길다고 생각했을 뿐이다. 그래서 30세까지는 무조건 열심히 공부했다. 장래에 어디서 활약할지 모르지만 내 기초 능력, 기반을 구축해 놓아야 했다.

그래서 책을 읽고 또 읽었다. 옛날부터 나는 책을 많이 읽는 편은 아니었다. 대학 입시를 볼 때도 참고서나 노트를 사지 않고 교과서에 깨알 같은 글씨로 메모를 하며 공부했다. 메모하지 않은 내용이 시험에 나올 때도 있었지만, 그것만 제대로 공부해도 어느 정도의 성적은 받을 수 있었다. 그것이 가장 효율적인 방식이라고 생각했다.

30세부터 15년간은 배운 것을 활용하여 결과를 내는 데 주력했다. 결과를 내면 반드시 누군가가 나를 알아보고 데려가 줄 것이라 생각했다. 실제로 45세에 다음 갈 곳을 정하지 않은 채로 이토추 상사를 그만두었는데도, 자회사 경영에서 성과를 낸 덕분인지 대기업과 중소기업을 합해 총 23개 회사에서 입사 제안을 해 왔다.

45세부터 15년간은 이전에 축적한 자산으로 최대의 성과를 내는 것을 목표로 삼았다. 이런 목표를 이루기에는 외국계 기업이 최적이었다. 급여 수준이 높은 데다 제대로 성과를 내면 성과급도 주고 스톡옵션까지 제공했으니 말이다. 즉 일본 회사와는 대우가 크게 달랐다.

경영윤리를 중시하라

45세부터 일할 곳으로 J&J를 고른 이유는 여러 가지가 있지만, 그중 하나는 입사를 권유하던 사람이 나를 감동시켰기 때문이다. 그 사람은 나를 채용하기 위해 미국에서 몇 번이나 일본으로 와서 내 가족들을 저녁 식사에 초대했고, J&J 상품을 한 상자 가득 선물했다. 일본 회사에서는 상사가 부하의 가족에게까지 신경 쓰는 일이 없다. 그 덕분에 그는 내 가족의 마음을 확실히 사로잡았다.

또 일본 회사는 아무리 적극적으로 입사를 제안하더라도 급여 등의 조건은 끝까지 공개하지 않는다. 그러나 미국 회사는 그 문제에 매우 명확해서 면접한 당일에 급여 등의 조건이 명시된 팩스를 넣어 주었다. 그것을 과거의 급여 조건과 비교할 수 있어서 의사결정에 큰 도움이 되었다.

그러나 가장 큰 이유는 J&J의 '우리의 신조(Our Credo)'였다. 처음에는 그저 구호일 뿐이라고 생각했지만, 회사가 그것을 진심으로 실천한다는 사실을 알고 감탄했다. 지금도 그 감탄하는 마음은 변함이 없다. 크레도의 내용은 '첫째가 고객 · 거래처, 둘째가 종업원과 그 가족, 셋째가 사회공동체, 주주는 마지막'이라는 것이다. 맞는 말이라고 생각한다. 이대로만 경영한다면 모든 회사가 승승장구할 것이다.

이 크레도는 지금도 내 경영의 큰 축을 이루고 있다. 나는 힘들 때나 어려운 결단이 필요할 때마다 'Back to Our Credo'라고 되뇐다. 칼비에서도 가끔 큰 사고가 나는데, 크레도에서 강조하듯 특히 고객에게 건강상 피해가 예상되는 사건에는 정직하게 대응해야 한다. 고객을 소중히 여기지 않는 행동, 특히 건강상 피해를 일으키는 문제는 결단코 용인해서는 안 된다. 헬스케어 분야에서는 치료 목적으로 제공한 상품에 문제가 있으면 환자가 사망하는 사건까지 일어날 수 있다. 식품 분야도 마찬가지다.

나는 경영에서 윤리관을 중시한다. 규정은 나라마다, 시대마다 달라지지만 윤리는 거의 변하지 않는다. 이토추 시절의 나를 아는 사람은 이 말에 담긴 내 진심을 믿기 어려울지도 모르지만, J&J에서 보낸 15년간 나라는 인간은 상당한 변화를 겪은 것 같다.

경영 수치에 관해

J&J는 결점이 별로 없는 회사였으므로 나는 거기서 무척 많은 것을 배웠다. J&J는 비즈니스 모델도 건실했고 수익을 내는 방법도 확실했다. 예를 들어 J&J의 경상이익률은 항상 30%이고 순이익률은 20%인데, 매출이 달라져도 그 수치는 매년 똑같다. 이는 첫째, 수익이 없는 일은 하지 않기 때문이다. 전사 평균 총이익률이 70%일 때 그중 30%를 경비로, 10%를 개발비로 쓰면 30%가 남는다. 따라서 J&J에서는 총이익률이 40%인 비즈니스는 결코 시작하지 않는다.

또, J&J에서는 매출 수준에 관계없이 경상이익이 하락하여 조만간 15%로 떨어질 것이라고 예상되는 사업이 있다면 그것을 신속히 매각함으로써 전체 자산을 양호하게 유지한다. 그런데 일반적으로 경상이익률 15%는 나쁘지 않은 수준이다. 전체 이익률을 그 수준으로 유지하는 회사도 많다. 그래서 그 사업을 매수해 줄 곳이 있고, 덕분에 인원 해고를 피할 수 있다.

나는 마지막에 J&J의 경상이익률을 52%까지 끌어올렸지만 사실 이것도 매우 간단한 원리다. 총이익을 77%, 경비를 25%로 유지하면 52%가 남는다. 그것뿐이다. 회사의 경영은 그렇게 복잡하지 않다. 가끔 곱셈을 할 때도 있지만 덧셈, 뺄셈만 알아도 충분하다. 사람들은 경영을 너무 어렵게 생각한다. 최신 경영 지표를 활용하는 것도 좋지만 정말로 중요한 것이 무엇인지를 항상 생각해야 한다.

나는 J&J 시절에 ROE(주주자본이익률)를 의식한 적이 한 번도 없다. ROE를 올리고 싶을 때 다른 회사는 분모를 줄이기 위해 자사주를 매수하여 소각하는 편법을 쓰기도 하지만, 그것보다는 기본적으로 많이 벌어서 분자인 이익을 키우는 편이 건전하다. 그러므로 나는 EPS(주당순이익)를 얼마나 끌어올리느냐를 더 중시한다.

경영자의 관점은 20, 50, 30으로 배분한다

J&J는 경영상의 숫자에 집중한 결과 59기 연속 증수(수입 증가), 25기 연속 증익(이익 증가), 49기 연속 배당 증가를 기록했다. 숫자에 집중하지 않으면 경영은 금세 악화하고 만다. 프로야구팀 라쿠텐이 우승하여 일본 1위를 차지한 이듬해에 최하위로 떨어진 일을 기억할 것이다. 경영이 그래서는 안 된다. 경영은 연속적 성장을 꾀해야 한다.

회사의 과장급이라면 4분기와 반년 단위로 업무를 계획하자. 더 높은 관리직이라면 다음 해까지 생각해야 할 것이다. 그러나 경영자는 더 멀리까지 생각해야 한다. 예를 들어 올해 매출이 2,200억 엔인데 내년에 10%를 성장시킬 계획이라면 올해 안에 220억 엔을 늘리기 위한 대책이 마련되어야 한다. 220억 엔이라는 금액은 현상을 유지해서는 달성할 수 없기 때문이다. 경영자는 또한 그 목표가 수립되었을 때 2년 후의 일까지 염두에 두어야 한다.

경영자는 자동차를 운전하는 사람과 같아서 너무 먼 곳만 보아도, 너무 가까운 곳만 보아도 안 된다. 개인적으로는 20, 50, 30의 비율이 좋다고 생각한다. 향후 1년간의 일에 20%, 13~24개월 후의 일에 50%, 25개월 후의 일에 30%의 관심을 배분하는 것이다. J&J에서는 항상 그런 비율을 유지한 덕분인지 계획을 달성하지 못한 적이 한 번도 없었다.

특히 의약 분야의 경우, 자사 제품의 특허가 종료되는 기간이 명백하므로 약 5년 앞까지는 충분히 내다볼 수 있다. 어떤 회사가 성장을 지속하려면, 기존 사업을 어디까지 확장할 수 있는지부터 생각해야 한다. 충분히 확장할 수 없다면 다른 기업의 매수를 고려한다. 그러려면 3~5년 앞을 내다보아야만 한다. 이는 지극히 당연한 일이다. 이렇게 미리 준비하기만 하면 사업을 성장시킬 수 있는데도 일본의 동 업계에는 그렇게 하지 못하는 회사가 많다. 일본 기업은 다른 회사에 선수를 빼겨도 경영자의 자리가 흔들리지 않기 때문에 대응에 안일해지는 것이 아닐까? 외국계 기업이라면 그 경영자는 즉시 해고될 것이다. 아마 이런 긴장감의 차이로 보인다.

60세부터는 세상과 남을 위해

다음 기로인 60세에는 J&J에서 깨끗이 물러났다. 그때까지 받은 급여와 성과급은 모두 고객이 준 것이므로, 다음 단계에서는 그에 보답하는 의미로 세상을 위해, 남을 위해 일하기로 했다.

그래서 NPO 활동을 곧바로 시작하였고 '일본에서 외과의가 없어질 것을 걱정하여 행동하는 모임'을 설립했다. 외과의가 겪는 문제점은 크게 세 가지다. 첫째, 노동 환경이 매우 열악하다. 아침부터 밤까지 일하는 데다 한밤중에 호출을 받아야 하고 잡무도 많다. 둘째, 처우가 매우 열악하다. 특히 노무의(勞務醫)는 다른 사람의 몇 배나 많은 일을 하는데도 제약회사 MR(의약정보담당자)보다도 급여가 적다. 셋째, 수술이 매우 위험하다. 그래서 환자로부터의 의료 소송과 폭력 사건이 끊이지 않는다. 이런 점에서 외과의는 힘들기만 하고 얻는 것이 없다며 꺼리는 사람이 많다.

그래서 우리 NPO에서는 주로 교육 활동, 홍보 활동, 행정 대응의 세 분야의 활동을 펼치고 있다. 그중에서도 특히 행정 대응에 주력한다. 의사의 처우와 노동 환경을 개선하려면 정치 없이는 아무것도 할 수 없기 때문이다. 나는 한때 중앙사회보험 의료협의회 위원을 역임하면서 외과의의 수술 수가를 개선하는 데 힘을 기울였다. 이 NPO의 활동 자금은 내가 J&J에서 받은 퇴직금과 기업의 기부금으로 충당하고 있다. 재원이 바닥나면 그만둘 예정인데, 현시점에서는 80% 정도 목적을 달성했다고 생각한다.

그 외에 나는 도호쿠 대학에서 약사법과 의료기기 승인 취득법 등을 가르치기도 하고 나가사키 병원의 경영을 돕기도 한다. 사외이사 등을 포함하면 현재는 20개쯤 되는 일을 병행하고 있다.

칼비의 회장으로 취임하다

그렇게 NPO의 일에 열중해 있을 때, 칼비 경영에 참여해 달라는 요청을 받았다. 그래서 의논한 결과, 내가 회장 겸 CEO로 회사의 방향을 정하고 창업자인 이토 슈지(伊藤秀二) 씨가 사장 겸 COO로서 사업을 집행하는 식으로 역할을 분담하기로 했다.

개혁의 방향성을 파악하기 위해 회장 취임 전에 비상근 임원으로 1년간 있으면서 칼비가 어떤 회사인지, 어떤 장단점이 있는지를 면밀히 관찰했다. 그 결과, 죄송하지만 개혁이 쉽겠다는 생각이 들었다. 칼비에서는 J&J 시절에 배운 경영의 기본 원칙조차 지켜지지 않았기 때문이다. 그래서 좋은 상품이 있고 점유율도 높아서 잠재력이 충분한데도 매출 성장이 둔화되고 수익도 나지 않는 상태였다. 그래서 개혁의 방침을 단순하게 정했다.

개혁의 방침은 '혁신과 비용 절감'이었다. 매출을 높이기 위한 혁신을 실천하고 수익을 내기 위해 비용을 내리자는 것이다. 무엇이든 되도록 단순하게 하는 것이 내 스타일이다. 중요한 것은 실천이다. 이렇게 개혁의 선두에 내가 섰다.[3)]

당시 칼비의 최대 약점은 대다수 공장의 가동률이 60%까지 떨어진 것이었다. 5일은 가동되고 2일은 쉬었던 셈이다. 이래서는 수익을 낼 수 없다. 그러나 공장의 통폐합이란 말은 간단하지만 인원 문제가 결부되어서 실행하기가 무척 어려운 일이다. 나는 실용주의자지만 해고는 잘 못한다. 두 번째 크레도인 '종업원과 그 가족에 대한 책임'을 생각하면 도저히 인원

---

3) 매월 이사회는 CEO의 메시지로 시작된다. 또 CEO가 발언하기 전에는 전 임원에게 A4 인쇄물이 배부된다. 거기에는 세분된 연도별 목표가 20개쯤 되는 경영 지표로 분석되어 있고, 달성도에 따라 각기 다른 색으로 표시되어 있다. 따라서 누구나 월별 진척 상황을 한눈에 알 수 있다. 이를 통해 목표 달성에 대한 최고 경영자의 강한 의지를 엿볼 수 있다. 칼비에서는 이처럼 리더가 앞장서서 목표의 실행을 촉구한다.

을 해고할 수 없었다. 이것은 나와 칼비의 공통된 약점이어서, 투자자들은 미팅을 할 때마다 통폐합을 언제 단행할 것인지 추궁했다. 그래서 공장을 닫는 대신 공장의 가동률과 효율성을 향상시키기로 했다.

가동률을 높이려면 많이 만들어 파는 수밖에 없겠지만, 나는 조금 다른 방식을 취했다. 전에는 과거 판매 데이터를 활용하여 장래 판매 계획을 세우고, 그것에 입각하여 생산 계획과 원재료 구입 계획을 세웠다. 그러나 주요 원재료인 감자는 농작물이므로 해에 따라 수확량이 달라진다. 그래서 1년 전에 구매량을 정하는 방식에는 무리가 있었다. 또 논리적으로는 데이터에 입각하여 판매 계획을 세우는 것이 타당하지만 판매 예상은 경마 결과를 예측하는 것과도 같아서 좀처럼 들어맞지 않았다.

게다가 칼비에서는 그때까지 17개의 공장마다 조달 부서가 배치되어 원재료를 각각 구입했으므로 낭비도 그만큼 컸다. 그래서 집중 구매를 시작했는데, 그 목적은 대량 구입으로 가격을 내리기보다 쓸데없는 것을 사지 않게 만들기 위해서였다. 구입한 원재료만큼만 제조하고 그것을 팔아 없애는 방향으로 사업 방식을 바꾼 것이다.

이렇게 가동률을 개선한 결과 영업 이익은 1%대에서 11%대로 개선되었다. 2014년 4~6월 결산에 따르면 칼비가 영업이익률로는 식품업계 상위 100개 사 중 2위를 차지했다. 조만간 이익률을 15%까지 올려 반드시 1위가 되기를 바란다. 한편 혁신에는 앞으로 더 힘을 낼 필요가 있다. 지금까지 5년 연속 증수 · 증익을 달성했지만 여기서 만족할 수는 없다. 30년쯤 연속으로 증수 · 증익 · 증배를 기록하고 싶다.

리더십의 정의는 세 가지

리더십은 아무리 공부해도 끝이 없다. 이토추 시절에는 아직 리더십이라는 개념이 대중화되지 않았다. 그러나 J&J에서는 외국계 기업이어서 그랬는지, 리더십이라는 말을 일상적으로 쓰며 리더십 연수에 참여해 이것저것 공부할 수 있었다. 그래도 개인적으로 깊이 와 닿는 것은 없었다. 그래서 내 나름의 리더십 스타일을 만들기로 결심하고, 과거의 경험을 돌아보며 리더십이란 무엇인지 생각해 보았다. 그리고 리더십에 대해 다음과 같은 정의를 내렸다.

① 회사에서 부하를 포함한 타인에게 영감과 동기를 부여하는 것
② 단결을 이끌어 내는 것
③ 성과를 내는 것

이 세 가지가 완벽한 답은 아니겠지만, 리더십에는 이와 같은 자신만의 스타일이 중요하다고 생각한다. 또 리더십 스타일은 그때 그 사람이 어떤 지위에 있느냐에 따라 조금씩 달라진다. 예를 들어 J&J에 사장으로 있을 때 나는 아직 젊었기 때문에 선두에 서서 거침없이 달려 나가는 스타일을 취했다. 그러나 칼비에서는 나이도 있으니, 모든 일을 주도하기보다 내 생각을 남에게 침투시켜 일을 맡기는 스타일을 취하려 한다. 조금씩이지만 내 리더십 스타일도 이렇게 변하고 있다.

나는 타인에게 영감을 주기 위해 항상 적극적, 긍정적으로 생각하려고 노력한다. 이토추 상사의 에치고 마사카즈(越後正一) 전 사장이 "이름을 내는 것은 항상 곤궁한 때이며 일을 망치는 것은 대개 자신 있을 때다."라는 말을 했는데, 그 말대로 어려울 때일수록 기회가 찾아오는 법이다. 대응은 물론 힘들지만 문제를 피할 수는 없으니 그 해결책을 기꺼이 고민해야 한다. 그럴 때일수록 '좋았어!' 하고 힘을 내자.

또한 'Appreciation, Recognition, Compensation'이 중요하다. 'Appreciation'은 감사하는 것, 'Recognition'은 인정하고 칭찬하는 것이다. 잘 해낸 사람은 다른 사람들 앞에서 잘했다고 칭찬해야 한다. 표창장은 그저 한 장의 인쇄물에 불과할지도 모르지만, 남들 앞에서 인정받는 일이 생각 외로 기쁘다는 것을 나는 J&J 시절에 배웠다. 그래서 칼비에도

이런 문화를 정착시키고 싶은 마음에 '칼비 어워드'를 매해 개최하고 있다. 이는 큰 성과를 올린 사람을 수많은 사원 앞에서 칭찬하는 제도다. 원래는 회사 전체로만 실시하는 행사였지만 최근에는 사업 본부와 부서 단위에서도 똑같은 행사를 실시하고 있다.

물론 감사와 인정만이 아니라 보상(Compensation)도 중요하다. 돈이 보상의 가장 간단한 수단이겠지만, 그것만으로는 너무 무미건조하다. 그래서 어떤 상을 가장 받고 싶은지, 사원들의 의견을 모으고 있다. 자사주도 그중 하나다.

리더로서 큰 꿈을 꾸는 것도 중요하다. 그래서 나는 칼비에서 항상 중기 계획 따위는 그만두고 큰 꿈을 이야기하자고 호소한다. "2020년에는 매출 1조 엔, 이익 2,000억 엔을 버는 회사가 됩시다. 그러면 여러분에게도 반드시 좋을 일이 생길 것입니다."라고 말이다. 계획경제 국가도 모두 사라진 이 시대에, 회사가 중기 사업 계획에 집착하는 것은 말도 안 된다고 생각한다.

회사의 비전은 매우 중요하다. 꿈이 없으면 세상을 사는 재미도 없을 것이다. 개인은 개인의 꿈을 꾸고 회사는 회사의 꿈을 꾸어야 한다.

칼비는 아직 매출 2,000억 엔 규모의 작은 기업에 불과하다. 한편 세계 최대의 식품 회사인 네슬레의 매출은 10조 엔에 달한다. 칼비는 미래에 네슬레와 동등한, 또는 더 우월한 존재가 될 수 있다. 모두 큰 꿈을 갖고 성과를 낸다면 그 꿈을 실현하지 못할 이유가 없다고, 나는 진심으로 생각한다.

"경험해야 알게 되는 세계가 있다"

다마쓰카 겐이치 玉塚元一

로손 대표이사 사장

사진 : 오가타 후미시게(尾形文繁)

1962년 도쿄 도 출생. 1985년 게이오기주쿠(慶應義塾) 대학 법학부 졸업. 중학생일 때부터 럭비를 시작하여 대학 4학년 때 대학선수권에서 준우승을 했다. 졸업 후에는 아사히글라스(旭硝子)에 입사, 지바(千葉) 현 이치하라(市原) 시 공장에 배속되어 생산 · 물류 관리를 배웠다. 4년간 싱가포르에서 근무한 후 미국으로 유학. 1997년 케이스웨스턴리저브(Case Western Reserve) 대학 경영대학원, 1998년 선더버드(Thunderbird) 대학 국제경영대학원에서 MBA 취득. 1998년 일본 IBM을 거쳐 퍼스트리테일링으로 이직하여 마케팅, 해외사업 등에 종사. 2000년 상무이사 등을 거쳐 2002년 이사 사장으로 발탁되나 2005년 퍼스트리테일링 사장을 사임하고 퇴직. 기업 재생회사 리범프(Revamp Corporation)를 공동 설립하고 대표이사로 취임. 2010년 로손에 입사. 2011년 부사장 집행임원 COO, 2013년 이사 대표집행임원 COO 등을 거쳐 2014년부터 현직.

다마쓰카 씨와의 만남

비교적 최근인 2010년, 다마쓰카 씨가 로손에 취임한 이후에 그를 만났다. 그때까지 다마쓰카 씨에 관해서는 퍼스트리테일링에서 야나이 다다시(柳井正) 회장 겸 CEO의 후임자가 되었다가 3년 만에 그 자리에서 내려왔다는 것, 그 후 기업재생회사 리범프를 거친 후 CEO인 니이카미 다케시(新浪剛史) 씨의 권유를 받아 로손으로 옮겼다는 것 등 일반적인 사실밖에 몰랐다.

그러나 만나기 전부터 다마쓰카 씨의 리더십 여정에는 관심이 있었다. 야나이 씨, 니이카미 씨라는 개성 강한 리더 두 명에게 사장 자리를 물려받은 이 사람은 과연 어떤 리더십을 지녔을까? 또 퍼스트리테일링 사장에서 한 번 물러났던 사람이 어떻게 다시 경영 일선으로 돌아왔을까? 한 번 실패하면 재도전이 허용되지 않는 일본에서 이런 독특한 경력을 쌓은 다마쓰카 씨의 활약에 더욱 관심이 쏠렸다.

다마쓰카 씨를 마주한 즉시 내 몇몇 의문은 풀렸다. 그가 들어오자 방 안 공기부터 확 달라진 듯했다. 다마쓰카 씨는 밝고 활기차다. 목소리도 크다. 럭비 선수로 단련된 사람이라 그런지 존재감이 무척 강하다. 함께 있으면 나까지 왠지 기분이 들뜨고 쾌활해진다. 그에게 동화되는 것이다.
"저는 제 아이들을 끌어안을 때마다 '에너지 주입!'이라고 외칩니다. 고등

학생 딸은 싫어하지만 말입니다."라는 이야기를 듣고 너무나 다마쓰카 씨답다는 생각을 했다. 순수한 열혈 사나이, 그것이 다마쓰카 씨의 첫인상이었다.

나는 로손의 차세대 경영간부 육성 프로그램인 '로손 간부 관리 프로그램'의 핵심 요원으로 일한 덕분에 다마쓰카 씨와 개인적으로 만날 기회를 얻을 수 있었다. 그리고 연수에 참여한 차세대 경영간부들 앞에서 자신의 리더십 여정을 이야기해 달라고 그에게 부탁했다. 그야말로 '사람은 말을 통해 삶의 의미를 찾고 자기를 변혁하며, 사람과 사람 사이의 공동체를 만들고 세대와 세대를 연결한다.'는 생각에 입각한 의뢰였다(야마다 요코, 『인생을 이야기하다』에서 발췌한 문장—역주).

이제 다마쓰카 씨의 리더십 여정을 되돌아 보자.

싱가포르에서 장사의 재미를 느끼다

내가 처음 리더십을 경험한 것은 1989년, 27세 때다. 아사히글라스 시절 싱가포르에서 근무할 때 열 명 정도를 이끄는 리더로서 아시아 화학제품 사업을 개척했기 때문이다. 그곳에서는 상황이 생각 같지 않아 악전고투를 거듭했다. 그전에는 공장 근무밖에 경험해 보지 못한 데다 경영에 전혀 문외한이어서 더욱 힘들었다. 싱가포르 사람들의 악센트 강한 영어를 알아듣기 어려워 교섭에도 상당한 어려움을 겪었다.

게다가 당시 동남아시아 시장이 급성장하는 중이어서 전례 없는 업무가 연일 밀려들었다. 본사에서 교대로 드나드는 선배들에게 이것저것 배워가며 오늘은 필리핀, 내일은 타이, 모레는 중국 남부로 매일 오갔다. 아직 젊을 때 이처럼 조직을 일정한 방향으로 이끄는 역할을 4년이나 경험할 수 있었던 것에는 무척 감사한다.

그때 나는 진심으로 '장사는 정말 재미있다.', '경영 분야에서 활약하는 인재가 되고 싶다.'는 생각을 했다. 그와 동시에 경영에 대한 기초 지식이 없는 것이 절실하게 안타까웠다. 필리핀의 거물과도 서투른 영어로 논쟁할 만한 배짱은 있었지만, 프로젝트 평가를 받을 때면 cash flow니, ROI(투자수익률) 같은 말을 하나도 알아듣지 못했던 것이다. 내 밑천이 모자람을 통감했다.

그러다 귀국이 가까워질 무렵, 회람판에서 해외 유학 안내문을 발견했다. '바로 이거야!'라는 생각에 즉시 신청했다. 동남아시아 시장이 호조였던 덕분에 면접은 쉽게 통과했지만 미국의 경영대학원을 가려면 TOEFL과 GMAT라는 영어시험 성적이 필요하다는 것을 뒤늦게 알았다. 첫 GMAT 모의시험 결과는 참담했다. 유명 대학원에 입학하려면 최소한 600점을 받아야 하는데 내 점수는 겨우 300점이었다. 그래서 발등에 불이 떨어진 듯 맹렬히 공부했다. 결국 오하이오 주 케이스웨스턴리저브 대학에 가까스로 입학할 수 있었다.

경영관이 180도 달라진 유학 시절

유학 2년간은 남보다 두 배로 열심히 공부했다. MBA나 자격증과는 관계없이 정말로 공부가 하고 싶었기 때문이다. 커다란 계단식 강의실에서 받은 첫 회계 수업에서 여교수가 갑자기 칠판에 선을 긋고 "이것은 대차대조표인데, 왜 좌와 우로 나뉘어 있을까?"라고 학생들에게 질문했을 때, '난 정말 이런 게 배우고 싶었어.'라는 생각에 기쁨의 눈물이 핑 돌았던 것을 지금도 기억한다.

주변의 일본인 유학생 중에는 명문 대학을 졸업한 뒤 일류 기업이나 외국계 기업에서 일하다 온 사람이 많아서 '이제 와 새삼 NPV(순현재가치)를 가르치려고?'라는 듯 팔짱을 끼고 있는 모습도 보였다. 하지만 공부에 엄청난 허기를 느꼈던 나는 '전부 집어삼켜 주겠어, 필요 없는 것은 나중에

버리면 돼.'라며 의욕에 불탔다.

나는 아사히글라스 공장에서 일하던 시절부터 신조가 '모르는 것은 내 일로 미루지 않는다.'였다. 유학할 때도 교수를 몇 번씩 찾아가, 교수가 "또 자네인가?"라며 타박할 때까지 끈질기게 질문을 던졌다. 그렇게 노력한 보람이 있었는지 성적은 나쁘지 않았다. 대학 시절에 럭비만 하느라 학문적인 면에 열등감이 있었는데, 미국 유학을 통해 그것이 불식되어 정말 기뻤다. 그러나 미국 유학의 최대의 수확은 경영의 기초 체력을 확보한 것이었다.

지금 돌아보면 공부에 푹 빠져 살았던 2년이었다. 복수 전공 프로그램을 활용하여 케이스웨스턴과 애리조나의 선더버드에서 도합 90학점을 취득했는데, 이는 다른 사람보다 상당히 많은 편에 속한다. 사실 인간은 능력은 누구나 비슷한 것 같다. 그러나 무언가 계기가 있어 목표를 정한 뒤 그것을 이루려고 독한 마음을 먹느냐 마느냐에 따라 성과가 달라지고 같은 경험을 해도 차이가 나는 것이라고 생각한다.

유학 시절, 잊을 수 없는 강렬한 만남이 또 하나 있다. 졸업생을 초대하여 이야기를 듣는 시간에 야구 모자를 눌러쓰고 청바지를 입은 기업가 선배가 한 명 찾아왔다. 연령은 30대 후반. 그는 자신이 연매출 3,000억 엔의 기업을 설립했다는 사실과 자신이 만든 상품이 사회를 얼마나 바꾸어 놓았는지에 대해 한 시간쯤 열변을 토했다.

그 모습은 충격적이었다. 그때까지 나는, 검정색 차를 타고 다니며 저녁 6시면 고급 술집을 방문하고 연설할 때는 원고를 줄줄 읽는 일본인 경영자만 상상했기 때문이다. 그러나 그 선배는 아무것도 없는 상태에서 사업을 시작했고, 몸뚱이 하나로 승부하여 성공했다. 그래서 메모 한 장 없이도 열정적이고 진심 어린 연설을 할 수 있었고 우리도 그의 이야기에 빨려든 것이다.

이래서야 일본의 경영자는 상대가 되지 않겠다는 생각이 들었다. 그와 동시에 '나도 경영을 해 보고 싶다.', '장사에 도전하고 싶다.'는 생각이 불끈불끈 솟아올랐다.

경영 현장을 지키기 위해 이직을 결심하다

아사히글라스에서 유학을 보내주었지만 귀국한 뒤 고민 끝에 퇴직을 결정했다. 아사히글라스에서 경영자가 되는 방법도 생각해 보았지만 당시에는 발탁제도도 없어서 꿈을 실현하려면 30년이 넘게 걸릴 듯했다. 작아도 좋으니 경영에 참여할 수 있는 곳으로 빨리 이직해야 꿈을 이룰 수 있다고 생각했다.

해외 유학까지 보내준 회사에 정말 면목이 없었지만, 상사에게 솔직한 마음을 전달하고 간곡히 이해를 구했다. 그러나 모아둔 자금도, 아이디어도 없어 갑자기 창업하기는 어려웠으므로 일단은 인연이 있었던 IBM으로 이직하게 되었다. 약간 불순한 동기지만 IT를 배우며 자금을 모아 창업을 준비할 생각이었다.

IBM에서는 컨설팅을 담당했는데, 그때 세 번째로 맡았던 회사가 퍼스트리테일링(FR)이었다. 당시 사장이었던 야나이 다다시 씨 앞에서 유니클로의 비즈니스 모델에 대해 이러쿵저러쿵했으니, 지금 생각하면 부끄럽기 짝이 없다.

이 프레젠테이션의 기회를 만들어준 사람이 사와다 다카시(澤田貴司) 씨였다. 사와다 씨는 예전 이토추 상사에 근무하며 나와 싱가포르에서도 함께 일했던 동료다. 5년 연상이지만 나와 마음이 무척 잘 맞았다. 그런 그가 1년 전에 FR로 이직해 있었고, 내가 아사히글라스를 그만두었다는 소식에 나를 FR로 영입하려 했던 듯하다.

1998년 당시 FR은 연매출 600~700억 엔 규모의 작은 회사였지만, 조사해 보니 순수한 의미에서 좋은 회사라는 판단이 섰다. 잡지 등에 등장한 야나이 씨의 말도 내 마음을 흔들었다.

"패션업계의 생산성이 낮은 것은 위험부담을 소비자에게 떠넘기기 때문입니다. 원가가 1,000엔인 셔츠가 백화점에서는 1만 엔에 팔리지 않습니까? 생산, 유통, 소매까지 한꺼번에 관리하여 수요 예측의 정확성을 높이고 공급망을 전체적으로 효율화하면 고객에게 고품질의 베이직 캐주얼 의류를 놀라운 가격에 판매할 수 있습니다. 이것이야말로 세계를 제패할 수 있는 비즈니스 모델입니다." 이처럼 야나이 씨는 그때부터 세계를 시야에 넣고 있었다.

야마구치(山口)의 본사에서 야나이 씨를 직접 만났을 때도 정말 대단한 사람이라고 느꼈다. 거창한 말을 떠벌리기보다 윤리적이고 착실하면서도 당당하게 말하며, 한편으로는 부끄러워하는 모습이 무척 매력적이었다. 그의 밑에서 점장으로 일하다 보면 장사의 본질을 배울 수 있을 듯했다. '이 사람의 정수를 빨아들이면서 배우면 답이 보이지 않을까?' 그런 마음으로 유니클로에 입사하기로 결심했다.

강렬한 부침을 맛본 유니클로 시절

유니클로에서의 경험은 특히 강렬했다. FR은 처음 몇 년 동안의 급성장으로 매출이 1,000억 엔에서 2,000억 엔으로 늘어났다. 4,000억 엔이 되었을 때는 그야말로 유니클로 선풍이 일어나 일손이 달려 죽을 지경이었다. 점장 일을 배울 생각이었지만 이것저것 시키는 대로 하다 보니 역할 범위가 점점 넓어졌다.

그러나 언젠가부터 실적은 곤두박질치기 시작했다. '유니바레'(유니클로 옷을 입은 것을 들킴)라며 유니클로의 옷이 놀림받는 사회적 분위기가 형성되자 매출은 금세 3,000억 엔으로 떨어졌다. 매출 하락에 제동이 걸리지 않아 매주 어마어마한 재고가 쌓여 갔다. 전에는 장사가 잘되던 기존 점포도 매출이 10%씩 줄어드니 현장은 점점 활기를 잃었고 회사는 전체적으로 침체에 빠졌다. 당시 야나이 씨의 모습은 초췌하기 이를 데 없었다.

나는 그때 영국에서 구조조정과 폐점 작업으로 정신없는 나날을 보내고 있었다. 컬러 취향과 디자인이 영국 사람에게 맞지 않았고 현지 종업원은 생각대로 움직이지 않았으며 물류업자는 시간을 지키지 않는 등 영국의 상황은 더욱 심각했다. 그런 상황에서 일본을 보니 매출이 하락한 것은 사실이지만 의욕적인 종업원과 상품 공급자, 도움을 청할 동료가 다 갖추어져 있었다. 고품질 베이직 캐주얼을 경쟁력 있는 가격으로 제공하는 제조·소매업이라는 비즈니스 모델 자체는 여전히 보편적 가치가 있었다. 좋든 나쁘든 선풍을 일으킨 덕분에 인지도도 높아져 있었다. 다시 한번 고객의 목소리에 귀를 기울여 상품을 조정하면 회복할 수 있겠다는 생각이 들었다.

긴급 임원 회의에 참석하러 일본에 돌아왔을 때 그런 취지의 발언을 했더니 "그렇다면 자네가 사장을 하면 되겠군."이라는 말이 돌아왔다. 오는 말이 고와야 가는 말도 고운 법이라 나도 "네, 제가 하지요."라고 맞받아쳤다. 그렇게 39세에 사장이 되었다. 그런데 주말에 점포를 돌아보러 나갔다가 등골이 오싹해지는 경험을 했다. 선풍이 일어날 당시 오모테산도(表参道)까지 고객이 줄을 섰던 하라주쿠(原宿) 매장에 고객이 단 한 명도 없었던 것이다. 심지어 그때는 주말 피크타임이었다. '상황이 이렇게나 어려웠구나.' 하고 통감했다. 산더미 같은 재고가 눈앞에 어른거리고 온몸에 소름이 돋았다. 다행히 회사의 기초 체력이 튼튼했으므로 야나이 씨와 함께 이런저런 개혁을 전개하는 동안 업적은 조금씩 회복되었다.

고객은 장사의 모든 것

유니클로에서 배운 가장 중요한 것은 야나이 씨의 리더십이다. 야나이 씨는 고정관념에 사로잡히지 않고 위험과 역경에 꺾이지 않으며, 고객과 시장에 가장 좋은 방식을 단순한 원리원칙으로 관철한다. 또 확신 있게 말하며 명확한 목표를 지향한다. 그야말로 사업을 성장시키는 데 가장 이상적인 기업가의 모습을 보는 듯했다.

급상승과 급하강을 겪으며 약해진 조직을 재건한 것도 엄청난 배움의 경험이었다. 사실 선풍 이후 급하강을 겪은 것은 이전의 매출에 대한 대가였을 것이다. 상품 종류를 최대한 줄이고 유니섹스 정책을 택하여 전국의 남녀노소가 유니클로 옷을 사 입게 만들었지만, 열기가 식자마자 고객들은 "왜 내가 아빠랑 똑같은 옷을 입어야 해?"라고 불평하기 시작했다.

사실 도심 점포의 경우 고객의 60~70%가 여성인데도 여성 전용 상품은 10% 이하에 불과했다. 유니섹스 정책으로 효율은 높아졌지만 그것은 판매자 위주의 사고방식이다. 분명 상품 종류의 압축과 소재 개발 등을 활용한 판매자 측면의 비즈니스 모델도 필요하다. 그러나 그와 동시에 고객의 욕구가 주별, 월별로 어떻게 변화하는지 민감하게 파악하고 정기적으로 상품을 개선해야만 고객 이탈을 막을 수 있다. 장사는 고객이 전부라는 원리원칙을 다시금 깊이 깨달았다.

FR에는 7년간 근무했다. 마지막 3년은 사장이었는데, 되돌아보면 그만큼 강력한 오너 기업에서 사장으로 일하기에는 내 준비가 부족했던 듯하다. 오너의 의지를 더 존중해야 했고, 내가 담당할 영역을 파악한 뒤 서서히 책임 범위를 넓혀 가는 등 더 효과적인 방식을 취해야 했다. 하지만 그때 나는 어깨에 힘이 너무 많이 들어가 있었다. 그래도 도전해 보았기에 이런 깨달음도 얻을 수 있었다. 결국은 야나이 씨가 모든 결정을 전담하는 편이 낫다고 생각해서 유니클로를 그만두었지만, 이런 기회를 준 야나이 씨에게 지금도 무척 감사하고 있다.

리범프에서의 새로운 도전

그 후 사와다 씨와 함께 기업의 재생과 신규 사업의 전개를 돕는 리범프라는 회사를 설립했다. 투자를 하는 것이 아니라 우리가 직접 운영에 참여하여 가능성 있는 회사를 재생시키는 방식이었다. 당시 주변 사람들은 그런 비즈니스 모델은 절대 성립되지 않는다며 우리를 말렸다. 실제로 처음 3년 정도는 도산 직전의 벤처기업을 재생하는 일뿐이었으므로 무척 힘들었다.

업무 개혁에 최선을 다했지만 이런저런 사정으로 업적이 악화된 회사도 있었다. 보유한 자금까지 바닥을 드러냈으므로 우리는 어음 부도를 막기 위해 재정 대책에 고심했다. 그 난제를 야나이 씨에게 말했더니 "자네들이 실패하게 둘 수는 없으니 (자금 변통은) 어떻게든 해 주지."라고 이야기해 주었다. 그래도 신세를 지기 싫어서 우리끼리 문제를 해결하려고 노력했으나 결국은 회사를 폐쇄하게 되어 많은 채권자에게 폐를 끼치고 말았다.

그때 현금흐름이 얼마나 중요한지 절감했고, 회사가 도산하면 많은 사람을 불행하게 만든다는 것, 원리원칙에서 벗어나면 기업은 무너지게 된다는 것도 새삼 깨달았다. 아사히글라스나 FR 같은 큰 회사에 계속 머물렀다면 얻지 못했을 교훈이었다.

리범프는 그 후 롯데리아의 재건, 미국 아이스크림 전문점 '콜드스톤 크리머리'와 도너츠 전문점 '크리스피 크림 도넛'의 신규 전개 등에 참여하며 종업원 150명 규모의 기업으로 성장했다. 일본에서 이만큼 알찬 기업은 찾아보기 어려울 것이다.

로손에서 다시 도전하다

2010년에는 로손으로 이직했다. 사장인 니이카미 다케시 씨의 제안이 계기가 되었다. 둘 다 비슷한 시기에 각각 로손 사장과 유니클로 사장으로 취임했던 덕분에 젊은 경영자들의 대담에 함께 초청받아 친교를 쌓을 수 있었다. 처음 니이카미 씨의 제안을 받았을 때는 리범프 사업의 일환으로 와 달라는 것으로 이해했다. 그러나 여러 차례 이야기를 나누다 보니 나를 개인적으로 채용하려는 것을 알게 되었다.

나는 당시 리범프가 투자한 20개쯤 되는 회사의 이사였기 때문에 월요일에는 햄버거 가게, 화요일에는 도넛 가게, 수요일에는 화장품 가게에 출근하는 식으로 다양한 회사에서 실적을 점검하고 사원을 격려하는 나날을 보내고 있었다. 그것도 나름대로 공부가 되었지만 어디까지나 타인을 지도하는 일이었을 뿐, 운영의 현장에 있었던 것은 아니다. 그래서 '이 일은 60대나 70대에도 할 수 있다.', '40대인 지금 이런 일만 하다 보면 기초체력이 약해질지 모르니 다시 한번 현장에 깊숙이 발을 담가야 하지 않을까?' 하는 생각이 들기 시작했다.

내 개인적인 고민은 둘째 치더라도, 리범프라는 회사 역시 그 시점에 무언가 변화가 필요한 듯했다. 리범프는 원래 위대한 경영자의 산실을 만들자는 생각으로 설립한 회사였다. 그러나 아직도 부족한 것이 많았다. 특히 그 시점에는 이질적인 구성원을 받아들여 새로운 변혁을 일으킬 필요가 있었다. 야나이 씨도 회사가 아직 작았던 1997~98년에 유니클로의 가능성과 위기감을 동시에 느끼고, 사와다 씨와 나 같은 이질적 구성원을 받아들여 사내에 화학반응을 강제로 일으키려 했다. 당시 리범프도 인재의 흐름이 정체되어 있어 무언가 조치가 필요한 시점이었다.

또 유니클로 때와 마찬가지로, 로손이라는 가능성 있는 회사에 이질적 구성원으로 참여하여 건전한 화학반응을 일으키고 싶었다. '로손의 어려운 상황을 극복하며 배운 것을 리범프에서 공유하고, 다른 회사의 재생에 또다시 나서는 게 어떨까?'라는 생각이었다. 로손의 일을 통해 경영자로서의 나 자신을 재차 단련하고 싶었다. 게다가 이전부터 소매업과 외식업에 관심이 있었으므로 니이카미 씨와 함께 편의점 사업을 배울 수 있다면 더 바랄 게 없을 듯했다. 그래서 반대하는 사와다 씨를 반년에 걸쳐 설득하고 로손으로 자리를 옮겼다.[1)]

로손의 첫인상은 '큰 가능성이 있는 회사'였다. 리범프에서는 아무 기반도 없는 벤처기업이나 경영 위기에 빠진 회사의 재생을 도왔던 데 비해 로손은 소프트웨어와 하드웨어 측면의 자산을 모두 충실히 갖추고 있었다. 향후 고령화와 핵가족화가 진행되면 동네 소매점의 시장도 성장할 것으로 예상되었고, 당시 로손이 지향했던 제조 소매업[2)]이라는 새로운 업태에도 가능성을 느꼈다.

또 니이카미 씨 역시 야나이 씨처럼 강력한 리더십을 발휘하는 오너였기에 나는 그를 보고 이것저것 배울 수 있었다. 니이카미 씨는 세계, 국가, 업계 등 큰 견지에서 세상의 흐름을 파악하고 중요한 트렌드와 위험을 예측하는 한편, 점포의 진열과 주먹밥의 맛 등 현장 · 현물에 대한 세밀한 감각까지 동시에 갖춘 대단한 사람이다. 거시적 상황과 미시적 상황을 동시에 예민하게 포착하여 문제의 본질을 꿰뚫어 볼 뿐만 아니라 대응이 필요할 때는 신속하게 행동하고 심지어 결과에도 엄격했다. 이런 니이카미 씨가 산토리로 옮기기 이전의 4년[3)] 중 마지막 2년 동안은 내가 회사 운영을 전적으로 맡으면서 사장이 될 준비를 충분히 할 수 있었다.

---

1) 다마쓰카 씨는 2010년에 로손의 고문으로 영입되었고, 그 이듬해에 국내 편의점 사업의 최고 경영 책임자인 일본 부사장 겸 COO로 취임했다.

2) 로손은 편의점으로서는 혁신적 상품인 튀김과 디저트 등을 속속 전개함으로써 시장 내 독자적 위치를 확보하려 하고 있다. 제조 소매업이란 상품 개발을 비롯하여 원재료 조달과 제조, 물류, 그리고 판매까지 하나로 묶은 비즈니스 모델을 말한다.

3) 2014년 5월부로 로손의 CEO를 퇴임한 니이카미 씨는 같은 해 10월에 산토리 홀딩스의 사장으로 취임했다. 이것은 '전문 경영자 시대의 도래'를 알리는 일대 사건으로 화제를 모았다.

이를 악물고 버티면 결정적 순간이 찾아온다

나는 중학교 때부터 럭비 선수였지만 발이 빠르지도, 기술이 뛰어나지도 않았다. 주장으로서 부원들을 이끌 만한 성격도 아니었다. 오로지 끝까지 물고 늘어지는 불굴의 끈기로 고정 선수가 될 수 있었다. 게이오기주쿠 대학의 전 학장 고이즈미 신조(小泉信三) 선생은 “연습은 불가능을 가능케 한다.”고 말했는데, 나는 이를 “노력은 불가능을 가능케 한다.”로 바꿔 말하고 싶다. 설사 소질이나 체격이 열등할지라도 목표를 정하고 끊임없이 노력한다면 거대한 메이지 대학팀이나 와세다 대학팀도 쓰러뜨릴 수 있다.

대학 4학년 때 유명 선수가 하나도 없는 우리 팀이 전국 지구대항 대학대회에서 준우승을 쟁취했다. 이 사건은 노력의 가능성에 대한 증거였고, 나는 거기서 확실한 경험적 지식과 자신감을 얻었다. 또, 혹독한 합숙 훈련을 통해 아무리 힘들어도 사람은 죽지 않는다는 사실을 알게 되면서 더욱 강해질 수 있었다.

나는 지금까지 경력 개발 계획을 세우고 인생을 계획적으로 살아오지는 않았다. 그때그때의 판단으로 살아왔지만, 중요한 고비가 올 때마다 ‘이 일만은 반드시 극복해야 한다.’, ‘피해서는 안 된다.’는 것만은 확실히 알았다. 가령 경영대학원에 진학하려 했을 때 터무니없이 부족한 GMAT 점수를 받고 나서 ‘이제 번거로운 공부 따위는 집어치우자.’고 포기해도 이상하지 않았을 것이다. 그러나 나는 ‘반드시 이 난관을 극복해야 한다.’고 생각하여 포기하지 않고 맞섰다. 야나이 씨를 처음 만났을 때도 ‘지금 이 사람을 따르는 것이 중요하다.’는 사실을 본능적으로 알았다. 당시 FR은 정체가 모호한 지방 기업이었지만 말이다.

그런 감수성에 의지하여 ‘이렇게 하면 강해진다.’는 느낌이 들면 행동에 즉시 옮겼다. ‘이렇게 되고 싶다.’, ‘저렇게 하고 싶다.’가 아니라, 눈앞에 나타난 과제와 역할에 정면으로 부딪히며 전력을 다하다 보면 어느새 결정적인 기회가 찾아왔다.

아사히글라스 시절의 상사 중 나중에 사장이 된 이시즈 신야(石津進也) 씨, 싱가포르에서 나를 지도해 주었던 상사, 그리고 사와다 씨, 야나이 씨, 니이카미 씨… 이 사람들과 함께 일하며 돈독한 관계를 쌓았고 큰 배움을 얻었다. 그 연장선상에 오늘이 있다. 감사하게도 이들과는 지금도 좋은 관계를 유지하고 있다. 그래서 얼마 전에 야나이 씨에게 로손에 와서 사업에 대한 강의를 해달라고 부탁했더니, 강연을 싫어하기로 유명한 사람인데도 "다마쓰카 군의 말을 거절할 수는 없지."라며 흔쾌히 승낙해 주었다.

경험해야만 보이는 세계가 있다

내가 생각하는 리더란 크든 작든 어떤 조직을 이끄는 자리에 있으면서, 다양한 상황과 과제에 맞서 조직을 통합하고 방향성을 제시하며 목표를 향해 조직을 이끄는 사람이다. 리더는 반대가 거셀지라도 그 조직에 반드시 필요한 일이라고 확신하는 목표를 달성하기 위해 힘차게 나아가야 한다. 사람들을 설득하고, 혹은 설득하지 못해도 스스로 강에 뛰어들어 함께 헤엄쳐야 한다. 일심으로 달려들어야 한다. 그렇게 아수라장을 거듭 빠져나오고, 물을 먹어 가면서 강을 건너는 경험을 반복하다 보면 싸우는 법을 깨우칠 것이다. '여기는 강경돌파가 답이다.', 혹은 '여기는 다른 방법을 써야 한다.'는 감각이 생겨날 것이다.

자신이 조직의 방향을 정하고 조직에 결정적인 영향력을 끼친다는 사실을 알고 있기 때문에, 그래서 매일 고민하며 발버둥치기 때문에 볼 수 있는 세계, 깨달을 수 있는 진실이 있다. 이는 리더의 자리에 서 보지 않은 사람은 결코 모를 것이다.

로손의 사장이 된 후 줄곧 '도망칠 곳이 없다.'는 생각을 한다. 회사 전체의 방향을 결정하는 자리에 있다 보면 입수하는 정보의 수준, 생각하는 내용의 너비와 깊이가 COO일 때와는 비교할 수 없이 넓고 깊어진다. 그것을 매일 체감하고 위기와 기회에 어떻게 대응할지 고민하며 매일 실천을 쌓아 나가는 것, 오직 그 길뿐이다. 지금까지 내가 빨아들인 야나이 씨의 정수, 리범프에서의 경험, 니이카미 씨와의 협업으로 얻은 교훈 등 내가 가진 모든 것을 걸고 앞으로도 끊임없이 도전할 것이다.

"롤모델에게서 배우고, 자신만의 스타일로 재창조하라"

시가 도시유키 志賀俊之

닛산자동차 대표이사 부회장

사진 : 오가타 후미시게(尾形文繁)

1953년 와카야마 현 출생. 1976년 오사카 부립대학 경제학부 졸업 후 닛산자동차 입사. 1991년 아시아 대양주 영업부 자카르타 사무소장. 1997년 기획실로 옮겨 프랑스 르노와의 제휴를 추진. 1999년 기획실장 겸 제휴 추진 실장으로 닛산 재건계획 수립과 실행에 힘씀. 2000년 상무이사. 일반 해외시장 담당으로 큰 성과를 거두었음. 2005년 대표이사 겸 COO(최고집행책임자)를 거쳐 2013년부터 현직.

시가 씨와의 만남

시가 씨는 1997년에 처음 만났다. 전에 일본 대표 기업의 부·과장이 참여하는 이업종 교류회를 개최한 적이 있는데, 그때 닛산의 참가자가 시가 씨였다. 그러나 솔직히 말해 시가 씨는 성실한 수강생은 아니었다. 결석이 많았던 것이다. 출석한 수강생들에게 “시가 씨는 또 결석이군요.”라고 말했던 기억이 난다. 나중에 시가 씨에게 사정을 물었더니 르노와의 교섭이 한창이어서 연수를 받을 만한 여유가 없었다고 한다.

그때 만난 시가 씨의 인상은 그야말로 전형적인 대기업 과장으로, 실례되는 말이지만 나중에 그가 닛산의 최고경영자가 되리라고는 상상도 못했다. 그러나 시가 씨는 밝고 개방적이며 적극적인 성격이었고 새로운 것을 배우는 데에도 의욕적이었다. 시가 씨가 연수에 참가했을 무렵 나는 잭 웰치가 주도한 제너럴 일렉트릭(GE)의 기업 변혁을 연구하고 있었으므로 수강생들에게도 웰치의 비디오를 보여주고 변혁의 리더십에 대해 토의하는 시간을 가졌다. 그런데 이번 인터뷰를 통해, 시가 씨가 그때의 경험을 계기로 카를로스 곤(Carlos Ghosn)(프랑스 르노 회장, 르노 닛산 얼라이언스 사장 —역주) 씨에게 닛산 개혁을 맡겼다는 사실을 알고 무척 기뻤다.

서로 성격이 잘 맞아서 연수 후의 닛산 개혁에서 다양한 형태로 함께 일할 수 있었던 것도 나에게는 큰 행운이었다. 특히, 곤 씨가 닛산 개혁에 추진력을 더하기 위해 만든 개혁전담팀에 외부 요원으로 참가했던 일이 기억에 남는다.

당시, 이미 폐쇄하기로 결정된 도쿄 도 시나가와(品川) 구 에바라(荏原)의 연수원에 머물며 신생 닛산의 가치를 평가하는 작업을 했다. 식당은 이미 없어진 후였으므로 아침은 햄버거, 점심은 라면, 저녁은 가까운 선술집에서 해결했다. 그때 시가 씨가 폐쇄된 연수원을 한 바퀴 둘러보며 "도요타와 닛산의 차이는 인재 육성을 얼마나 중요하게 여기느냐에 있다."고 슬쩍 말해 주던 것이 어제 일처럼 생생하다.

그 후 나는 닛산 리바이벌 계획(1999년에 발표된 닛산의 재건 계획)의 수립과 닛산 밸류 업 계획(2005년부터 개시된 신 3개년 계획)에도 참여하여 큰 배움을 얻는 동시에 GE에서 얻은 지식을 활용했다. 한편 시가 씨는 리더십 여정을 착실히 밟아나가 임원이 되었고, 결국은 COO가 되어 곤 씨의 좋은 파트너로서 닛산 개혁의 선두에 섰다. 시가 씨와 동행했던 한 사람으로서 그의 리더십 여정을 되짚어 보자.

해외에서 알게 된 일본 기업의 한계

나는 역시 카를로스 곤 씨를 빼고는 리더십을 말할 수 없다.

닛산자동차는 알다시피 거품 붕괴 후 지속적인 침체에 빠져 있었다. 그러다 1993년에 가나가와(神奈川) 현 자마(座間) 공장을 폐쇄하기로 결정했다. 그 후에도 회사가 점점 기울어 가는 것을 피부로 느낄 수 있었다. 1997년부터는 더 버티지 못하게 되었으므로 1998년 5월에 결국 긴자의 본사 빌딩을 매각하며 일대 구조조정을 시작했다. 당시 종업원은 모두 사리사욕을 버리고 회사를 재건하기 위해 최선을 다했지만 이미 때는 늦어 가라앉는 배를 끌어 올리기엔 역부족이었다.

나는 대학을 졸업한 1976년에 닛산에 입사했다. 아버지가 닛산 계열의 중개인이어서 그랬는지 나는 어릴 때부터 자동차와 닛산을 좋아했다. 입사 후 처음에는 해양 사업부에서 일했고 그 후에는 해외 부문으로 이동하여 동남아시아 시장을 개척하는 일을 했다. 그리고 1991년에는 아시아 대양주 영업부 자카르타 사무소장으로 인도네시아에 부임했으며 귀국 후 1997년부터는 기획실에서 르노와의 제휴를 추진하는 일을 담당했다. 기획실 내에 외국자본을 배제한 자력 재건을 주장하는 사람들도 있었지만 나는 개인적으로 자력 재건은 불가능하다고 생각했다.

'잃어버린 20년'에 대해, 거품이 붕괴된 탓에 일본 경제가 약해졌다고 말하는 사람이 많지만, 해외에 있던 나는 거품이 붕괴되기 전인 1990년대 초반부터 일본 경영의 한계를 알고 있었다. 나는 인도네시아에 좌천 비슷한 발령으로 부임했으므로 한가한 시간이 많아 책을 이것저것 읽으며 공부할 수 있었다. 그 결과 일본 기업이 게으름을 피우는 동안 미국 기업이 얼마나 일본을 철저히 연구했는지 알게 되었다. 미국 기업은 리엔지니어링과 벤치마킹 기법을 활용한 경쟁 전략[1)]으로 부활에 성공했다. 그에 비해 단일민족 사회인 일본의 기업은 부담을 회피하는 경향이 강했고 의사결정도 늦었다. 한 회사가 무언가를 시도하면 업계 내에서 금세 모방이 뒤따랐다. 나는 멀리 인도네시아에서 신흥국 기업이 성장하는 것을 지켜보며, 이대로 가다가는 일본 기업이 전부 망하겠다는 생각을 했다.

실제로 인도네시아의 화교들은 10억 엔 규모의 투자 조건을 5~10분의 회의를 통해 결정했다. 하지만 내가 작성했던 공장 건설 기획안은 이사회를 통과하기까지 4년이나 걸렸다. 그런 속도로는 이미 손에 넣은 시장도 뺏기기 십상이다. 나 역시 4년을 기다려 겨우 공장을 지었다고 기뻐했는

---

1) 리엔지니어링이란 업무 프로세스를 고객 관점에서 재구성하는 활동을, 벤치마킹이란 타사의 우수한 사례를 통해 배우는 활동을 말한다. 각각 1990년대의 미국 기업에서 한창 활용되며 미국 기업의 경쟁력 부활에 기여했다. 이런 새로운 경영 개념이 소개되자 일본 내에서는 '그것은 일본 기업이 전부터 해왔던 일'이라는 의견이 많았다. 맞는 지적이지만, 일본 기업이 실천을 개념화하지 않은 탓에 그 의의를 충분히 인식하지 못했던 것도 사실이다. 실천의 개념화, 즉 실천지의 형식지화를 가볍게 여겨서는 안 된다.

데, 그 이듬해에 아시아 통화 위기가 발발해 일찌감치 공장의 휴업을 선언해야만 했다.

카를로스 곤의 연설에 매료되다

1998년 6월부터 르노와의 극비 교섭이 시작되었다. 4~5명이 한 팀이 되어 제휴 계약서를 작성했지만 교섭하는 일은 주로 내가 맡았다. 교섭팀 담당 임원과 당시 하나와 요시카즈(塙義一) 사장이 이런 큰 교섭을 내게 맡긴 것이다. 나 같은 40대 초반의 직원이 일을 주도하다 보니 임원들 사이에는 "과장 따위에게 회사의 운명을 맡기려는 것이냐."며 반발하는 목소리도 있었다. 그러나 내 담당 임원은 남자다운 사람이라 세세한 일에는 간섭하지 않았고 진정한 의미에서 내게 일을 맡겨주었다.

1998년 10월, 당시 르노의 대표이사였던 슈바이처(Louis Schweitzer) 씨가 카를로스 곤을 닛산에 소개했다. 아마 자본 참여가 결정되면 사장으로 파견할 심산이었을 것이다. 제휴 계획은 아직 사내에 공개되지 않았으므로 일단은 곤 씨를 르노의 비용 절감에 관해 닛산에서 강의를 해 줄 강사로 초빙했다.

곤 씨는 미쉐린(Michelin)에서 일하다가 1996년에 르노로 옮겼는데, 이직 후 겨우 2년 만에 큰 성과를 올려서 각광을 받았다고 했다. 당시 그의 연설은 지금도 머릿속에 뚜렷이 남아 있다. 일본 기업에서 익히 보았던, 차분하고 사려 깊은 연설과는 전혀 다른 스타일의 연설이었다. 곤 씨는 커다란 몸짓을 섞어가며 자신의 생각을 열정적으로 전달했다. 예전에 이치조(一條) 선생의 이업종 연구회에서 GE의 CEO인 잭 웰치 씨의 비디오를 본 적이 있는데[2] 그 모습을 방불케 할 만큼 박력이 넘쳤다.

---

2) 이것은 1989년 웰치 회장이 가치(기업의 가치관)에 의한 개혁의 중요성을 호소한 비

이 사람이라면 닛산을 구할지도 모른다는 생각이 들어 하나와 사장에게 "르노와 제휴가 이루어지면 곤 씨를 영입해 달라."고 간곡히 호소했다. 그런데 하나와 사장 역시 같은 생각이었던 모양이다. 이때 강연에는 상무 이상 임원이 10여 명이나 참가했는데 모두 곤 씨에게 강한 인상을 받은 듯했다.

강렬한 리더십을 목격하다

곤 씨는 1999년 4월에 일본에 왔다. 잘 알려지지 않은 사실이지만, 곤 씨는 같은 해 6월 주주총회에서 정식 COO로 취임하기 전의 2개월쯤 되는 시간을 사내의 다양한 사람을 만나 이야기를 듣는 데 할애했다고 한다. 내가 아는 바로는, 200명 이상과 개별 인터뷰를 했고 1,000명 이상을 다양한 모임에서 만났다. 그는 일본뿐만이 아니라 미국, 아시아의 사업장까지 훑어가며 인터뷰를 했다.[3)]

나도 짧은 시간이었지만 그와 일대일 대화를 할 수 있었다. 그때의 대화를 지금도 똑똑히 기억한다. 내 업무 내용을 전달했더니 곤 씨가 "당신은 회사에 어떤 공헌을 했습니까?"라고 물었다. '회사에 대한 공헌'을 진지하게 생각한 적이 한 번도 없어서, 잠시 할 말을 잃었다. 가까스로 "중기 계획을 책정하는 것입니다."라고 대답했더니 그는 "중기 계획이 있었군요."라며 다시 몰아붙였다. 그리고 마지막으로 "시가 씨는 닛산을 부활

디오다. 이 비디오는 나중에 닛산 리바이벌 계획하에 닛산의 새로운 가치관을 제정하는 활동을 촉발했다.

3) 개혁에 관련된 일화를 하나 소개하자. 곤 씨는 개별 인터뷰를 시작하기 전에 시가 씨에게 '우수한 인재 목록'을 요청했다. 그러나 당시 닛산에는 이런 자료가 없었으므로, 인사부 직원들이 밤을 새워 새로 만들었다고 한다. 지금 닛산에는 우수한 인재의 데이터베이스가 정비되어 있으며 인재개발 위원회(Nomination Advisory Council)는 글로벌한 수준으로 인재를 관리하고 있다.

시키기 위해 무엇이 필요하다고 생각합니까?"라고 물었다. 그래서 나는 "연공서열부터 폐지해야 합니다."라고 대답했다.

곤 씨는 그런 과정을 통해 '닛산 재건의 답은 회사 안에 있다.', 즉 개혁의 힘은 사원에게 있다고 결론 내린 듯했다. 그러나 직접 그렇게 말하는 대신 CFT(Cross-Functional Team, 프로젝트 중심으로 각 부서 직원을 차출해 한시적으로 구성되는 팀—역주)를 설치하고 보텀업(bottom-up) 방식을 통해 팀원들에게 재건 계획을 제출하도록 했다. 그리고 그 계획을 자신이 수립한 가설과 조합하여 10월 18일에 리바이벌 계획으로 발표했다. '상향식(bottom-up)으로 제안을 받고 하향식(top-down)으로 결정을 내린다. 그리고 강화할 지역과 상품에 관한 우선순위를 명시하여 전원의 방향성을 일치시킨다.' 곤 씨의 이런 방식을 보며 '이것이 리더십인가?' 하고 생각했다. 그때까지 배운 리더십에 관한 모든 지식이 그 한 사람을 통해 구현된 것처럼 보였다.

공부는 낭비되지 않는다

곤 씨는 닛산 리바이벌 계획을 발표하며 마지막에 이렇게 덧붙였다. "계획은 5%, 실행이 95%입니다." 계획을 수립한 것만으로는 아무런 성과도 나지 않으니 앞으로 어떻게 실행하느냐가 중요하다는 뜻이다. 나는 당시 기획에 관련된 일을 하고 있었지만 닛산을 부활시키려면 기획실보다 아시아의 현장에서 실제 운영을 담당하는 것이 낫겠다는 생각이 들어서 회사에 이동 신청을 했다. 개혁이 시작되자 나는 피가 끓어오르는 듯했다. 현장에서 일하고 싶었다.

이듬해인 2000년, 곤 씨는 나를 중국 진출 업무에 투입했다. 상무가 되어 둥펑자동차(東風汽車)와의 교섭을 맡으라는 것이다. 당시 겨우 46세였던 내가 갑자기 상무로 발탁되었으니 그야말로 연공서열이 무너진 것이다.

나는 관리직이 되기 전에도 수행원 비슷한 입장으로 중국과의 교섭에 참여한 적이 있다. 당시 교섭은 원활하게 진행되었고 마지막 날의 연회에 참석했는데, 연회가 끝나자 담당자는 뜻밖에도 “내일은 내 윗사람과 교섭을 진행하십시오.”라고 말했다. 그 후로 그런 일이 몇 번이나 반복되었다. ‘대체 이 사람들은 머릿속이 어떻게 생겨먹은 걸까?’ 하는 생각이 들었다. 너무 궁금한 나머지 책을 사서 4천 년의 중국 역사를 공부했을 정도다.

유감스럽게도 그때는 교섭을 성공시키지 못했지만, 책임자인 상무로서 다시 교섭을 할 때는 중국인의 사고방식을 훤히 꿰고 있었던 덕분에 결국 둥펑자동차와의 계약을 성사시킬 수 있었다. 공부한 것은 결코 사라지지 않으며 나중에 반드시 퍼즐 조각처럼 맞아 들어가게 된다는 것을 깨달았다.

서양과 일본의 중간 모델을 지향하다

그 후 나는 미국과 유럽 이외의 해외 시장을 담당했지만, 대부분의 시장은 매년 적자를 기록했고 미국만 수익이 나는 상황이었다. 그래서 닛산 리바이벌 계획에 의해 2002년까지 영업이익률을 4.5%로 올린다는 목표를 세웠고, 위에서는 만약 그 목표를 달성하지 못하면 아예 차를 팔지 말라는 지시까지 내렸다.

‘이익이 없는 장사는 시작하지 않는다.’는 것이 서양적 사고방식이다. 그들은 거래처와의 관계에 얽매이지 않으므로 채산이 맞지 않는 사업은 즉시 철수하거나 매각한다. 닛산 리바이벌 계획에서도 우리는 700개나 되었던 자회사 중 네 개만 남기고 나머지는 전부 주식을 매각했다. 그러나 대부분의 일본 기업은 그렇게 냉정하지 못하다. 과거의 관계나 고객에 대한 공급 책임을 의식하기 때문에 그리 쉽게 처신할 수 없다. 그래서 적자가 길어지고 ROE(주주자본이익률)가 악화되기 쉽다.

그러나 닛산이 이때 매각한 자회사들은 나중에 전부 흑자로 돌아섰다.

이것은 큰 주목을 받지는 못했어도 매우 중요한 사실이다. 한때 닛산의 개혁은 '관련사 잘라내기'라는 거센 비난을 받았지만, 그 일을 계기로 경영 개선에 돌입한 회사들은 전부 실적을 회복했다. 그 전에는 큰 회사의 자회사여서 이익을 내지 못했던 것이다.

그래서 나는 서양식과 일본식의 중간을 취하기로 했다. 이익을 내지 못하는 시장에서 곧바로 철수하거나 상품 배급을 중단하는 것이 아니라, 이익이 날 때까지 가격을 인상하여 닛산의 재건을 돕게 하는 방식을 취한 것이다. 처음에는 우리 회사를 살린답시고 오랫동안 도와준 거래처에 가격 인상을 요구해도 괜찮을지 걱정했다. 그러나 닛산이 쓰러지면 그들도 사업을 접어야 한다. 그래서 중동에서 중남미까지, 그야말로 전 세계 판매 회사를 돌아다니며 닛산의 상황을 설명하고 협조를 구했다.

기억에 가장 남는 곳은 이익률이 최악이었던 중남미다. 미국 마이애미에 중남미의 판매 회사를 집결시키고 하반기부터 가격을 인상하겠다고 공표했더니 예상대로 반발이 터져 나왔다. 그래서 아무리 설명해도 난색을 표하는 곳과는 개별적으로 면담을 했다. 다행히 닛산 리바이벌 계획은 세계적인 뉴스여서 닛산이 지향하는 비전을 모두가 명확히 알고 있었다. 그래서 판매 회사도 결국은 사정을 이해하고 배급 비용을 내려서 가격 인상을 감수하게 되었다.

닛산이 힘으로 억지로 복종시킨 것도 아니었고, 판매 회사가 닛산을 구제하겠다는 거만한 태도로 나왔던 것도 아니다. 강력한 닛산을 함께 부활시키려는 '공감의 고리'가 양측을 점차 하나로 묶는 것을 느꼈다. 이렇게 상품 공급처와 판매 회사는 어려움을 이겨냈고, 닛산 역시 가격 인상을 최소한으로 줄임으로써 협력의 상승효과를 통한 이익 확대를 꾀했다. 그 결과 내가 그 자리를 떠나는 시점에는 모든 시장이 흑자를 회복했다.

결국 기업의 재건은 한 리더의 역량으로만 이루어지는 것이 아니다. 모든 종업원, 상품 공급처, 판매 회사가 재건이라는 하나의 목표를 향할 때 비로소 재건이 이루어진다. 사실 점점 기울어 가던 1990년대 닛산에서도 모든 종업원이 자신의 일에 최선을 다했다. 그러나 미국 담당은 미국의 상황만, 아시아 담당은 아시아의 상황만 생각했다. 또 승용차 중에서도 GT-R이니, 스카이라인이니, 콤팩트카니 하면서 모두 제 갈 길만 보고 제 일만 하기 바빴다. 종업원이 아무리 일에 매진하고 상품과 기술이 훌륭해도 서로 톱니바퀴가 맞지 않았던 탓에 상황이 나아지지 않았던 것이다.

일본 기업은 전 직원이 각자 높은 의식을 갖고 팀 단위로 일을 한다. 누군가 해야 할 일이라고 생각하면 개인적으로 손해를 보더라도 기꺼이 나선다. 일본 제품의 품질이 높은 것은, 모든 직원이 불량품을 막기 위해서라면 자신이 담당이 아니라도 라인을 멈추고 문제 해결에 나서기 때문이다. 이런 현장의 힘, 팀의 힘은 일본 기업의 큰 무기다.[4)]

그러나 언제나 이런 식이어서는 일상적인 개선이 이루어질 뿐, 혁신은 어렵다. 일상적인 개선만으로 세상의 흐름을 따라갈 수 없을 때, 현장의 힘에 의존하는 일본 기업은 약점을 드러내기 마련이다. 그러므로 일본 기업의 장점을 살리면서도 세계와 경쟁할 만한 냉정함을 갖추어야 한다. 일본 기업과 일본인의 장점을 유지하면서 일본에 부족한 다양성, 브랜드, 리더십 등을 도입하여 강해져야 한다. 이것이 내 신조다.

공감 경영의 시작

나는 성인군자가 못 되는지라, 상무가 된 뒤 한동안은 화를 자주 내고 책상 위의 책을 던지기도 했다. 그러나 "상무가 화를 내니까 해야겠다." 보다는 "시가 씨가 이렇게 말했으니 한번 해 보자."라고 내 뜻에 공감하게

---

4) 이는 분명 지금까지 이어져 온 일본 기업의 강점이다. 말단 사원까지 회사를 진지하게 생각하며 개선에 도전하는 것은 도요타와 퍼스트리테일링에도 공통되는 특징이다. 후세에 이것은 '전원 경영(全員 經營)'이라는 개념으로 정착되었다.

만드는 것이 의욕을 고취하는 효과적인 방법임을 알게 되었고, 그래서 상대의 공감을 얻으려고 노력하기 시작했다.

뒤돌아보면 '공감'은 내게 언제나 중요한 단어였다. 초등학교 때는 학급위원장, 중학교 때는 학생회장이자 동아리의 회장으로 남 앞에 설 때가 많았던 나다. 중학교 때는 모든 남학생이 머리를 빡빡 밀게 되어 있었는데, 그 규정을 철폐하려고 교칙 변경을 건의했다가 실패로 끝나는 바람에 내 리더십의 무력함에 좌절하기도 했다. 그때 나는 '왜 내가 하고 싶은 일에 모두가 찬성하지 않을까?' 하고 나름대로 진지하게 고민했다. 그 결과, 공감을 통해 목적의식을 공유하지 못하는 한 남을 속박할 수 없다는 것을 깨달았다. 당시 문집을 보아도, 내가 좋아하는 말은 '공감'이라고 적혀 있다.

또 내가 공감만큼 중시하는 것이 '공통된 토양'이다. 회사가 글로벌하게 성장할수록 사내외의 다양성은 확대되기 마련이다. 다양성은 연령, 성별, 민족적 배경, 전문지식, 경험 등 다양한 영역에서 확대될 것이다. 이런 다양성 넘치는 환경에서는 나와 다른 의견을 받아들이는 개방성이 중요한데, 그러려면 공통된 토양이 반드시 존재해야 한다. 공통된 토양을 구축하는 데에 에너지와 시간을 투자하면 누구나 다른 의견을 쉽게 받아들일 수 있게 되고, 동시에 각각의 차이도 명확해진다. 특히 국경을 넘어 사업을 전개할 때는 그런 상호 이해가 반드시 필요하다.

경쟁력을 배우다

나는 젊은 사람들에게 "남의 행동을 보고 탐욕적으로 배우라."는 말을 자주 한다. 가까운 리더에게서 경쟁력(장점이 되는 행동 능력)을 훔쳐오고, 나쁜 부분은 반면교사로 삼으면 된다. 나는 그런 방식으로 내 리더십을 연마해 왔다. 나 혼자서는 도저히 무리다. 그러나 일본인은 대체로 혼자만의 지식과 기술에 집착하기 쉽고 경쟁력을 연마하는 일에 서툴다.

곤 씨는 박력이 있어서 무엇이든 혼자서 결정하고 주도하는 것처럼 보일지 모르지만, 사실은 다른 사람의 의견을 잘 듣고 취합하여 판단을 내린다. 예를 들어 어떤 상품 개발에 대한 제안이 들어오면 "수익성이 낮아도 이것이 시장에 필요하다고 생각하느냐?"고 다른 사람들의 의견을 물은 뒤 가부를 판단한다. 리더란, 일방적으로 결정하기보다 이처럼 들을 때는 듣고 결정할 때는 결정하는 식으로 두 가지 방법을 잘 섞어서 구사해야 한다. 또 곤 씨는 남의 의견을 들어서 성공하면 "자네 제안 덕분에 성공했다."고 말했고, 실패하더라도 결코 "자네의 제안이 나빴다."고 말하지 않았다. 그 역시 공정한 태도라고 생각한다.

또 곤 씨는 생각만으로 즉시 움직이지 않았다. 아이디어가 떠오르면 주변 사람들에게 이야기하고 한동안 반응을 보았다. 반응이 시원찮으면 그 이상은 추진하지 않았다. 그렇다고 완전히 포기하는 것이 아니라 나름대로 아이디어를 성숙시켜 나갔다. 그리고 순풍이 분다 싶으면 그 아이디어를 다시 제시했다.

예를 들어 곤 씨가 전기자동차 이야기를 처음 꺼낸 것은 2005년 즈음이었다. 개발 담당 부사장에게 의견을 물었지만 반응이 별로였는지 한동안 잠자코 있었다. 그러나 2007년이 되자 전기자동차를 만들자는 말을 다시 꺼냈다. 당시는 리먼 사태가 일어나기 직전으로, 석유 가격이 급등한 데다 지구 온난화에 따른 환경 문제도 심각했다. 그래서 환경을 보호하는 차원에서 전기자동차 사업을 시작해야겠다고 판단한 모양이다. 때마침 그 이듬해에 리먼 사태가 터지는 바람에 환경 문제는 아무 것도 아니게 되었지만 말이다.

나는 이렇게 경영자의 의사결정 방식을 배웠다. 그 외에도 곤 씨를 관찰하면서 그의 다양한 장점을 취하려고 노력했다. 다만 그의 방식 중 받아들이기 곤란한 부분은 제외함으로써 나 나름대로의 방식, 나만의 스타일을 확립하려고 애썼다.

남겨진 현장까지 배려하다

나는 내가 혁신에 얼마나 민감한지, 또 내 시선이 현장에 얼마나 가까운지를 항상 의식하며 일한다. 가령 전기자동차 사업 추진이 결정되어 전사가 그것을 향해 달려간다 해도 모든 직원이 그럴 수 있는 것은 아니기 때문이다. 기존의 휘발유 차량을 담당하는 직원도 있으니 그들의 의욕을 꺾어서는 안 된다. 균형을 잡기 위해, 나는 일부러 기존 자동차의 신차 발표장을 방문하거나 개발 팀과 교류할 기회를 만들고, 왜 하이브리드가 아닌 전기자동차를 전개하려는지 거시적으로 설명하는 등 사내의 방향성을 일치시키려고 노력한다.

잭 웰치 씨도 말했다시피, 전략은 조직이 받아들여야 비로소 성과로 이어진다. 조직이 비전과 전략에 얼마나 공감하고 의욕적으로 임하느냐에 따라 성과가 달라지는 것이다. 성격의 영향도 있겠지만, 나는 최대한 문턱을 낮춰 누구나 자신의 생각을 말할 수 있게 만들려고 노력해 왔다. 그래야 다양한 목소리를 듣고 종업원들의 대략적인 생각을 파악할 수 있다. 그렇게 겉으로 드러나지 않는 부분까지 관심을 갖고 지원하는 것이 COO로서의 내 역할이기도 했다.

당시 곤 씨와는 매월 1회, 15분쯤 일대일 미팅을 했다. 그래서 COO에서 물러날 때 "이제 미팅은 필요할 때만 할까요?"라고 물었더니 "모두 시가 씨에게 상담하러 올 테니, 뭔가 필요한 게 생기면 보고해 주세요."라는 답이 돌아왔다. 그때, '곤 씨 역시 내게 그런 역할을 기대하고 있구나.'라고 느꼈다.

늘 변혁을 향해 달려가는 CEO는 뒤를 돌아보기 어렵다. 측근만이 아닌 전원이 따라가고 있는지, 또 누가 뒤처지는지를 돌아봐 줄 보좌관이 있다면 CEO의 일이 훨씬 쉬워질 것이다. 그것이 내 역할이었다. 그래서 곤 씨와 나의 연합이 8년 7개월이나 유지되었다고 생각한다.

리더십에는 다양한 유형이 있다. 선두를 달리는 사람이 있는가 하면 뒤에서 밀어주는 사람도 있다. 나는 조직원의 역할을 축구에 종종 비유하는데, 축구에서는 원톱과 투톱, 수비수의 인원 등 환경에 따라 포메이션이 정해지고 각각의 포지션에 위치할 사람이 정해진다. 경영도 마찬가지로, 어떤 시대에는 내가 취한 포지션이 필요할 것이고 상황이 달라지면 다른 스타일의 리더가 다른 포지션에 필요해질 것이다.

나는 "나를 따르라!"고 외치는, 소위 카리스마 있는 리더는 아니다. 그보다 "나도 모르는 사이에 시가 씨가 이끄는 방향으로 따라가게 되었다."는 말을 듣고 싶다. 특히 개인적으로 현장 운영을 좋아하며, 현장 사람들에게 동기와 일체감을 부여함으로써 성과를 올리는 리더십 스타일을 선호한다. 그 사실을 특히 깊이 느낀 것이 동일본 대지진 때였다. 내가 재해대책 본부에서 진두지휘를 했는데, 회사 전체가 일체감을 갖고 움직인 덕분에 피해를 조기에 복구할 수 있었다.

결코 후퇴하지 않는다

르노와 제휴하기 전까지 닛산은 무척이나 시대에 뒤떨어진 기업이었다. 사실 이전에는 외국계 기업이 그만큼 큰 자본을 투입하여 일본 기업의 경영에 참여한 적이 없었다. 그래서 나는 닛산이 르노와의 연합을 통해 단순히 재무적 도움을 받을 뿐만 아니라, 일본 기업을 자극하고 일본의 재건을 촉구함으로써 잃어버린 20년을 종식시킬 그룹으로 거듭나기를 소망했다.

그런 의미에서 닛산 리바이벌 계획을 통해 닛산의 부활이 각광을 받은 것은 정말로 기쁜 일이다. Cross-Functional(복합 기능), 다양성, 외국인 경영자 도입, 연공서열 폐지, 임금 체계 개혁 등 새로운 구조를 만드는 일에 닛산은 적극적으로 앞장섰다. 일본 기업을 주도하기 위해서는 그만큼 철저하게 바꿀 필요가 있었다.

지금도 옛날로 돌아가서는 안 된다고 마음을 다잡는다. 그래서 1990년대의 닛산과 2000년대 이후의 닛산이 무엇이 다른지 더욱 명확히 하기 위해 '닛산 웨이'[5]도 만들어 배포했다. 닛산은 이제 의사결정이 늦어지지 않도록, 결정도 제때에 실천도 제때에 한다는 원칙을 지키고 있다. 이제는 계획을 수립하기보다 성과를 내는 것이 중요하다는 의식이 닛산 내에 강해졌다.

닛산 웨이에는 "모든 일은 각자의 의욕으로 시작된다."는 곤 씨의 말이 적혀 있다. 전략과 비전, 계획을 수립하는 일은 리더 혼자 해도 괜찮지만 그 후의 실행은 리더 혼자서는 결코 할 수 없다. 계획을 실행하기 위해서는 각자의 의욕을 높이고 같은 목표를 향해 달리도록 이끄는 일이 가장 중요하다.

---

5) '닛산 웨이'는 '핵심 메시지', '5가지 마음가짐', '5가지 행동'으로 이루어진다. 이는 비전과 미션을 실현하기 위해 전 세계 닛산 사원이 공유하는 행동 지침이다.
 * 핵심 메시지 : 모든 일은 각자의 의욕에서 시작된다. 우리의 초점은 고객, 원동력은 가치 창조, 성공 지표는 이익이다.
 * 다섯 가지 마음가짐 : ① Cross-Functional, Cross-Cultural(다른 의견과 가치관을 받아들이는 다양성) ② Transparent(모든 것을 애매함 없이 알기 쉽게 공유한다) ③ Learner(다양한 기회를 통해 배움에 열정을 갖고 학습하는 조직의 실현) ④ Frugal(최소의 자원으로 최대의 성과를) ⑤ Competitive(자기 만족에 빠지지 않고 항상 경쟁자를 주시하며 벤치마킹한다)
 * 5가지 행동 : ① Motivate(자기 자신을 포함한 사람들의 의욕을 끌어내고 있는가?) ② Commit & Target(스스로 달성 책임을 지고 자신의 잠재력을 충분히 발휘하고 있는가?) ③ Perform(결과를 내는 데 전력을 다하고 있는가?) ④ Measure(성과와 과정을 누구나 알기 쉽게 측정하고 있는가?) ⑤ Challenge(경쟁력 있는 변혁을 위해 계속 도전하고 있는가?)(닛산 홈페이지 참조—역주)

"모두 함께 '좋은 회사-Good Company'를 만들자"

나가노 쓰요시 永野 毅

도쿄해상일동화재보험 회장

사진 : 우메타니 히데지(梅谷秀司)

1952년 고치(高知) 현 출생. 1975년 게이오기주쿠 대학교 상학부 졸업, 도쿄해상화재보험 입사. 1988년 로스앤젤레스 주재원, 2003년 집행임원 동해본부 나고야(名古屋) 영업 제3부장, 2006년 상무이사, 2010년 전무이사, 2012년 이사 부사장을 거쳐 2013년 도쿄해상 홀딩스 사장. 도쿄해상일동(東京海上日動)화재보험 대표이사 사장 겸임. 2016년부터 현직.

The Leadership Journey

나가노 씨와의 만남

닛산자동차의 부회장인 시가 씨와 마찬가지로, 나가노 씨 역시 내가 진행했던 리더십 개발 프로그램의 수강생이었다. 상세히 말하자면 그는 도쿄해상일동(당시는 도쿄해상)이 2000년부터 개시한 경영 간부 육성 프로그램인 '경영 포럼'의 제2기 졸업생이었다. '경영 포럼'은 일본의 손해보험업계가 자유화 시대에 돌입한 후[1] 도쿄해상일동이 기존의 인재 육성 체계를 근본적으로 뒤엎고 새로 만들어 낸 경영 간부 육성 프로그램[2]으로, 그 목적은 전보다 더 강력하게 변혁을 주도할 사람을 경영 간부로 발탁하는 것이었다.

도쿄해상은 워낙 우수한 인재가 많이 입사하는 회사라서 이전에는 이런

---

1) 1998년에 손해보험 요율이 자유화되자 일본의 손해보험업계는 자유화 시대에 돌입했다. 이전에 일본의 손해보험 요율은 손해보험 요율 산정회에 의해 정해졌으며, 보험상품들 사이에는 그다지 큰 차이가 없었다. 그래서 규모에 의해 경쟁우위가 정해졌으므로 전국에 대리점 네트워크를 얼마나 구축하느냐가 가장 중요했다. 그러나 1996년에 개정된 보험업법에 의해 보험업계는 자유화되었다. 변혁의 리더십을 발휘할 리더가 절실히 필요해진 것은 이 때문이다.

2) 새로운 인재 육성 프로그램은 '젊은이를 대상으로 한 경영 스쿨', '부장 후보를 대상으로 한 경영 학원', 그리고 '경영 포럼'의 세 단계로 구성된다. 세 단계의 프로그램은 모두 현재까지 계속되고 있으며 현재의 임원 대부분은 경영 포럼 출신이다.

선발 형식의 연수가 실시된 적이 없었다. 그러나 환경은 완전히 달라졌다. 단순히 규모의 경제를 추구하던 평준화 정책이 폐지되자 독자적 상품개발, 독자적 서비스, 그리고 그것을 향한 사내외 변혁을 주도할 인재가 필요해졌다. 그래서 인재 육성이 시급했다. 실제로 자유화 이후 손해보험업계에서는 업계 재편, 통합이 시작되었고 10년도 더 지난 지금까지도 그런 움직임이 계속되고 있다. 자유화 시대를 맞아 기업에 변혁의 리더십이 얼마나 작용하느냐가 발전을 좌지우지하게 된 것이다.

경영 포럼은 처음 시작부터 지금까지 소수정예 체제를 유지하고 있다. 이 프로그램에 선발된 열두 명의 부장은 반년에 걸쳐 자신의 경영 비전과 그 실천 대책을 검토하고 참가자들과 토의를 한다. 그리고 최종적으로 전 임원 앞에서 15분간 프레젠테이션을 한 뒤 질문에 답한다. 15분은 아주 짧은 시간이므로 자신의 생각을 효과적으로 표현한 내용을 군더더기 없이 깔끔하게 전달해야 한다. 또 모든 임원이 참석하는 자리이므로 담당 임원에게 보고할 때와는 내용이 달라야 한다. 자신의 직무 범위를 넘어, 실제 경영을 맡은 경영자의 관점을 갖추어야 하는 것이다. 경영 포럼의 마지막 과정을 이와 같은 프레젠테이션으로 정한 것은, 미래의 경영자로서 사람들을 움직이는 소통 능력이 무엇보다 중요하다고 판단했기 때문이다.

나가노 씨는 이 자리에서 임원들에게 '초보험(超保險)'에 관한 생각을 열정적으로 호소했다. 이전의 모든 보험은 상품 단위로 위험을 보장하는 형태였지만, 가족 단위로 위험을 생각하고 가족의 성장, 변화와 함께 형태를 바꾸는 보험인 '초보험'은 그야말로 자유화 시대에 꼭 필요한 획기적인 상품이었다. 새로운 비즈니스 모델에 도전하는 나가노 씨의 모습은 자유화 시대의 리더로서 손색이 없었다.

그러나 이번 인터뷰에서 처음 안 사실인데, 실제 '초보험'의 사업화에는 무척이나 많은 어려움이 따랐던 탓에 나가노 씨는 한때 회사를 그만둘 각오까지 했다고 한다. 나가노 씨의 리더십 여정은 참으로 파란만장했다.

사업의 원점을 배운 신입 시절

나는 1975년에 게이오기주쿠 대학을 졸업한 후 도쿄해상 화재보험에 입사했다. 그리고 고도성장으로 후끈 달아오른 대형 건설업계의 법인 영업에 투입되었다. 그때 내 바로 위 상사인 대리는 그야말로 호랑이 상사였다. 신입이라 아는 것이 없어서 열심히 보험약관 같은 것을 들여다보고 있으면, "뭘 하는 거야? 그런 건 집에 가서 하라고. 낮에는 고객을 만나야지."라며 나를 밖으로 끌고 나가 일의 기본을 가르쳤다. 경쟁은 심했지만 인간미가 느껴지는 영업 현장에서 이렇게 7년간 분투하다 보니, 기업과 기업의 관계도 결국은 사람과 사람의 신용·신뢰가 전부이며 상대에게 받아들여지지 않는 한 아무 일도 할 수 없다는 사실을 깨달았다.

다음 6년간은 자동차 법인 영업을 담당했는데, 당초에는 인맥이 전혀 없어 상당히 고생했다. 그때 막연하게 '지금은 우리 회사와 관계가 희박할지라도 나중에 회사를 맡을지 모르는, 가능성 있고 의욕적인 젊은이들과 신뢰 관계를 쌓아 두자. 그러면 나중에 반드시 회사끼리 좋은 관계를 맺을 기회가 생길 것이다.'라고 생각했다. 눈앞의 이익에 집착하기보다, 장기적인 관점에서 고객과의 관계를 구축해 나가기로 한 것이다.

나는 고객의 젊은 사원들을 특히 자주 만나 업무적 관계를 돈독히 하는 동시에, 때로는 술을 함께 마시는 등 흉허물 없는 사이로 발전하여 서로의 일과 인생에 대해 많은 이야기를 나누려고 노력했다. 그렇게 서로를 알아가며 우리 회사와 보험업계를 알리고 호감을 얻으려 했다. 그렇게 인간관계가 서서히 넓어져 평생 가까이 지내고 싶은 사람들을 많이 만난 것은 무엇과도 바꿀 수 없는 자산이다. 그들은 결국 경영의 중추에서 활약하게 되었고, 우리의 상호 신뢰 관계는 기업과 기업의 관계로 크게 발전해 갔다. 당시의 생각이 현실로 이루어진 것이다. 그들이 나를 신용·신뢰하기 시작한 것이 사업의 진정한 원점이었다고 나는 지금도 굳게 믿는다.

팀워크의 소중함을 알게 된 미국 시절

1988년에 로스앤젤레스로 부임하라는 지시를 받았다. 그곳에서는 6년간 법인 영업부에 있으면서 자동차의 생산물 배상책임(PL) 보험 등을 판매했다. 당시 미국에는 손해보험회사가 3,500~3,600개 정도 있었는데 우리 회사는 그중 200~250위쯤 되었다. 그러나 우리가 거래하는 회사는 자동차, 전기 제조사, 상사, 은행 등 세계적으로 유명한 일본계 대기업뿐이었다. 또 PL, D&O(임원 배상책임 보험), 대규모 공장 화재보험 등 당사로서는 대응하지 못하는 영역도 많았으므로 제대로 승부하면 미국 대형 보험사인 AIG 등에는 상대도 되지 않았을 것이다.

그래서 궁여지책으로, 우리의 강점인 팀워크를 활용하기 위해 다른 종목의 담당자와 영업, 손해 서비스 담당자 등이 팀을 꾸렸다. 그리고 고객의 책임 소재를 명시하고 고객이 곤란해지기 전에 미리 선수를 쳐서 위험 요소와 문제를 알려주는 등의 서비스에 주력했다. 미국은 계약 사회라서 인간미가 없다고들 하지만, 역시 기본은 사람과 사람의 신용·신뢰였다. 미국이 일본보다 끈끈하다고 느낀 적도 적지 않았다. 팀워크를 활용한 이 새로운 접근법으로 고객의 신뢰를 얻는 데 성공하여, 우리 회사는 미국의 대기업과도 당당히 경쟁할 수 있을 만큼 성장할 수 있었다.

이때 나는 입사 후 처음으로 개인이 아닌 팀으로 일하는 기쁨을 느꼈다. 나는 학생 때 원영(遠泳) 선수였기 때문에 한 사람의 힘에는 한계가 있고 팀워크 없이는 아무 것도 할 수 없다는 사실을 이미 알고 있었다. 해양 원영이란 말을 들으면 도버 해협을 맨몸으로 건넌 사람을 영웅처럼 떠받드는 뉴스 보도를 떠올리기 쉽지만, 평소에 연습과 준비만 제대로 해두면 그렇게까지 어려운 일은 아니다.

오히려 원영에서 가장 중요한 것은 선상과 육지에서 선수를 지켜보는 서포터의 존재다. 특히 거친 자연에서는 자칫 잘못하면 생명이 위험해진다. 나도 폭풍우를 만나 시골의 어부나 항공 자위대에게 구조를 받은 적이 몇 번이나 있다. 헤엄칠 때도 반드시 혼자가 아니라 팀원들과 협력하며 전진해야 한다. 그런 의미에서 나는 팀워크와 상호 신뢰의 중요성을 목숨을 건 원영 경기를 통해 이미 체득하고 있었다. 이것은 비즈니스 세계에서도 마찬가지다. 미국에서의 팀워크의 성과로 자신감을 얻은 나는, 귀국 후 당시 내 상사였던 스미 슈조(隅修三)[3](현 회장) 씨에게 팀워크를 더욱 진화시켜 일본의 법인 영업에도 활용해야 한다고 건의했다.

'초보험' 프로젝트의 리더로 발탁되다

귀국한 후에는 영업개발부에 배속되었다. 그때까지 영업만 해 왔던 나로서는 처음 경험하는 내근직이었다. 그리고 히구치 고케이(樋口公啓)(현 명예고문) 씨가 사장으로 취임한 후에는 경영기획부 내 계획추진팀으로 이동하여 회사 전체의 중장기 계획 입안과 실행을 담당하게 되었다.

그때 보험업계에는 자유화의 바람이 불고 있었다. 그래서 이런 환경 변화 속에서도 살아남을 수 있는 회사, 계속 성장하는 회사를 만들겠다는 생각으로 회사에 근본적인 구조 개혁을 제안했다. 고객과 가장 가까운 현장에서 신속하게 의사결정이 이루어질 수 있도록 본부 체제를 도입하고, 회사의 운명을 건 대담한 목표의 달성을 위한 '빅 챌린지' 계획을 제시한 것이다. 높은 수치목표 자체에 의미를 두기보다 그것을 실현하기 위한 대담한 구조 개혁을 촉진하려는 의도였지만, 시장점유율을 5~10%나 끌어

---

3) 현재 도쿄해상 홀딩스의 회장인 스미 슈조 씨는 런던 근무 이후 2004년에 상무이사로 취임했다. 그리고 IT를 활용한 일대 업무 개혁인 '근본 개혁'을 이끌다가 2007년에 회장으로 취임했다. 스미 회장의 리더십 아래 도쿄해상일동은 글로벌화를 향한 개혁에 나섰다. 그 방법은 JT와 마찬가지로, M&A를 포함한 양적 성장전략이었다. 그 결과, 2003년에 전사 이익의 4%를 차지했던 해외보험사업의 비중은 2013년에 36%로 늘어났으며 해외보험사업의 보험료 수입은 최근 10년 만에 열 배로 늘어났다(1.2억 엔에서 11.1억 엔으로)(출처 : 도쿄해상일동 홈페이지).

올린다는 목표가 너무 부담스러웠던지 사원들은 좀처럼 동의하지 않았다.

그래서 팀 동료들과 타개책을 검토하고 있는데, 갑자기 히구치 사장이 나를 신상품 개발 프로젝트의 리더로 임명했다. 경영기획부에 남아 '빅 챌린지'를 어떻게든 성취하고 싶었던 나는 내 생각을 간곡히 호소했고 상사까지 합세해 주었다. 그러나 히구치 사장은 요지부동이었다. "다음 10년, 20년을 책임질 신상품이 반드시 필요하네. 각 부문에서 열 명을 모아서 팀을 만들면 될 거야. 양복 따위는 입지 않아도 되니 자유롭게 아이디어를 내서 고객이 '이것만 있으면 안심'이라고 생각할 만한 생명보험, 손해보험 일체형 상품을 개발해 주게. 단, 결론은 1~2년 안에 내야 하네."라는 것이었다. 나는 히구치 사장의 말을 듣고 마음을 바꾸었다.

그래서 바로 그 다음 주부터 합숙에 들어가 손해보험 상품, IT, 사무 시스템, 마케팅, 손해 서비스, 생명보험 등 각 부문에서 전문가로 불리는 사람들을 불러 모았다. "양복 따위는 입지 않아도 된다."는 히구치 사장의 말대로 모두 캐주얼한 차림으로 출근했으므로 우리는 사내에서 '청바지 부대'로 불렸다. 그렇게 연일 밤늦게까지 기탄없는 논의를 거듭한 끝에 2년 만에 '초보험'의 개념과 시스템이 완성되었다.

'초보험'이란 생명보험과 손해보험을 통합적으로 관리하는 컨설팅 시스템을 만들고, 고객 스스로가 현재 가입 상품과 서비스를 한꺼번에 열람할 수 있게 하여 중복 가입으로 인한 낭비와 누락을 없앰으로써 최적의 보험 상품을 추천한다는 새로운 개념의 보험 서비스였다. 즉 화재보험, 상해보험, 자동차보험 등 종적 구조로 구성된 보험 상품을 한데 모아, 보험 종목이 아닌 위험 단위, 물건이 아닌 사람 단위, 개인이 아닌 가족 단위로 고객에게 보장 서비스를 제공한다는 획기적 발상에 입각한 상품이었다. 가정환경이 바뀌면 당연히 위험 요소도 달라진다. 따라서 가족의 성장에 따라 보험이 보장하는 범위도 유연하게 바뀌는, 그야말로 기존의 상품 단위의 보험을 '넘어서는 초(超)' 보험이었다. 그래서 설계가 무척 복잡해져 당국의 인허를 받는 데만도 꼬박 1년이 걸렸다.

종래와는 발상부터 완전히 다른 상품이므로 판매 방식도 확 바꿔야 했다. 이전에는 지역 · 블록별로 담당 임원을 두고 지점장 · 부장, 지사장 · 과장, 그리고 담당자와 대리점으로 이어지는 종적 조직을 통해 상품이 판매되고 있었다. 이에 우리는 세븐일레븐의 SV(슈퍼바이저) 제도를 본떠 '초보험'을 잘 아는 마케팅 및 대리점 판매 지원 SV를 전국에 100명쯤 배치하기로 했다. 그리고 초보험 프로젝트 추진 책임을 맡은 우리는 횡축을 담당하기로 했다.

'초보험' 발매일인 2002년 6월 17일은 지금도 기억에 선명하다. 첫날 문의가 최소 1,000건은 들어올 것이라며 콜센터 직원을 교육시켜서 투입했지만, 그날 성사된 계약은 겨우 십여 건이었다. 그 소식을 듣고 나는 내 귀를 의심했다. 2004년에 급격히 추진된 도쿄해상과 일동화재의 합병을 코앞에 둔 시점에서, 우리가 만든 초보험을 통합 회사의 상징적 상품으로 삼고 싶은 초조함 때문에 시스템과 공정이 충분히 정비되지 않은 채로 발매에 들어간 것도 부진의 이유 중 하나였을 것이다. 시스템 투자에 100억 엔이라는 막대한 고정비가 투입된 것도 초조함을 부추겼다.

그 후에도 판매는 계속 저조했다. "개인용 보험 상품은 단순해야 하는데 애당초 컨설팅을 끌어들인 것부터 틀렸다. 빨리 접어야 한다."는 의견이 안팎으로 제기되었다. "이 프로젝트를 중단하지 않으면 우리의 연금도 불안해진다."며 역대 사장에게 호소한 선배들도 있었다. 신규 배치된 SV가 직속 지사장이 아닌 우리에게 보고하도록 되어 있었던 것도 현장의 맹렬한 반발을 샀다. "귀중한 인력이 특정 상품을 위해서만 투입되어서는 안 된다."며 관리직의 불만이 속출하는 등 여기저기서 마찰이 끊이지 않았다.

대리점주의 지지로 힘을 얻다

그래도 이 상품이 사라지지 않은 것은 대리점의 지지가 있었기 때문이다. "이것은 우리의 장래 생활과 비즈니스를 보장해 줄 상품입니다. 지금은 시스템이 불편하고 어렵지만 발상 자체는 타당합니다. 자유화 이후의 새로운 시대에는 우리가 팔고 싶은 상품을 어떻게 파느냐가 아니라 고객과 시장에 존재하는 위험 요소를 어떻게 선별하느냐가 중요합니다. 이것이야말로 시대에 딱 들어맞는 상품입니다." 대리점주들에게서 이런 의견이 올라왔다. 고객 관점에서 만든 상품임을 고객과 가장 가까운 곳에 있는 대리점이 높이 평가해 준 것이 무엇보다 큰 힘이 되었다.

얼마 전에 전국 대리점을 방문하여 칠판에 판서를 해 가며 신상품을 설명하던 당시 내 모습을 찍은 비디오를 보게 되었다.

"우리는 지금까지 팔고 싶은 상품을 어떻게 팔지만 생각했습니다. 그러나 고객이 바라는 것은 자신의 가족이 평생 안심하고 지낼 만한 대책입니다. 일반 고객은 생명보험과 손해보험의 차이조차 모르고 보험증권을 어디 두었는지도 잊어버립니다. '초보험'은 고객이 바라는 '안심'을 제공하는 서비스이자 여러분의 장래 비즈니스를 보장할 유일한 길입니다." 이렇게, 어눌하지만 진심을 담아 열정적으로 말하는 내 모습이 거기 찍혀 있었다.

이런 생각에 공감하는 사람이 하나, 둘 늘어나기 시작한 덕분에 전국에 10~20개의 핵심 대리점을 지정할 수 있었다. 개중에는 지역 내 다른 대리점을 위해 스스로 '초보험' 세미나를 여는 대리점도 있었고, 초보험의 개념과 시스템 활용법을 해설한 책을 출판하는 대리점도 있었다.[4] 본사 사원들이 좀처럼 공감하지 않는 데에 화가 치민 대리점주가 사원들을 직접 모아 상품 개념을 설명하면서 의욕을 고취하기도 했다. 대리점이 그렇

4) '초보험' 연구회 편, 『'초보험' 해체신서(「超保險」解体新書)』(세키분도(績文堂)출판, 2004), 『'초보험' 진화론(「超保險」進化論)』(세키분도(績文堂)출판, 2012).

게 자발적으로 전파에 나설 정도로 사랑받은 상품은 이전에 한 번도 보지 못했다.

그러나 한편, 시간이 흐르면 열의가 식는다는 것도 절실히 깨달았다. 처음에 강한 충격을 받아 굳센 의지를 품은 사람은 힘든 과제가 있어도 극복해 나갔지만, 남에게 권유를 받아 시작한 사람은 대개 3개월이면 용두사미가 되어 버렸다. '초보험'에는 당시 보험업계에 아직 낯설었던 PC 작업과 위화감이 느껴지는 컨설팅 서비스가 꼭 필요했다. 이 상품을 취급하려면 어지간한 의욕으로는 부족했던 것이다.

'초보험'이 계속 어려움을 겪는 중에, 나는 회사의 명령을 받아 2003년에 나고야로 이동하게 되었다. 나고야에서도 '초보험'이 뇌리를 떠나지 않아 남은 팀원들에게 상황을 자주 물었는데, 그럴 때마다 아직 어렵다는 대답만 돌아왔다.

2005년에는 당시 사무 · 시스템 부문의 상무였던 스미(隅) 씨마저 상품 변경과 축소, 폐지를 포함한 개선을 지시했다. 스미 씨는 나를 이것저것 도와주었지만, 이 '초보험'에 관해서만은 비효율적이라는 의견이 너무 많아서 접는 게 낫겠다고 판단한 모양이다. 나는 "'초보험'은 보험업계를 진정한 고객 지향으로 전환할 수 있는 대형 상품입니다. 지금은 힘들지만 발상 자체는 결코 틀리지 않았습니다. 상품을 개선하면 반드시 나아질 테니 조금만 더 참아 주십시오."라고 호소했다.

성공할 때까지 포기하지 않는다

2007년에 스미 씨가 사장으로 취임했다. 그리고 그 이듬해인 2008년, 나는 경영기획 담당 상무가 되어 도쿄에 돌아왔다. 그런데 스미 씨가 사장 취임 후 1년 동안 전국 지점과 대리점을 순회하며 현장의 목소리를 듣고 오더니 "역시 '초보험'은 계속 유지해야 할 것 같다."라고 의견을 바꾸었다. 대리점에서 진지하게 '이건 우리의 장래를 책임질 상품이니 절대로 폐지하지 말라.'고 호소했던 모양이다. 제조사인 회사가 물건을 만들고 대리점은 판매만 하는 것이 아니라, 대리점 스스로가 보험 판매의 방식을 바꾸겠다는 주인의식을 갖고 '초보험'을 유지하기 위해 나선 것이다.

'초보험'에서 이익이 나든 안 나든 관계없이, 그렇게 진지한 대리점의 마음을 무시하면 신뢰관계 자체가 무너질지도 모른다는 생각을 스미 씨도 하게 된 듯하다. 그 후 경영진의 논의를 여러 차례 거친 결과, 상품을 고객이 이해하기 쉽게 개선함으로써 초보험을 존속시킨다는 결정이 내려졌다.

스미 씨는 그 일을 당시 전무였던 고(故) 스즈키 마사미(鈴木雅己) 씨에게 맡겼다. 기존의 자동차보험은 자동차 자체, 즉 '물건'을 대상으로 한 보험이지만 '초보험'은 자동차를 운전하는 '사람'을 대상으로 한다. 당시에는 고객 본위의 매우 획기적인 발상이라고 생각했고 지금도 그 생각에는 변함이 없으나, 이것 때문에 사무와 시스템이 너무 복잡해져서 초보험을 숙지한 일부 대리점 외에는 판매를 진전시키지 못했다. 따라서 경영진은 논의 끝에 초보험의 대상을 물건으로 변경하기로 했다. 그리고 추가로 100억 엔을 투자하여 시스템도 대폭 개선했다.

이렇게 쇄신된 '근본 초보험'이 2010년에 투입되자, 지금까지 소극적이었던 대리점들도 초보험의 의의에 동조하여 고객에게 초보험을 적극적으로 권하게 되었다. 그 결과 계약건수가 늘기 시작했고 결국 폭발적인 지지를 얻게 되었다. 상품의 기본 개념은 똑같았지만 방식이 쉬워진 덕분에 '초보험'을 취급하는 대리점 수가 비약적으로 증가했다.

다행히 '초보험' 판매가 계속 저조했던 데다가 최근 보험업계의 합종연횡이 활발해지면서 모든 회사들이 너무 바빠진 덕분에, 지금까지 눈에 띌 만한 타사의 추격은 없다.

투입된 지 13년째, 다양한 고난을 극복한 '초보험'은 이제 180만 세대의 고객과 계약을 맺은 빅히트 상품이 되었다. 누적손실도 모두 해소되었다.

지금은 대리점에서 개인 고객으로부터 수령한 보험료 수입의 절반이 '초보험'의 몫이다.

'초보험'을 낳아 지금까지 기르기까지 온갖 고생을 함께 한 전우들은 해마다 6월 17일이면 한곳에 모여 '초보험 생일 파티'를 개최한다. 지금은 전국 각지에서 활약하는 동료들이지만 이날만은 모두 일정을 비우고 도쿄로 모인다. 처음에는 당시에 상품을 개발하고 판매를 추진했던 초기 멤버들만 모였으나, 해를 거듭할수록 관련자가 늘어나 매년 100명 가까운 인원이 모여 성황을 이루고 있다.

지금의 '초보험'이 있기까지는 "반드시 고객에게 도움이 된다."고 믿고 따라 준 전국 대리점과 사원들, 그리고 프로젝트를 한결같이 지원해 준 역대 경영진의 도움이 컸다. '초보험 생일 파티'는 그런 이들에 대한 감사, 그리고 미래를 향한 마음을 서로 나누는 장이 되고 있다. 마음이 맞는 동료들과 함께 탄생시키고 한 상품의 영역을 넘어선 일대 사업으로 키워낸 '초보험'을 앞으로도 계속 고객에게 소개하고 싶다.

부하의 힘을 인정하고 활용하는 것이 리더의 임무

40년간 회사 생활을 하며 내가 유일하게 사직을 각오한 때가 '초보험' 프로젝트 시절이었다. 그런데 지금 생각하면 이때부터 내 리더로서의 진정한 인생이 시작된 듯하다.

그때 나는 자존심이 완전히 무너진 채 코너로 몰렸다. 하지만 스미 씨의 결단, 스즈키 씨의 시행착오, 대리점의 전파 노력, 사원의 공감, 이런 도움이 모인 결과 가까스로 여기까지 올 수 있었다. 역대 경영진도 '초보험'의 성장을 끈기 있게 기다려 주었다. 자꾸 반복하게 되지만, 혼자서는 아무 것도 할 수 없다는 사실을 뼈저리게 깨닫는다.

미국의 철강왕 앤드류 카네기의 묘비에는 '자기보다 뛰어난 부하와 함께 일하는 방법을 아는 자, 여기 잠들다.'라고 쓰여 있다고 한다.[5] 부하들 중에는 자신보다 뛰어난 능력을 지닌 사람이 많다. 그것을 어떻게 이끌어 내고 결집시켜 크게 쓸 수 있을까? 그러려면 자신의 한계와 부하의 능력을 겸허하게 인정하고 그것을 최대화해야 한다. 그렇게 그들의 주인의식에 불을 지피는 것이야말로 리더의 중요한 임무라고 생각한다.

'초보험'을 담당한 이후 지금까지도, 나는 내 깨달음과 리더로서의 각오를 부하들에게 적극적으로 전달하고 있다. 그만큼 풍랑을 겪었지만 아무것도 잃지 않은 것이 감사하여 대리점과 회사에 보답하고 싶기도 하다. 그래서 무언가 의견이 있을 때마다 경영진과 인사부문 등에 진심을 담아 건의한다. 윗사람의 눈에는 단순한 불만의 표출인지, 회사와 조직을 진심으로 위하는 건의인지 훤히 보이는 법이다. 그런 점에서 '초보험'은 나에게도 큰 전기가 되었다고 생각한다.

나는 2013년에 사장으로 취임했다. 사장이 된 후에도 사원과 대리점에 전달하는 내용은 '초보험' 때와 다름없다. 중요한 것은 '어떻게 파느냐'가 아니라 '어떻게 고객에게 선택을 받느냐'이다. 선택받으려면 우선 고객의 욕구를 확실히 파악해야 한다. 그러기 위해서는 우리가 하나의 인간으로서 고객의 신뢰와 지지와 사랑을 받아야 한다. 그래야만 고객이 무엇을 생각하는지 알 수 있다. 고객 니즈에 대응하기 위한 과제를 찾아내고 그것을 행동 계획으로 수립하여 실천해야 한다. 숫자가 아닌 과제와 행동에 집중해야 좋은 결과가 나오는 것이다.

결과가 나오지 않을 때는 애초에 고객의 욕구를 잘못 파악한 것인지, 노력이 부족한 것인지, 몇 번이고 원점으로 돌아가 생각해야 한다. 그래서 어떤 부분이 걸림돌이 되는지 파악하고 결과가 나올 때까지 개선의 과

---

5) 앤드류 카네기(1835~1919)는 스코틀랜드 출생의 미국 기업가이자 카네기 철강회사의 창업자다. 원문은 'Here lies one who knew how to get around him men who were cleverer than himself.'

정을 반복해야 한다.

높은 뜻이 없으면 성과가 오래가지 않는다

당연한 말이지만 회사가 존속하려면 이익을 지속적으로 내야 한다. 회사에게 이익은 공기와 같으므로 이익 창출이 멈추는 순간 회사는 무너지고 만다. 그러나 우리에게 이익은 어디까지나 통과 지점이며, 최종 목적지가 아니다. 최종 목적지는 '고객과 지역사회에 필요한 도움을 제공하는 것'이다. 즉 '어떻게 파느냐'가 아니라 '무엇을 위해 파느냐'이다. 그러려면 매일의 업무 현장에서 '나는 무엇을 위해 이 일을 하는가?', '우리는 고객과 시장에 무엇을 제공하기 위해 존재하는가?' 하는 근원적 질문을 지속해야 한다.

실제로 지속적인 성과를 내는 대리점은 '무엇을 위해 일하는가?'라는 관점을 유지한다. 아무리 근성과 열의로 방법론을 쫓아도 기껏해야 3~5년쯤 버틸 수 있을 뿐이다. 보험업계로 말하자면 3~5억 엔 규모의 매출이라면 근성과 열의만으로도 실현할 수 있을지 모른다. 그러나 10억 엔 규모라면 높은 뜻과 이상, 그리고 바른 행동이 반드시 필요하다.

2011년 동일본 대지진 때, 전국 총 9,000명의 우리 회사 사원이 보험 사정 작업을 위해 피해 지역으로 진입했다. 그런데 피해자 중에는 "먼 곳에 오게 해서 미안합니다. 그런데 우리보다 더 힘든 사람들이 있으니 거기부터 가 주십시오."라고 하는 분도 있었고 "보험금을 빨리 지급해 줘서 고맙습니다."라며 사원의 명함을 신당에 올려놓는 분도 있었다고 한다. 그런 힘든 상황에서도 피해자 분들은 차와 과자를 대접하며 우리를 따뜻하게 맞아 주었다.

사원들은 이런 따뜻함에 감격하여 "우리 눈앞에 힘든 이들이 있다. 하루라도 빨리 보험금을 지급하여 도움을 주고 싶다."는 마음으로 불타올랐다. 그 결과 매뉴얼이나 지시가 없어도 상황을 직접 보고 우선순위를 정하여 주체적으로 행동했다. 또한 모두가 자신의 힘만으로는 한계가 있고 팀워크 없이는 일을 할 수 없다는 사실을 깨달았다. 당연히, 보험금을 빨리 지급하고 싶다는 마음과 상대의 입장에서 사고하는 고객 본위의 정신도 한껏 발휘되었다. '나는 무엇을 위해 지금 여기 있는가?' 하는 '일의 목적'의 관점이 각자의 마음에 깊이 새겨졌기 때문이다.

조직이 커질수록 조직원은 상부의 지시와 목표에 따라 주어진 일만 하게 되기 쉽다. 그러나 그 상태로는 진정한 능력을 발휘할 수 없다. 고객에게 도움을 주고 싶은 마음, 위험과 불안을 불식시키고 '안심'을 제공하고 싶은 마음, 그 주체성에 불을 붙이는 것이 무엇보다 중요하다. 나는 사원들에게 항상 이야기한다. "동일본 대지진이라는 사건에서 얻은 깨달음을 평상시에도 그대로 활용할 수만 있다면, 우리 회사는 더욱 강하고 친절하고 좋은 회사가 될 것입니다."

이런 마음에서, 우리 회사는 피해지 복구를 지원하기 위해 본점 앞 광장에서 해당 지역의 채소를 판매하거나 사원 식당에서 정기적으로 해당 지역의 식자재를 제공하는 등의 활동을 지속하고 있다. 앞으로도 피해 지역을 항상 기억하며 미약하나마 가능한 지원 활동을 지속할 것이다.

이후 100년을 향하여

일본에는 200년 이상 된 기업이 3,100개 이상이나 있다. 이는 세계의 약 절반에 해당하는 숫자라고 한다. 이런 기업들은 자신의 상품을 '어떻게 파느냐'가 아니라 '어떻게 고객에게 선택 받느냐'를 생각하고 우직하게 행동해 왔을 것이다. '매일 옳은 행동을 하고 평소에 고객과 신뢰관계를 구축하는 것을 최우선으로 여기면 결과는 반드시 따라온다.' 이런 신념을 유지한 것이 200년의 존속이라는 결과를 낳았을 것이다. 서양에도 크레도(나의 신조)를 중시하는 존슨앤존슨 같은 기업이 있기는 하지만, 한편으로는 '어떻게 이익을 내고 주주를 만족시키느냐' 하는 단기적 성과에 집착하는 회사도 많은 듯하다. 그러나 그런 사고방식을 싸잡아 부정할 수는 없다.

우리 회사도 최근 몇 년 동안 여러 해외 기업을 매수하여 글로벌한 성장을 꾀하고 있다. 그러나 우리는 매수한 회사와 그들의 문화를 결코 부정하지 않는다. 그들에게 우리의 가치관과 비전을 침투시키고 우리도 그들의 전통과 강점을 흡수한다면 더 강한 기업을 만들 수 있다고 믿기 때문이다. 부정하지 않고 포섭해야 한다. 서로를 부정하지 않고, 우리에게 없는 훌륭한 문화를 받아들여 시너지효과를 일으킴으로써 더 훌륭한 문화를 보유한 일본의 글로벌 그룹으로 성장하기를 바란다. 이런 고민도 없이 단순히 서양식 모델을 도입하여 이익 지표에만 집착한다면 결코 성공하지 못할 것이다.

외국 출신의 종업원들에게 나는 "Look beyond profit(이익 저편을 보라)."이라는 말을 자주 한다. 전 세계 지역사회에 '필요한 도움을 제공하는 것'이 우리의 임무다. 나는 전 직원이 이 임무를 언제나 의식하기를 바라는 마음에서, 사장으로 취임한 후 줄곧 '좋은 회사-Good Company를 만들자.'라는 메시지를 회사 안팎에 발신하고 있다.

'고객을 지키고 싶다.', '하루라도 빨리 안심시켜 주고 싶다.'는 마음으로 일하는 사람과 올해의 영업 목표를 달성하기 위해 일하는 사람은 에너지의 방향부터 다르다. 기업 조직은 이익이라는 수단을 통해 오랫동안 지속적인 가치를 창출하고 고객과 사회에 공헌하기 위해 존재한다고 생각한다.

이처럼 빠른 환경 변화와 격심한 경쟁 속에서는 더더욱, 보험회사로서의 신념과 목적이 없이는 살아남을 수 없다. 앞으로도 100년, 아니 200년을 존속하는 'Good Company'가 되기 위해서는 사원 각자가 사업의 진정한 목적을 이해하고 행동해야 한다. 그러려면 경영진은 흔들리지 않는 방향의 축을 유지하는 것이 중요하다. 회사의 핵심은 언제나 사람이며, 사람이 느끼는 보람이어야 한다.

보험은 'People's Business'이므로 사람이 구축하는 신용과 신뢰가 모든 일의 출발점이다. 그것을 중심에 두고 사원과 대리점의 마음에 불을 지피며, 결과가 나올 때까지 이익의 저편을 보며 우직하게 일하자. 이 원칙만 지키면 사업에서 크게 실패할 일은 없을 것이다.

"두려움 없이 계속 변화하는 리더"

사토 구미 佐藤玖美

코스모 PR 대표이사 사장

사진 : 나카야마 히로유키(中山博敬)

1959년 도쿄 도 출생. 1981년 미국 웰즐리(Wellesley) 대학 졸업 후 매킨지 앤드 컴퍼니(McKinsey & Company) 뉴욕 지사 입사. 1983년 미국에서 코스모인터내셔널 설립, 1986년에 귀국하여 코스모 PR 입사. 1987년부터 현직. 1999~2002년 우먼저팬닷컴 대표이사 겸임. 공직으로는 1996년부터 재일 미국상공회의소(ACCJ) 이사, 2011~12년 회장 역임. 2010년에 'Campaign Asia Pacific PR Awards'에서 가장 뛰어난 경영자에게 주는 'PR Agency Head of the Year'를, 2011년에 'Harvard Business School Club of Japan'의 'Business Stateswoman of the Year'를 수상했다. 저서로는 『Love Me Company! '사랑받는 회사'의 조건(愛される会社の条件)』(다이아몬드사, 2007), 『소통 리더십(コミュニケーション・リダーシップ)』(니혼경제신문출판사, 2012)이 있다.

사토 씨와의 만남

나는 1997년경에 경제 동우회의 일로 사토 씨를 처음 만났다. 당시 일본의 글로벌화를 서두르는 목소리가 높아지고 IT 붐이 고조되고 있었다. 그런 파도에 뒤처진 일본에 대한 강한 위기감을 공유하며 이야기를 나누었다. 사토 씨와는 비슷한 또래이기도 해서 말이 아주 잘 통하는데, 만난 지 거의 20년이나 지난 지금도 매번 처음처럼 열정적인 토론이 벌어진다. 내 딸이 사토 씨가 졸업한 웰즐리 대학에 들어갔다는 것도 왠지 인연인 듯 느껴진다.

사토 씨의 열정적이고 굳센 모습은 처음 만났을 때부터 줄곧 변함이 없다. 사토 씨는 항상 새로운 일에 도전하고 계속 변화한다. 그녀는 인터넷을 활용한 e비즈니스가 미국에서 확산되는 것을 보고 1999년에 우먼저팬닷컴을 개설하였고 여성의 활약을 지원하는 사이트 등도 동시에 운영하기 시작했다. 양친으로부터 이어받은 코스모 PR의 비즈니스 모델도 두 번이나 크게 바꾸었다.

사토 씨는 알 만한 사람은 다 아는, 국제적인 활약을 꿈꾸는 모든 일본 여성의 롤모델이다. 그래서 그녀의 활약은 사회에 큰 영향을 미친다. 그녀의 활약은 세계적으로도 높은 평가를 받아, 2004년 4월에는 셰릴 워맥(Cheryl Womack)이 운영하는 스타 그룹에 의한 'The 50 Leading Women

Entrepreneurs of the World'로, 또『비즈니스 위크』아시아판의 '기업가 50인'으로 선출되는 외에, 같은 해의 세계경제포럼(스위스 다보스포럼)에서는 'Global Leaders for Tomorrow' 등으로 선출되었다.

최근에는 다양성(그 의미가 좁게 이해되는 것을 사토 씨와 나는 한탄하지만)에 대한 관심이 높아져 여성 리더의 활약이 신문, 잡지 등에 소개되는 일이 많아졌지만, 글로벌한 활약이라는 점에서는 사토 씨가 독보적이다.

게다가 사토 씨는 스스로 활약할 뿐만 아니라 다른 여성들도 사회에서 활약할 수 있도록 헌신적인 활동을 펼치고 있다. 우먼저팬닷컴을 개설한 것도 그 일부다. 그런 사토 씨의 리더십 여정을 더 많은 사람에게 알리고 싶어서 이 책의 인터뷰를 의뢰했다.

27세에 사장이 되다

나는 27세 때부터 사장으로 일했다. 그 이후 지금까지, 경험하지 못한 일에 도전하며 살고 있다.

나는 일본에서 자랐지만 국제학교를 졸업한 후 미국의 웰즐리 대학[1)]에 진학했다. 대학에서는 첫날 갑자기 "내일까지 150쪽을 예습해 오라."고 하기에 깜짝 놀랐다. 그런데 주변 학생들은 전혀 힘들어하는 기색 없이 예습한 것을 바탕으로 활발하게 의견을 교환했다. 내가 생활했던 홈스테이는 같은 대학 졸업선배 가족의 집이었고, 그 외에도 많은 선배가 멘토로서 나를 잘 돌봐 주었다. 여학교였지만 학생들은 남성에 대한 대항 의식이나 열등감 같은 것이 전혀 없었고 여자끼리 서로의 발전을 방해하지

1) 미국의 명문 여대. 여학교로서, 또 종합교양대학으로서 미국 최고의 수준을 자랑한다. 졸업생으로는 미국의 전 국무총리인 힐러리 클린턴(Hillary Clinton)과 매들린 올브라이트(Madeleine Albright) 등이 있다.

도 않았다. 모두 스스럼없이 남과 대화하고 의견을 나누는 일이 얼마나 즐거운지 그때 알았고, 그 배움은 지금의 내 모든 활동의 토대가 되었다. 또 여성이 여성을 돕는 것이 당연하다는 생각도 그때의 경험에서 비롯되었다.

당시에는 컨설팅 회사와 투자은행이 인기여서 나 역시 졸업 후 컨설팅 회사인 매킨지 앤드 컴퍼니의 뉴욕 지사에 입사했다. 그리고 결혼을 계기로 독립하여, 일본 기업의 해외 진출을 돕는 컨설팅 회사를 뉴욕에 설립했다. 그러는 와중에 일본에 계신 아버지가 돌아가셨다.

내 아버지는 일본에서 국내 기업 및 단체의 국내 홍보, 해외 홍보를 취급하는 광고 회사 코스모 PR(이하 코스모)의 경영자였다. 아버지가 돌아가시고 얼마 후, 나는 회사의 주주였던 어머니[2)]의 의뢰를 받아 코스모의 장래에 대한 컨설팅을 하게 되었다. 그때 경영진에게 "이 사업은 철수해야 한다."는 등의 대담한 개혁을 제안했더니 "그렇게 자신 있으면 당신이 경영을 해 보라."는 답이 돌아왔다.

당분간은 미국에서 일하려던 참이라 고민이 되었다. 광고업은 문외한이었고 커뮤니케이션 비즈니스도 전혀 몰랐다. 그래도 절대 놓쳐서는 안 될 기회가 왔다고 생각했다. 그래서 3년만 일본에서 살자고 남편을 설득했다. 그것이 1986년의 일이다.

처음에는 코스모의 신규 개발부장으로 입사하여 새로운 서비스 개발과 판매를 담당했다. 경영권을 쥐려면 역시나 실적을 올려서 모두에게 신뢰를 얻는 일이 먼저였기 때문이다. 그래서 신규 서비스로 고객을 획득하고 실제로 성과를 보여준 뒤에야 비로소 "이제 괜찮다.", "이 회사는 망하지

---

2) 나중에 다시 언급하겠지만, 사토 씨의 외조부인 마쓰다 다케치요 씨는 우정국 장관, 문부성 장관, 중의원 의장을 역임한 후 '아시아 고아 복지교육 재단'과 베트남 '비엔호아 고아 직업훈련센터' 등을 설립하는 등 사회 복지가로서 활발하게 활동했다. 그는 13세에 서부의 황야를 그리며 혼자 미국으로 건너가 각지를 방랑한 끝에 뉴욕 대학에 입학했고, 귀국한 후 사회복지 시설 '유린원' 사업을 도왔으며, 그 후 정치계에 진출하는 매우 독특한 인생을 살았다. 그 딸이 사토 씨의 어머니인 마쓰다 다에코 씨다.

않을 것이다."라고 말할 수 있게 되었다.

코스모를 개혁하여 다른 유망한 분야에 진출할까 생각도 했지만, 회사를 개혁하려면 경영권을 먼저 획득해야 했으므로 코스모에 입사한 직후 남편과 공동으로 회사의 모든 주식을 사들여 증자를 단행했다. 이렇게 코스모의 주주 겸 경영자가 된 나는 다양한 일에 도전하기 시작했다. 경험이 없어서 그런지 두려움도 없었다.

코스모는 원래 일본의 수출 기업을 주요 대상으로 하여, 영문 홍보지 등의 인쇄물을 통해 국내외에 기업 이미지를 홍보하는 사업을 했다. 그런데 매출의 90% 이상이 편집 인쇄물인지라 좀처럼 이익이 나지 않았다. 외부 환경 측면에서는 1980년대부터 90년대에 걸쳐 해외의 대일본 투자가 증가하고 있었다. 그것을 순풍 삼아, 이익률이 좀처럼 오르지 않는 제작물 일변도의 사업을 중단하고 로비 활동과 애드보카시 광고(소비자의 신뢰를 얻기 위한 기업 이미지 광고—역주) 사업을 개시했다.[3] 또 외국계 기업의 일본 진출 지원 등 새로운 서비스도 추가하여 비즈니스 모델을 하드웨어에서 소프트웨어로 바꾸는 데 성공했다.

그래서 회사를 이어받을 무렵에는 고객이 전부 국내 기업이었지만, 나중에는 외국계 다국적 기업이 고객의 70~80%를 차지하게 되었다. 서비스 사업에서는 규모보다 품질이 중요하다. 전문 직원을 120명 정도로 늘리려 했던 적도 있지만, 이익률이 보전되지 않아 일본에서는 전문 직원을 40명 정도로 유지하는 것이 최선이라는 사실을 깨달았다.

헬스케어 특화 기업으로의 전략 변경

이렇게 사업은 순조롭게 진행되었다. 특히 해외에서는 '코스모=사토 구

3) 대표적인 사례로 일본 소비자에게 미국산 소고기 구입을 촉진한 'US 비프 캠페인'을 들 수 있다. 이 캠페인으로 일본의 미국산 소고기 소비량이 늘어났다.

미'라는 이미지가 정착되기 시작했다. 그러나 10년쯤 전부터 경영자와 회사가 지나치게 동일시되는 것에 위기감이 느껴졌다. '훗날 내게 무슨 일이 일어난다면, 과연 이 회사는 괜찮을까?'

강한 리더가 존재하는 기업은 후계자를 어떻게 키우느냐 하는 승계 문제로 고심하게 마련이다. 나도 300~400명 정도의 후계자 후보를 만나 보았지만, 우리 회사의 유전자를 제대로 계승할 수 있을지가 항상 불안했다. 코스모는 그만큼 내 색채가 강했다.

물론 후계자는 다른 색채의 리더십을 발휘해도 괜찮다고 생각했다. 그렇게 승계 문제로 고민하던 중에, 리더나 후계자를 찾는 데 열중하기보다 회사를 어떤 분야에서 독립시키느냐를 생각하는 편이 낫겠다는 생각이 들었다. 우리 회사는 그때까지 영어 비즈니스가 가능하다는 국제성을 무기로 내세웠지만 그것만으로는 한계가 있음을 잘 알고 있었다. 비즈니스 모델을 근본부터 개선해야겠다는 생각이 들었다. 특히 당시 일본 경제는 침체일로를 걷고 있어 대일 투자도 줄어드는 추세였다.

나는 무언가 새로운 일을 구상할 때마다 해외에 나가 다양한 사람을 만나고 정보를 수집하는 것을 원칙으로 삼고 있다. 그래서 무엇이 유망한지, 어떤 사업이 수익 면에서 유리한지, 해외의 조직에는 어떤 변혁이 일어나고 있는지를 닥치는 대로 조사한다.

그때의 조사에서는 미래 일본의 고령화 사회에서 헬스케어 사업이 매우 유망하다는 결론이 나왔다. 예를 들어 제약회사는 질환에 대한 연구를 반드시 진행해야 한다. 그러나 환자들이 나날이 영리해지는데도 기업은 주주와의 소통이 여전히 부족하여 질환 연구의 중요성을 충분히 인식시키지 못하고 있었다.

하지만 코스모는 헬스케어에 대한 경험이 전혀 없어 어느 날 갑자기 헬스케어 전문가를 표방한다 해도 먹혀들 것 같지 않았다. 게다가 헬스케어 업계의 기술, 상식, 가이드라인, 법률 등의 전문지식은 마치 낯선 외국어와도 같아서 하루아침에 익힐 수가 없었다. 회사 전체의 이해도를 높이는 것은 크나큰 도전이었다.

새로운 방향성을 경영진에 제안했더니, 반대는 하지 않았지만 실현 가능성에 대해 반신반의하는 분위기였다. 그러나 나는 경영자로서의 직관에 의지하여, '헬스케어의 전문 지식을 갖추고 컨설팅 서비스를 제공하는 전문가 집단이 되자, 그 방향으로 전진하자.'는 결심을 굳혔다.

그때부터 의사와 약학 박사 등 새로운 직원을 고문으로 초빙하여 전문 지식을 하나하나 구축해 나갔다. 맡고 싶었던 사업을 다른 회사에 뺏기기도 했고, 업계 지식이 모자라거나 원래 업계 자체에 사회적 소통 시스템이 없는 탓에 이런저런 문제가 발생하기도 했다. 또 헬스케어 이외의 고객과의 거래를 중단하는 일에도 큰 용기가 필요했다.

이렇게 오래된 사업을 접어도 될지, 나 자신조차 때때로 불안에 휩싸였다. 회사의 방향을 정하는 경영자로서의 나와 최대의 이익을 확보하려는 주주로서의 나 사이의 갈등도 만만치 않았다. 그러나 다른 사람들에게는 결코 방황하는 모습을 보이지 않았다. 그리고 '괜찮아, 몸을 움츠려야만 뛰어오를 수 있어, 실패한다 해도 다음 기회가 있잖아.'라며 나 자신을 타일렀다.

새로운 서비스로 전환하려면 참을성이 필요하다. 설사 이익을 다소 포기하더라도 공부는 포기하지 말아야 하는 시대다. 이것은, 수술로 말하자면 수혈을 통해 혈액을 전부 교체하여 체질을 개선하는 듯한 일로, 상당히 강제적인 방식을 필요로 했다. 그래도 회사가 나아가야 할 방향성을 명확히 제시함으로써 모든 직원들이 미래를 스스로 생각하게 하는 일이 중요했다. '나는 이 회사에서 무엇을 해야 하는가?', '나는 어디서 전문 지식을 얻어야 하는가?', '나는 전문지식을 얼마나 갖추어야 하는가?' 회사를 새로운 방향으로 전환함으로써 직원들 스스로 그런 고민을 하도록 만들고 싶었다. 이런 과정을 통해 회사의 새로운 방향성을 이해시키고, 신규 채용을 늘리며 이직률을 낮추려고 노력했다.

그러는 동안 헬스케어 사업의 고객이 하나, 둘 생겼고 전문 지식을 갖춘 인재도 채용되기 시작했다. 그 결과, 지금은 헬스케어가 회사 총이익의 90% 가까이를 차지하게 되었고, 업계 내에서도 우리 회사가 주도권을 행사하게 되었다. 이렇게 되기까지 10년쯤 걸렸지만 그만큼 기다릴 가치가 있었다고 생각한다.

리더는 완벽하지 않아도 괜찮다

방향 전환을 하며 깨달은 점이 있다. 내가 스스로 모르는 분야를 필사적으로 공부하여 전문가가 되기보다, 그 분야를 잘 아는 사람을 고용하고 그들을 믿어주는 편이 낫다는 것이다. 스스로 완벽해져서 모든 일을 세세히 파악하고 조정하려 드는 리더는 앞으로는 성공하지 못한다. 특히 IT가 점점 진화하고 있으므로 모든 분야에서 전문가가 되기는 불가능하다. IT 이해도를 조사한 결과를 보면, 외국계 기업의 사장들은 IT를 꽤 잘 구사하고 있지만 일본의 경영자들은 나이가 많아서 그런지 잘 따라가지 못하는 것 같다. 나도 IT 세대가 아니어서 IT에 관련해서는 의사결정이 늦어지거나 남에게 결정을 맡길 때가 많다.

물론 맡기기만 해서는 안 되고 이해하려는 노력은 필요하다. 결국은 직접 판단해야겠지만 모든 것을 구석구석 이해하지 못해도 괜찮다는 뜻이다. 그보다 직관적으로 믿음이 가는 사람을 믿는 게 낫다. 그런 태도를 취하는 데에도 상당한 배짱과 근성이 필요하기는 하지만 말이다.

지식 계승을 위해 우리 회사만의 이론을 개발하다

회사의 경영자는 어느 정도 경험을 쌓으면 '감퓨터(감+컴퓨터)'를 쓸 수 있게 된다. 가령 매일같이 제기되는 사람 문제에 관해서도 본능적으로 향방과 가부를 결정할 수 있다. 그러나 나는 감에만 의존하지 않고 정보를 수집하여 분석한 후 결론을 내리려고 노력한다. 이는 미국의 대학에서 철저히 주입받은 가설 검증 기법을 매킨지에서 더욱 강화한 덕분이다.

매킨지에는 엊그제 들어온 신입이라도 베테랑처럼 일하게 만드는 안내서가 꽤 많았다. 그 회사는 지식 관리가 무척 능숙해서, 회사의 업무 틀만 제대로 배우면 그다지 힘들이지 않아도 표준 품질의 성과를 낼 수 있었다. 사원은 그것을 자기 것으로 소화한 후 나름의 변형을 가하여 자신만의 스타일을 만들어 내야 했다.

그와 같이, 코스모에 입사한 모든 사람에게 공통된 가치관을 심어 줄 교본 같은 것을 만들고 싶었다. 내가 물러나더라도 코스모의 역사와 경험이 눈에 보이는 형태로 남아 있으면 동일한 효율성과 속도가 유지될 듯했다. 그래서 그때까지 취급한 500건 정도의 사업을 철저히 분석하여 업무의 틀을 만들고, 그것을 책으로 엮어 내기로 했다.

일본인의 소통은 '이심전심'이라는 말로 표현되듯 비언어적 수단에 의존할 때가 많지만, 이를 일정한 틀 속에 담아 놓지 않으면 글로벌 경쟁에서 이길 수 없다. 소통은 단순한 의사 전달이 아니라 살아 있는 사람을 움직이게 만드는 일이다. 논리적 사고에 입각하지 않으면 소통으로 상대를 움직일 수 없다. 단, 소통은 일방적이어서는 안 되며 논리를 갖추어야 전달력을 발휘할 수 있다. 그런 것까지 많은 사람에게 전하고 싶었다.

그러나 이 노하우를 책으로 만들면서 나는 출산의 고통을 맛보았다. 아이를 셋이나 낳은 나지만 책의 집필은 출산보다 훨씬 더 힘들어서 밤마다 끙끙 앓아야 했다. 책의 줄거리를 엮을 때는 내가 경영자여서 정말 다행이라는 생각을 했다. 왜냐하면 떠오른 아이디어를 곧장 실천에 옮긴 뒤, 고객이 그것의 가치를 인정하고 선택해 주는지를 실시간으로 확인할 수 있었기 때문이다. 많은 사람을 움직이거나 일대일로 움직이는 등 다양한 상황을 분석하여 조금씩 매트릭스 형태로 업무의 틀을 만들어 나갔다.

이리하여 4년 만에 탄생한 것이 코스모의 '엄브렐러 프레임워크(Umbrella Framework)'[4]와 그중 소통 전략만을 유형화한 새로운 개념인 'DDER 매트릭스', 그리고 『소통 리더십(コミュニケーション・リーダーシップ)』이라는 책이었다. 이 책에는 내가 지금까지 코스모에서 축적한 모든 지식이 빠짐없이 담겨 있다. 나누기를 아까워한다면 진정한 노하우라고 말할 수 없을 것이다. 경쟁 타사가 내 생각을 가져가 자기 식으로 적용할지도 모른다는 생각이 문득 스쳤지만 그런 것까지 신경 쓰다 보면 생각을 확장할 수 없다. 나는 일본인의 소통 능력 향상에 도움이 되고 싶었다.

이렇게 책을 내고 나니 코스모라는 서비스 회사의 품질을 통제하기가 한결 쉬워진 것을 느낄 수 있었다. 오류가 줄고 업무 시간이 단축되어 생산성이 매우 높아진 것이다. 또 신입이라도 어느 정도 노하우를 습득하고 자사 특유의 사고방식을 흡수할 수 있게 되었다. 또, 내가 오마에 겐이치(大前研一) 씨가 이끄는 사회인을 위한 교육기관 '비즈니스 브레이크스루(Business Breakthrough) 대학'의 대학원에서 교수를 맡게 되는 등, 생각을 전달할 강사들을 키워낼 기회도 많아졌다.

동일본 대지진에 관한 의사결정

헬스케어 특화 때만큼이나 내가 리더로서 큰 시험을 겪었던 때가 바로 동일본 대지진 때였다. 2011년 3월 11일에 지진이 발생했을 때 나는 도쿄에서 차로 이동하는 중이었다. 집에 가까스로 도착했으나 회사에 전화를

---

4) '엄브렐러 프레임워크'는 전략을 수립하기 위한 사고의 틀이다. 이 프레임워크는 ① 달성하고 싶은 목표인 'Business Goal' ② 이상적인 모습을 명확히 전달하는 'Communication Goal', ③ 어떻게 싸울지를 생각하는 'Communication Strategy'의 3단계로 이루어진다. 또 전략의 네 가지 특징인 DDER 매트릭스는 ① Drive(스피드 중시), ② Differentiate(차별화), ③ Enhance(부가가치), ④ Reposition(비즈니스 모델 변경)이다(Business Break Through 홈페이지 참조—역주).

걸어도 연결이 되지 않았다. 그때부터는 다른 사람들처럼 정보 수집과 사원의 안부 확인 등으로 정신없는 시간을 보냈다.

BBC와 CNN 등 해외 매체가 지진 발생 직후 헬리콥터를 보내 신속하게 일본의 상황을 보도했으므로, 몇 시간 후부터 나에게 해외 메일이 빗발치기 시작했다. 해외에 있는 내 가족도 마찬가지였는데, 대부분은 안부를 확인하고 방사선 상태를 묻는 동시에 즉시 비행기를 타고 일본을 탈출하기를 권했다. 코스모의 간부 사원들조차 "사장님, 일본을 빨리 떠나십시오. 우리 회사도 내일이면 어떻게 될지 모릅니다."라고 말했다. 실제로 프랑스와 이탈리아 등 외국 출신의 사장들은 즉시 일본을 떠났고 외국계 대기업에서도 본사를 오사카로 옮기자는 이야기가 나왔다.

사실은 나도 내심 도망치고 싶었다. 그러나 '내가 지금 여기서 가장 먼저 해야 할 일이 무엇일까?'를 생각했다. 회사를 존속시키는 것도 중요했지만, 나는 당시 재일 미국 상공회의소(ACCJ)의 회장이라는 공직을 맡은 입장이었다. 따라서 미국 비즈니스 단체의 수장으로서 어떻게 행동해야 할지를 생각했다. 이것은 소통 전문가로서의 역량이 시험당하는 계기이기도 했다.

ACCJ의 마이클 알펀트(Michael Alfant) 회장과 나는 미국으로 가는 대신 일본에 머무르기로 했다. 힘들 때일수록 리더의 존재는 중요해진다. 또 일단 도망치면 다시 돌아올 수 없을지도 몰랐다.

그래서 즉시 알펀트 회장과 이인삼각으로 행동을 개시했다. 미국 대사관을 통해 수집한 정보를 3,000명의 회원에게 실시간으로 제공하는 동시에 재일 비즈니스 단체에 '우리는 끝까지 도망치지 않겠다.'는 뜻을 전했다. 또, 일본인의 사명이라는 생각으로, 미국 정부에게서 얻은 정보를 일본 비즈니스 관계자와 종업원에게 전파하는 일도 잊지 않았다.

또 효과적인 원조를 위하여 '재난 구호 펀드'를 설립하고 회원은 물론 해외의 원조까지 모집했다. 종종 그러하듯, 몇 년이 지나도 현지에 원조금과 물자가 도착하지 않는 사태가 벌어져서는 안 되므로 회사 직원들과 함께 평소에 알던 의사의 메일매거진 등을 활용하여 현지 의료진의 목록을 만들었다. 그래서 '간접비를 없앨 것', '지출 내역을 명확히 할 것' 등 몇 가지 조건에 합의한 후 1~2개월 만에 지원금을 현장으로 보낼 수 있었다. 단지 마음으로 걱정할 뿐만 아니라 조금이라도 현장에 도움이 되는 효과적인 행동을 취한 것이다. 처음부터 끝까지 처음 겪는 일이었지만, 사원들이 모두 함께 해 준 덕분에 이런 값진 체험을 할 수 있었다.

위험을 피하지 않고 상황을 앞질러 행동하다

뒤돌아보니, 나는 항상 처음 하는 일에 덤벼들어 왔다. 헤엄치지도 못하면서 수영장에 뛰어들어 헤엄치는 법을 배운 것과 똑같다. 리더에게는 이런 태도가 필요하다고 생각한다. 경영자로서 나는, 큰 이익을 내지 못해도 좋으니 지속적으로 이익을 내는 것이 중요하다고 생각한다. 경제가 침체되어도 반드시 흑자를 유지해야 한다. 그래서 '건전한 재무제표', '건전한 현금흐름', '대출금 제로'라는 목표를 수립한 뒤 하나씩 달성해 나갔다. 거기서 얻은 자신감으로 새로운 일에도 도전할 수 있었다.

그러나 경영에 20년이나 종사하다 보니 겁이 많아져서 부정적인 상상이 부쩍 늘었다. '이 사업을 하면 이 부분이 망가질 거야.', '이 일을 하려면 비용이 많이 들 텐데.', '이렇게 하면 직원들이 회사를 떠나고 나를 따르지 않게 될 거야.'라는 식으로 고민이 늘어만 가는 것이다. 경험을 쌓을수록, 나이가 들수록 위험을 회피하려는 경향은 강해진다. 그래서 40대가 되자 안주해서는 안 되겠다는 생각이 들었고 과감히 헬스케어로의 대전환에 도전했다.

일본은 위험을 회피하는 것이 상식처럼 되어 있다. 아무래도 교육의 영향이 크다고 생각하는데, 일본인은 대체로 보수적이며 변화를 싫어한다. 지금까지 하던 일을 조금 개선하는 것에는 적극적이지만 전혀 다른 새로운 분야에 도전하기는 싫어해서 회사가 보수성을 띠기 쉽다. 시도하기 전에 신중하게 따지려는 것이겠지만, 그래서야 글로벌한 속도 경쟁을 헤쳐나갈 수 없다.

위험을 감수하는 기업 문화를 만들기란 쉬운 일이 아니므로, 그럴 때야말로 사장이 최고경영자답게 행동할 필요가 있다. 노래를 잘 못하더라도 노래방에서 제일 먼저 마이크를 잡아야 한다. 그렇게 하면 뒤따르는 사람도 자신감을 얻을 것이다.

물론 사람인 이상 처음 하는 일이 두려운 것은 당연하다. 그러나 "자신 있다.", "괜찮다."고 말할 줄 아는 사람은 극심한 공포에 휘둘리거나 쫓겨다니지 않는다. 사장은 언제나 의심의 어둠으로 빠져들려 하는 자기 자신을 주시해야 한다. 남을 이해시키고 이끌 사람은 자신뿐이다. 속으로는 부들부들 떨고 있어도 주변에 그런 모습을 보여서는 안 된다. 두려워하는 자신의 마음조차 무시해야 한다. 그런 과정을 지속하다 보면 두려움은 점점 작아지고 공포와 더불어 살아가는 것이 자연스러워질 것이다.

남을 돕는 것이 에너지의 원천

나는 코스모를 경영하는 한편, 1999년에 여성을 위한 사이트인 우먼저팬닷컴 등의 벤처도 설립했다. 나중에 매각하기는 했지만, 끊임없이 새로운 일을 만들지 않으면 내가 심심해졌다. 종종 '일과 생활의 균형(Work-Life Balance)'이라는 말을 듣지만, 그런 달콤한 말에 안주하고 싶지는 않다. 나는 탐욕적으로 하고 싶은 일에 달려드는 삶이 더 좋다.

앞으로는 새로운 매체를 통해 음악을 세계화하는 비즈니스에 도전하고 싶다. 나는 남보다 호기심이 강해서 다른 업계 사람들과 이야기하기를 매우 좋아하는데, 그렇게 다양한 정보를 수집하다 보면 새로운 혁신의 아이디어가 떠오른다.

나는 세상에 공헌하는 활동도 매우 중요하다고 생각한다. 재해 구호 기금이든 여성 관련 활동이든, 무엇 하나에 푹 빠져야 에너지가 솟아난다. 사회에 도움을 주지 못한다면 나는 그저 평범한 영세 기업의 사장으로 남을 것이다.

아무래도, 이처럼 강한 호기심과 남을 도우려는 마음은 내 DNA에 새겨져 있는 듯하다. 내 외할아버지 마쓰다 타케치요(松田竹千代)는 13세에 단신으로 미국에 갔고, 귀국 후에는 사회사업을 하기 위해 정치가가 되었다. 어머니인 마쓰다 다에코(松田妙子)는 일본의 주택 환경을 개선하기 위해 일본 최초로 2·4 공법을 전문으로 하는 주택 회사를 만들어 그 공법을 전국에 확대시켰다. 나는 어릴 때부터 외할아버지와 어머니가 혁신적인 일을 실천하기 위해 사람들을 설득하는 모습을 보며 자랐다.

나는 어릴 때부터 어머니로부터 "너는 혜택을 받고 자랐으니 커서 큰 일을 해야 한다."는 말을 들었다. 어머니는 주택 회사를 그만둔 후 주택 관련 재단을 만들었고, 재단의 이사장으로서 일본의 주거의 질 향상에 이바지했다. 그리고 71세에는 도쿄 대학의 공학박사 학위를 취득한 뒤 목수를 육성하는 국가 프로젝트의 일환으로 '목수 육성 학원'을 설립했다. 어머니는 지금도 그곳의 원장으로 일하고 있다. 또 외할아버지의 유지를 이어받아 베트남에 있는 '비엔호아 고아 직업훈련 센터 유린원(有隣園)'의 원장으로서 정기적으로 시찰을 떠난다. 기부라는 소극적인 자선 행위가 아니라 자신의 지식과 능력, 인맥을 활용한 적극적인 행위로 사회에 봉사하고 있는 것이다. 이런 롤모델을 보며 자랄 수 있었던 것은 정말 큰 행운이다.

'단순한 돈벌이를 넘어서서 사회에 도움이 되고 싶다.' 그런 사명감을 품은 사람이 모여 그렇지 않은 사람들을 감화시키고, 자신의 삶의 방식까지 개혁하는 회사. 그처럼 사명감을 우선하는 회사를 만들고 싶은 마음을 앞으로도 소중히 지켜 가며 일하고 싶다.

"순간에서 평생까지 지속되는 아름다움"

마에다 신조 前田新造

시세이도(資生堂) 상담역

사진 : 오가타 후미시게(尾形文繁)

1947년 오사카 부 출생. 1970년 게이오기주쿠 대학 문학부 사회학과 졸업 후 시세이도 입사. 시세이도 오사카 중앙판매부에 배속되어 오사카 시에서 근무. 1986~89년 입사(Ipsa)로 이동하여 신규 브랜드 기획에 종사. 1989년 경영기획부 과장, 1996년 마케팅 본부 화장품 기획부장, 1997년 국제사업본부 아시아퍼시픽 지역 본부장, 2003년 이사 경영기획실장, 2005년 대표이사 사장, 2011년 이사회장 등을 거쳐 2014년부터 상담역.

마에다 씨와의 만남

시세이도는 독특한 회사다. 제약업에서 시작한 화장품 회사는 전 세계에 오직 시세이도뿐이다.[1] 창업자의 아들이자 초대 사장인 후쿠하라 신조(福原信三) 씨는 콜롬비아 대학에서 유학을 마친 후 파리 박람회를 보러 갔다가 서구 문화의 위대함에 큰 감명을 받았다. 그래서 기업 활동에 힘쓰는 한편 서양 문화의 도입에도 적극적으로 나섰다. 화장품 회사인 시세이도가 시세이도 팔러(parlor, 미용실—역주)를 갖게 된 것도 일본에 서양식 팔러를 도입하고 싶다는 그의 뜻에 따른 결과다. 덕분에 피부의 과학적 연구에 기초한 시세이도의 스킨케어 상품은 세계적으로도 높은 평가를 받고 있다.

시세이도의 장점은 상품력만이 아니다. 시세이도는 디자인의 중요성을 일찍부터 간파하고 의장부(意匠部)라는 디자인 부문을 만들었는데, 이것은 일본 기업이 상품 기획에 디자인을 도입한 최초의 사례다. 시세이도의 광고가 지금까지도 창조적으로 느껴지는 것은 이런 역사에서 기인한다. 강력한 유통 경로 또한 장점이다. 시세이도는 시세이도 계열점을 전국에

1) 시세이도는 원래 해군 군의였던 후쿠하라 아리노부(福原有信)가 서양식 조제약국으로 설립한 회사다.

전개함으로써 일본 전역에 상품을 확대했다. 그런 계열점을 돌아다니며 미용 기법을 전수하고 고객을 확보한 사람들이 시세이도 미용부원이다. 이리하여 시세이도는 일본 최고의 화장품 회사가 되었고, 그 명성은 전 세계로 퍼져 나갔다.

그러나 1990년 이후의 유통업 변화에 따라 판매 경로가 백화점, 슈퍼, 편의점 등으로 다양해지자 시세이도는 점점 경쟁우위를 잃어 갔다. 근본적 개혁을 피하는 대신 상품 종류를 확대하여 다양해진 경로에 대응하려 했던 탓에 회사의 수익은 날로 악화되었다. 그때 개혁의 첫발을 내딛은 사람이 마에다 씨였다.

나는 마에다 씨를 2007년 3월 하야마(葉山)의 시세이도 연수센터에서 처음 만났다. 당시 시세이도는 국내 사업 개혁의 필요성을 인식하고 글로벌한 성장을 준비하고 있었다. 시세이도가 글로벌하게 성장하려면 일단은 글로버 리더부터 육성해야 했으므로 전 세계의 우수한 사원을 모집하여 'Shiseido Global Leadership Development Program'을 개최한 것이다. 그 개회식에서 마에다 씨를 처음 만났다.

처음 만난 마에다 씨는 부드러운 미소가 인상적이었다. 일대 개혁을 이루어 낸 사람치고는 무척 온화해 보였다. 그러나 강의를 통해 듣게 된 시세이도의 개혁 스토리는 그야말로 극적이었다. 당시 개혁을 미루던 시세이도는 채용까지 기피하게 되어 어느새 미래가 없는 조직이 되어 있었다. 마에다 씨는 그런 상황에 위기감을 느끼고 개혁에 나섰다. 그는 당시 최고경영진의 거센 반대를 무릅쓰고 개혁의 필요성을 끈질기게 호소했다. 그때마다 경영진은 지긋지긋하다는 반응을 보였지만 그는 결코 좌절하지 않았다. 글로벌화를 주도할 인재가 부족하다는 위기감 때문에 그가 심지어 뉴욕과 런던에 직접 가서 당시 P&G의 중역이었던 카스텐 피셔(Carsten Fischer) 씨를 영입했다는 이야기도 들었다. 온화한 외모와는 대조적인, 개혁의 열정에서 비롯되었을 행동력에 매우 놀랐다.

그런데 마에다 씨의 리더십 여정은 언제 시작되었을까? 전부터 관심이 있었던 그를 만나러 긴자의 시세이도 사무실을 찾았다. 그리고 너무나 시세이도다운, 그윽한 분위기의 사무실에서 마에다 씨의 리더십 이야기를 들었다.

리더십 여정의 출발점은 오사카의 신입 시절

리더로서 나의 출발점은 오사카의 신입사원 시절에 있다고 생각한다. 1970년에 시세이도에 입사한 나는 오사카의 백화점을 담당하는 오사카 중앙 판매부에 배속되어 9년 반 동안 열한 명의 미용부원과 한 팀으로 일했다.

나는 무뚝뚝한 오사카 사람인데다 누나, 형과 터울이 많이 벌어져서 거의 외동처럼 자랐다. 그 탓에 낯을 심하게 가려서 초등학교 · 중학교 시절에는 교실에서 손을 든 적도 거의 없었고 앞에 나가 발표하는 것을 무척 싫어했다. 그래서 많은 여성 미용부원과 함께 일하는 환경에 처음에는 적잖이 당황했다. 심지어 그들과 편하게 눈도 마주치지 못했다. 상사의 손에 이끌려 첫 발령지인 현장으로 가서 자기소개를 하는 순간 부끄러움은 최고조에 달했다. 그러나 머잖아 그런 환경에도 익숙해져, 모두 남녀를 초월하여 함께 일하는 동료로 느끼게 되었다. 그곳의 일은 정말 즐거웠다.

영업 활동을 하다 보면 백화점 매장의 부장이나 주임과 업무에 관한 상담을 할 때가 있다. 그럴 때 나는 회의가 끝나도 사무실에 돌아가지 않고 매장에 남아 후방 작업을 도왔다. 그리고 일이 끝나면 미용부원들과 함께 부침개 같은 것을 먹으러 다녔다.

그런 자리에서는 이런저런 이야기가 나오게 마련인데, 미용부원들은 항상 "오늘 얼마를 팔았다."가 아니라 "고객에게 이런 이야기를 하니 아주 좋아하더라." 또는 "그 고객이 친구를 데려와서는 잘 부탁한다고 해서 무척 기뻤다."는 등 고객에 관한 이야기꽃을 피웠다. 미용부원들에게는 '화장품을 판매한다.'는 확실하고도 중요한 역할이 있었다. 그러나 판매를 넘어서서, 고객이 아름다워지도록 도와주고 고객이 기뻐하는 모습을 보는 일에서 삶의 보람을 느낀다고 그들은 한결같이 말했다. 그것이 시세이도에서의 내 일의 원점이다.

평화로운 일을 찾아 시세이도에

시세이도에 입사하기 전에는 화장품 회사의 미용부원이 무슨 일을 하는지 전혀 몰랐다. 내가 대학을 다닐 때는 학생 운동이 한창이어서 헬멧과 각목, 시위와 토론 집회 등 살벌한 일들만 주변에 가득했다. 그런 와중에 학교의 교수는 무기 만드는 회사에 취직을 알선해 주었다. 그것도 나름대로 재미있어 보였지만 시대적 분위기에 질려 있었던 탓에 평화로운 일을 하고 싶었다. 그러던 어느 날 취업 게시판에 시세이도의 대졸자 모집 공고가 걸려 있는 것을 보았다. 시세이도는 당시 모델인 마에다 비바리(前田美波里) 씨를 '태양에게 사랑받자.'는 광고에 출연시키는 등 아름다움과 세련미를 상징하는 회사로 통했다.

그런 이미지만 보고 시세이도에 입사하기는 했지만, 오사카에서 베테랑 미용부원들과 일하는 동안 정말 많은 것을 배웠다. 한 번은 고객 불만을 해결하기 위해 미용부원과 함께 외근을 나간 적이 있었다. 오고 가는 길에 이야기를 나누다 보니 미용부원이 고객을 진심으로 생각하는 마음이 전해졌다. "고객 한 분 한 분이 승차권을 사서 전철을 타고 우리 매장이 있는 백화점에 와서 상품을 사 주시는데, 그 마음에 어떻게 보답하면 좋을지 모르겠어요."라는 것이다. 나는 그 말에 정말 큰 충격을 받았다.

만약 시세이도가 사라진다면 그것을 아쉬워하는 사람이 있을까? 아무 상관없다고 느끼는 사람들뿐이라면 회사는 사회에 필요 없는 존재인 셈이다. 고객과 미용부원 사이에 마음이 오가는 것을 지켜보는 동안, 시세이도의 부재를 진심으로 아쉬워할 누군가가 있다는 사실을 깨달았다.

시세이도 내에는 재무와 경리, 법무, 상품 개발, 연구 등 다양한 부서가 있다. 이들 부서 역시 고객에게 가치를 전하기 위한 '준비'를 하겠지만, 실제로 시세이도의 가치를 전하고 고객에게 기쁨을 직접적으로 제공하는 사람은 미용부원이다. 회사의 주인공은 그들이며, 그들에게 고객 지향의 원점이 있음을 나는 젊은 시절에 뼛속 깊이 느낀 것이다.

신규 브랜드의 성립

그 후 나는 전국 백화점을 총괄하는 본사 백화점부에 배속되어 정책 책정과 문서 작성 등을 담당했다. 이렇게 현장과 본사 양쪽을 경험한 뒤 1986년에는 신설된 자회사로 이동했다. 바로 '㈜입사'다. 바야흐로 새로운 마케팅이 요구되는 시점에 새로운 도전을 위해 만들어진 새로운 회사였다.

당시 화장품업계의 현장에서는 치열한 전쟁이 벌어지고 있었다. 에스티로더와 클리니크 등 외국계 기업이 속속 일본에 상륙하여 일제히 공세를 퍼붓는 중이었다. 그래서 그때까지 최고로 군림했던 시세이도는 그 자리를 심각하게 위협받고 있었다. 이세탄(伊勢丹), 긴자 미쓰코시(銀座 三越), 오사카 한큐(大阪 阪急), 다이마루(大丸), 다카시마야(高島屋) 등 주요 백화점에서 고전을 면치 못하는 가운데, 이대로 가면 완전히 패배할 것이라는 강한 위기감이 엄습했다. 그래서 어떻게든 그들에게 대항하기 위해 새로운 브랜드 '입사'를 만들고 기존의 판매 방식으로는 획득할 수 없었던 고객을 획득하여 그룹사로 탈바꿈하려 했던 것이다.

우리는 '입사'를 다소 극단적일 만큼 고객 지향성이 강한 브랜드로 만들고자 했다. 브랜드의 대표 문구는 '내가 직접 만드는 나다운 화장품'이었다. 그리고 고객의 고민에 대해 120%의 처방전을 내놓는 것을 최우선으로 삼고, 상품 판매는 자연스럽게 그 뒤를 따르는 방식을 취하기로 했다. 그 생각을 실현하기 위해 의약 분업과 마찬가지로 역할 분담을 하는 체재를 만들었다. 미용부원은 상담에 집중하여 의사처럼 처방전을 써 준다. 추천받은 상품을 사느냐 마느냐는 고객의 선택에 맡긴다. 다른 코너에 있는 계산대에서는 고객이 가져온 상품을 계산하는 일만 한다. 이렇게 하면 고객은 편안하게 자신의 고민과 희망을 털어놓을 수 있으리라 생각한 것이다.

우리는 고도 경제 성장기에 입사한 세대다. 그래서 처음에는 어디를 가도 매출이 계속 늘어났으며 급여도 순조롭게 올랐고 기업 간의 경쟁도 활발했다. 하지만 그런 와중에도 나는 일찍부터, 매출 경쟁이나 이익 창출보다 고객과의 신뢰 관계, 고객 만족을 향한 경쟁이 더 중요해질 것을 알았다. '입사'는 실험적인 브랜드였지만, 나는 그때 고객 지향의 의의를 다시금 되새기는 소중한 경험을 했다.

좌절, 그리고 개혁에 대한 도전

'입사'를 궤도에 올려놓기는 했지만 생각만큼 매출이 오르지 않아 목표는 달성하지 못했다. 나는 그 후 1989년 12월에 본사로 돌아가 경영기획부에 배속되었다. 사업이 부진했기 때문에 시행된 이동이었다. 그러나 이번에는 더 큰 시련이 나를 기다리고 있었다.

경영기획부는 회사에서 가장 바쁜 부서로, 전 사원이 아침부터 밤까지 일에 파묻혀 지내는 것이 보통이다. 그런데 신입인 나에게는 아무 일도 없었다. 모두가 연일 철야를 하고 있는데 나는 아침이면 차를 마시고 담배를 피우다가 오후 5시가 되면 퇴근했다. 그런 생활을 더 이상 견딜 수가 없어 회사를 그만둘까도 생각했지만 전 상사가 "절대 그만두면 안 된다."고 호되게 꾸중을 했다. 그 덕분에 가까스로 '끝까지 버텨야겠다.'는 마음을 먹을 수 있었다. 다행히 얼마 지나지 않아 중기 경영계획 수립에 참여하게 되면서 기다리던 철야가 시작되었는데, 일이 바쁜 것이 그토록 기뻤던 적이 없다.

그로부터 몇 년 뒤, 화장품 기획부의 부장으로 임명을 받았다. 나는 부임 연도인 1996년부터 미용부원을 중심으로 한 개혁을 시작했다. 젊은 시절 오사카에서의 경험이 개혁의 기반이 되었다. 거창한 시도도 했다. 3주 연속으로 신문 전면 광고를 게재한 것이다. '뷰티 컨설턴트는 당신의 아름다움을 이루어주는 좋은 파트너'라는 문구를 통해, 고객 지향적 회사로의 변신을 강력하게 선언한 것이다.

그러나 이 시도에 대한 사내외의 평가는 그다지 높지 않았다. 화려한 브랜드가 각광받는 시대에 예전에나 통하던 미용부원을 내세웠으니 광고의 혁신성이 떨어진다는 것이다. 나는 예전의 체험을 통해 미용부원이야말로 시세이도의 보물이라는 사실을 알고 있었지만 그 생각을 다른 사람과 공유하는 것까지는 성공하지 못한 것이다. 결국 개혁에 돌입한 지 1년 후인 1997년에 국제부로 다시 이동하라는 명령을 받았다. 내부적으로 나의 개혁이 실패로 간주되었기 때문에 시행된 이동이었으므로 또다시 좌절을 맛본 셈이다.

국제부에서 여성의 활동과 다양성에 눈뜨다

당시 나는 영어도 못 했고 해외에서 생활한 경험도 없었다. 그런데도 갑자기 외국 사업을 하라는 명령을 받았으니 무척 당황스러웠다. 어쨌든 나는 미국과 아시아를 맡았고, 특히 현저한 성장을 보이는 아시아 시장에 많은 힘을 기울였다.

일단 시작하고 보니 국제부의 일 역시 재미있었고 배울 것도 많았다. 특히 여성의 능력을 활용하는 일이 얼마나 중요한지를 깨달았다. 시세이도 일본 국내 부문의 관리직 여성 비율은 한 자릿수에 불과했지만 홍콩, 미국, 싱가포르 등의 거점은 부문장의 대다수를 여성이 차지하고 있었다. 유럽 광고 담당도 여성이었고, 해외 관리직의 과반수가 여성이었다. 여성 고객을 상대하는 화장품 제조사로서 당연한 일이었지만 당시 일본은 그렇지 않았다.

해외로 가니 직원들의 배경도 무척 다양했다. 가령 미국의 직원들도 모두 미국에서 태어난 미국인이 아니었다. 인도에서 태어나 미국에서 대학을 나오고 미국 시세이도에 입사하는 등 다양한 배경을 지닌 사람들이 섞여 있었다. 오히려 그것이 익숙해지자 전원이 일본 출신의 일본인인 본사 임원회가 오히려 이상하게 느껴졌다.

그러다 2003년에 경영기획실로 다시 이동했고, 이사가 되었다. 그곳에서 경영기획실장으로서 장기 경영전략을 짜던 중에 다시금 개혁의 필요성이 대두되기 시작했다.[2] 당시 시세이도는 10년 후와 20년 후의 사원 연령 구성을 예측했을 때 인구 피라미드가 완전한 역삼각형을 그리는 상태였다. '이래서는 미래가 없다.', '회사가 막다른 곳에 몰리게 된다.'는 강한 위기감이 느껴졌다. 회사의 상부 조직도 구태의연했다. 사외이사는 아예 없었고 임원의 임기도 모호하게 규정되어 있는 등 해결해야 할 문제가 산더미 같았다.

그래서 임원 체제를 개편하고 조기 퇴직을 실시하는 등 아무도 환영하지 않을 듯한 조치만 골라 시행하기 시작했다. 뷰티 컨설턴트(BC, 미용부원)를 중심으로 한 개혁안도 상정했지만, 임원회에서 '매출이 우선이다.', '지금 그런 뜬구름 잡는 소리를 해도 아무 소용없다.'며 반대하는 통에 그 개혁안은 계속 보류 상태로 머물 수밖에 없었다.

2) 2001년에는 마이너스 4,510만 엔, 2002년에는 마이너스 2,280만 엔으로 2년 연속 마이너스 순이익을 기록했다.

'BC 실적급 철폐'라는, 아래로부터의 개혁

나는 2005년에 사장으로 취임하자마자 '100% 고객 지향의 회사로 거듭나자.'는 구호부터 내걸었다.[3] 이전에도 화장품 기획부에서 한 번, 경영기획부에서 한 번의 개혁을 시도했으나 성공하지 못했으므로 그때가 진짜 마지막 기회라고 생각했다. 다행히 이번에는 미용부원을 중심으로 한 개혁 방안을 통과시킬 수 있었다. 오사카의 신입사원 때부터 줄곧 품어 왔던 꿈이 실현되기 시작한 순간이었다.

고객을 지향하는 회사가 되기 위해서는 사내의 의식부터 개혁해야 했다. 예전에 마케팅의 권위자인 경제평론가 고(故) 미즈구치 겐지(水口健次) 씨가 시세이도의 임원들 앞에서 "귀사는 영업 목표에만 집착하여 매출을 놓치고 있다."고 말한 것이 지금도 기억에 새롭다.

이 말은 그때 회사의 모습을 단적으로 표현했다. 당시 회사는 지역별, 지점별 매출 목표를 세분하여 BC 1인당 연간 얼마, 하루당 얼마의 매출 목표를 할당하는 식으로 영업 활동을 관리하고 있었다. 그래서 판매 회사마다 BC의 개인별 매출 그래프를 벽에 붙여 놓는 등 누구나 매출을 최우선으로 생각하는 분위기가 만연했다. 게다가 회사 측이 추천하는 상품을 팔도록 하는 '추천 상품' 제도도 있어서 고객이 원하지 않는 상품을 추천하는 일도 비일비재했다. 그래서 미즈구치 씨의 지적대로 영업 목표에 집착하다가 고객을 놓치는 상황이 반복되었다.

그렇다면 영업 목표를 없앰으로써 BC가 고객을 아름답게 만들어 주는 일에 집중하도록 만들어야겠다고 판단했다. 그러면 매출은 자연스럽게 뒤따를 것이고, 숫자에 드러나지 않는 더 중요한 무언가를 얻을 수 있을 것

---

3) 나중에 또 이야기하겠지만, 마에다 씨가 2005년에 사장으로 취임하면서 개혁의 기둥으로 삼은 세 가지 경영 비전은 다음과 같다. '100% 고객 지향의 회사로 거듭난다.', '브랜드를 새로 손질한다.', '매력적인 사람으로 조직을 채운다.'

이라 생각했다. 나는 예전부터 '미래에는 기업의 매출 규모보다 고객의 만족도가 중요한 판단 기준이 될 것'이라고 믿어 왔기 때문이다.

그러나 관리직과 판매 회사의 책임자는 물론, 임원회에서도 "추천 상품을 없애는 것은 찬성이지만 BC의 매출 목표까지 없애면 BC의 의욕이 저하될 것이고 매출도 저하될 것이다. 그래도 괜찮은가?"라며 이 방침을 반대하고 나섰다.

그래도 나는 다양한 기회를 통해 끈질기게 호소했다. "매출은 잠시 저하되어도 괜찮습니다. 설사 1년에 몇 퍼센트가 저하된다 해도 시세이도는 무너지지 않으니까요. 그보다 지금 분위기를 전환하여 회사를 개혁하는 것이 장기적으로는 더 중요합니다."

이때 미용부원들의 응원이 큰 힘이 되었다. 오랫동안 실적급 제도에 젖어 있던 일부 베테랑 미용부원들은 반신반의하는 태도를 보이기도 했다. 그러나 대부분의 미용부원은 딜레마를 느끼고 있었다. 처음에는 사람의 타고난 아름다움을 되살리는 일에 재미를 느껴 입사했고, 교육 현장에서도 그렇게 배웠지만 판매 현장에서는 무조건 얼마를 팔았느냐를 우선했기 때문이다. 그래서 실적급을 폐지하겠다고 했더니 많은 미용부원이 "그러면 이제 내가 진짜 바라던 일을 할 수 있겠네요. 입사 당시의 순수한 마음으로 일할 수 있어요."라며 기뻐했다.

당시 일본에는 2만 6,000명의 사원이 있었는데, 그중 미용부원이 무려 1만 명이었다. 게다가 그들 모두가 고객을 직접 대하는 사람이다. 개혁을 위해 본사에서 지시를 내리는 톱다운 방식도 나쁘지 않다. 그러나 고객과 가장 가까운 곳에 있는 사람들의 의식이 바뀌고 1만 명이라는 큰 집단이 힘을 실어 준다면 개혁에 더 큰 힘이 실릴 것이다. 나는 그렇게 믿고 현장에서부터 개혁을 시작했다.

'브랜드와 인재 육성'이라는, 위로부터의 개혁

'100% 고객 지향의 회사'로 거듭나기 위해 브랜드와 인재 육성이라는 톱다운 방식의 개혁도 시도했다. 우선 너무 많아진 브랜드 수를 최소한으로 줄이고, 카테고리 내에서 가장 강한 브랜드를 하나씩 지정하기로 했다. 선택과 집중으로 다시 한 번 시세이도의 브랜드에 빛을 비추어 주고 싶었다. 또, 메가 브랜드 전략에 의해 'uno'와 'TSUBAKI' 등의 새로운 브랜드를 만들었다.

그런데 고객 만족을 추구하는 것도 사람이고 브랜드를 키우는 것도 사람이다. 그래서 시세이도라는 조직을 매력적인 사람으로 가득 채워야겠다는 생각이 들었다. 그 작업의 일환으로 기업 내 대학인 '에콜 시세이도'를 창설하여 다양한 연수를 실시하기 시작했다.

이때는 P&G의 교육 프로그램을 참고했다. 나는 예전에 사장으로 취임하자마자 P&G, 로레알, 콜게이트, 샤넬 등 각사의 대표에게 인사를 다니면서 그들의 경영 기법을 훑어본 적이 있다. 그중 P&G의 CEO인 앨런 래플리(Alan Lafley) 씨는 나를 굳이 신시내티(Cincinnati) 본사로 초대하여 인재 육성이 이루어지는 훈련실을 보게 했다. 건물 전체의 65%가 훈련실이었는데, 거기에 세계 각국의 간부와 관리자가 와서 매일 교육을 받고 있었다. 사실 P&G에서 서열 4위나 5위였던 사람이 다른 회사에 사장으로 영입되는 일도 드물지 않았다. 그야말로 P&G는 인재의 산실로서 전 세계의 인재를 길러내는 것처럼 보였다. 이 광경을 보고 시세이도의 인재 육성에 힘써야겠다는 마음이 더 강해졌다.

이처럼 현장과 본사가 힘을 합쳐 고객, 브랜드, 인재라는 세 가지 개혁에 속도를 내기 시작했는데, 그때 내가 특히 신경 쓴 것이 '말'이었다. 처음에는 '철저한 고객주의', '브랜드 재생', '철저한 인재 육성' 등의 강한 말, 그리고 어딘가에서 본 듯한 평범한 문구만 떠올랐다.

그러나 그런 말들은 좀처럼 마음에 와 닿지 않았다. 그래서 누구든 쉽게 이해하고 쉽게 전달할 수 있는 1인칭 언어로 바꾸기 위해서 다 함께 머리를 짜냈다. 그 결과 탄생한 개혁의 3대 구호는 '100% 고객 지향의 회사로 거듭나자.', '브랜드를 새로 손질하자.', '매력 있는 사람으로 조직을 채우자.'였다. 셋 다 지점장, 미용부원, 상품을 진열하는 소매 공급자까지 쉽게 이해하고 전파할 수 있는 말이다. 이해하기도 쉽고 외우기도 쉬운 이런 표어로 개혁의 방향성을 표현한 것 역시 개혁의 추진에 큰 도움이 되었다고 생각한다.

이사회를 활성화하다

사장에 취임하면서 바꾼 것이 또 있다. 바로 외부 인재를 등용하기 시작한 것이다. 일본은 쇄국의 기간이 길었기 때문인지, 이질적인 가치관에 대해 일종의 알레르기를 일으킬 때가 있다. 그러나 글로벌화는 점점 진행될 것이다. 당시 시세이도의 해외 매출 비중은 20%도 되지 않았는데, 그 비중을 높이려면 사내에 다양성을 최대한 확보해야 한다고 생각했다. 그래서 긴타로 사탕(어디를 잘라도 똑같은 긴타로의 얼굴이 나오는 사탕. 획일적인 문화를 빗대는 관용적인 말로 쓰임—역주)처럼 동질화되기 쉬운 사내에 사외 인사와 외국인, 다양한 성별을 영입하기 시작했다.

사외이사는 2005년부터 교섭을 시작하여 2006년에 두 명을 영입했다. 또한, 반대하는 의견이 많았지만 글로벌화를 추진하기 위해 필요하다는 판단하에 외국인 임원도 등용했다. 또 남성과 여성, 국적과 인종을 불문한 이사진이 자유롭게 의견을 교환할 만한 환경을 만드는 데 힘썼다. 애쓴 보람이 있었는지, 2006년경부터 이사회는 크게 활성화되기 시작했다.

등용된 사외이사에게는 두 가지를 부탁했다. 첫째, 우리의 눈이 미치지 않는 곳을 지적함으로써 시세이도의 상식을 사회와 세계의 상식과 일치시키고 자유로운 토론을 촉진할 것과 둘째, 만약 내가 잘못을 저질러 책임을 져야 할 때는 그 사실을 반드시 알려 줄 것을 부탁했다. 회사 조직에는 서열이 있어서 최고경영자가 잘못된 방향으로 간다 해도 아무도 제동을 걸지 못하기 때문이다.

자신다운 리더십

또 반드시 기억해야 할 중요한 사실은, 리더는 사리사욕을 버려야 한다는 것이다. 나는 내 상사와 임원을 보면서 리더란 스스로 부여하는 칭호가 아니라 남이 부여하는 칭호임을 깨달았다. 다른 사람들의 신뢰와 존경을 받으면 저절로 리더가 되는 것이다. 지위와 직함이 없어도 그런 사람에게는 항상 사람이 따른다.

나는 사내 대학인 에콜 시세이도에서 리더십 이론을 직접 가르치고 있다. 그때마다 학생들에게 이런 말을 한다. "무조건 리더십을 공부하기 바랍니다. 다양한 사람을 만나 이야기를 들으세요. 대학에 다녀도 좋고 책을 읽어도 좋습니다. 그러나 마지막에는 그렇게 배운 것들을 모두 버려야 합니다. 그래서 자신다운, 자신만의 리더십을 확립해야 합니다."

각자의 인생의 발자취 속에 자신의 리더십에 관한 무수한 힌트가 담겨 있다. 아무리 타인을 모방해도 그 리더십은 내 것이 되지 못하므로 거기서 진실을 찾을 수 없다. 게다가 '리더는 이런 것'이라는 정의나 분류 따위는 없으므로 이것저것 닥치는 대로 배운 뒤 마지막으로 다 버리고 스스로 창조하는 길뿐이다.

또 하나 중요한 점이 있다. 결국은 무슨 일이든 스스로 판단하고 결단해야 한다는 것이다. 또, 결단이 옳고 그르고를 떠나서 결단해야 할 때 결단하지 못하는 사람이 제일 나쁘다는 사실도 잊지 말자. 시세이도 역시 동물 실험 폐지나 대규모 매수 합병 등 어려운 결단을 해야 하는 순간이 있었지만, 무엇을 선택하든 위험은 피할 수 없었다. 어떤 위험을 짊어질

지 선택하는 것이야말로 판단에서 가장 중요한 부분이다. 부서질 만큼 돌다리를 오래 두드린다면 어느 정도 안전은 확보되겠지만, 그러는 동안 다른 회사에 선수를 뺏기게 될 것이다. 60% 정도의 가능성이 보인다면 바로 결단하고, 설사 틀렸다는 것을 알아차려도 고집과 체면에 얽매이지 말고 방향을 수정하면서 가능성을 100%에 근접시키면 된다. 부끄러울 수도 있지만 부끄러움은 한순간에 지나간다. 마냥 기다리다가 시기를 놓치는 것보다는 낫다.

시세이도는 1872년에 설립되었고, 1900년대에 주식회사가 되면서 화장품사업을 시작했다. 시세이도의 원점은 사람들이 언제까지나 건전하고 풍요롭게 살기를 바라는 마음에 있다. 즉 우리는 아름다움을 지키는 회사로 태어났다. 그 원칙에 집중하는 것이야말로 우리의 유일한 살 길, 즉 레종데트르(Raison d'être, 삶의 이유)다.

사람을 아름답게 만든다는 목표에 어떻게 해야 근접할 수 있을까? 화장품의 세계를 넘어서서 진정한 아름다움을 추구하는 마음으로 사업을 하나하나 성립시키고 거기에서 생겨난 모든 물질과 서비스를 다시 아름다움으로 연결하는 것, 그렇게 창업자의 뜻을 면면히 이어나가고 그것을 더욱 강화하면 세계의 유일무이한 회사가 될 수 있다. 그것이 리더인 나에게 주어진 사명이라고 믿는다.[4)]

---

4) 마에다 씨의 리더십하에 변혁의 최초 3개년 계획은 목표를 달성했다. 2005~07년 사이에 매출은 6.4억 엔에서 7.2억 엔으로, 영업이익은 265억 엔에서 635억 엔으로, 영업이익률은 4.1%에서 9.2%로 향상되었다(출처 : '시세이도 연간 보고서 2008년'). 마에다 씨는 2011년에 회장직에서 일단 물러났다가 2013년에 사장으로 복귀하여 1년간의 개혁을 진두지휘한 후 2014년에 상담역으로 물러났다.

"새로운 장에서 배움을 이어가다"

히구치 야스유키 樋口泰行

일본 마이크로소프트 대표집행역 회장

사진 : 오사와 마코토(大澤 誠)

1957년 효고(兵庫) 현 출생. 1980년 오사카 대학 공학부 졸업, 마쓰시타(松下) 전기산업(현 파나소닉) 입사. 1991년 하버드 비즈니스 스쿨에서 MBA 취득. 보스턴 컨설팅 그룹, 애플 컴퓨터, 컴팩 컴퓨터를 거쳐 2003년 일본 휴렛팩커드 사장. 2005년 경영 재건 중인 다이에이(ダイエー)의 사장으로 취임. 2007년 마이크로소프트 대표집행역 겸 COO를 거쳐 2008년부터 현직. 미국 본사의 부대표 겸임. 2015년 7월 대표집행역 회장으로 취임. 저서로 『'우직'론(愚直論)』(다이아몬드사, 2012), 『변인력(変人力)』(다이아몬드사, 2007), 『마이크로소프트에서 배운 것, 마이크로소프트라서 가능한 것(マイクロソフトで学んだこと,マイクロソフトだからできること)』(도요경제신보사, 2011)(국내 미출간—역자) 등이 있다.

히구치 씨와의 만남

히구치 씨가 아직 애플 컴퓨터에 근무하고 있을 당시 그를 처음 만났다. 당시 애플 본사는 센다가야(千駄ヶ谷)에 있었는데, 상당히 창의적으로 디자인된 그곳의 사무실에서 애플의 전략을 자세히 들었다.

지금 돌아보면 당시 애플은 스티브 잡스가 복귀하기 전이었으므로 상당한 혼란과 방황 중에 있었던 것 같다. 나 역시 미시건 대학으로 유학을 가면서 동경했던 매킨토시 컴퓨터를 가까스로 갖게 되었는데도, 1995년의 '윈도우 95' 선풍에 휩쓸려 매킨토시를 버리고 말았다. 스티브 잡스가 돌아와 원점으로 돌아가자며 'Think Different' 캠페인을 펼침으로써[1)] 애플

1) 애플 컴퓨터가 자사 제품의 독특함을 세계에 호소하기 위해 1997년에 개시한 일대 캠페인. 여기에는 알베르트 아인슈타인, 밥 딜런, 파블로 피카소, 마틴 루터 킹 주니어 등 세상에 위대한 업적을 남긴 인물들이 등장하여 "우리는 보통 사람과는 사고방식이 달랐기 때문에 사회에 큰 업적을 남겼다."고 이야기한다. 이 캠페인에는 다른 사고(Think Different)를 하는 특별한 사람을 위한 제품을 만들겠다는 애플의 메시지가 담겨 있다. 또 마지막 장에서 자세히 설명하겠지만, 'THINK'란 IBM 초기의 위대한 리더 토마스 왓슨(Thomas Watson)이 IBM(당시는 CTR(The Computing Tabulating Recording Company))의 사원을 결집하기 위해 사용한 표어였다. 이는 IBM 호환 PC들과의 경쟁 속에서 동질화의 유혹에 빠져 자신만의 장점을 잃어버린 애플에 대한 통렬한 자기반성이 담긴 캠페인이기도 했다.

이 세상에서 가장 독특하고 창조적인 기업으로 돌아가기 시작한 것은 그로부터 한참 뒤의 일이었다.

히구치 씨는 그 후 애플을 떠나 컴팩으로 갔다가 컴팩 본사가 팔리면서 휴렛팩커드(HP)로 다시 이동했다. 당시 IT업계의 변화는 격심했다. IBM은 CEO 루 거스너(Louis Gerstner)의 일대 개혁을 통해 도산 위기를 극복하고 e비즈니스에 도전하는 중이었다.

HP는 CEO인 칼리 피오리나(Carly Fiorina)의 리더십 아래, 이전의 평화로운 가족 회사의 모습을 버리고 젊음과 역동성 넘치는 IT 회사로 변모하는 중이었다. 본국인 미국에서 이처럼 큰 변화가 뒤를 잇는 와중에 본사가 일본 법인까지 이끌기는 어려웠을 것이다. 그래서 격동하는 IT업계에 맞서 강력한 리더십을 발휘하는 역할이 히구치 씨에게 주어졌다.

히구치 씨의 리더십을 필요로 하는 회사는 IT업계에만 있는 것이 아니었다. HP에 이어, 경영 재건에 직면한 다이에이의 부활이 히구치 씨에게 맡겨진 것이다. 외국 기업에서 일본 기업으로, IT업계에서 소매업계로, 히구치 씨는 전혀 다른 무대에서 활약을 펼치게 되었다.

경영학은 모든 산업에 공통된 보편적 개념이지만, 각각의 회사에는 독특한 문화가 있다. 또한, IBM의 루 거스너에 따르면 '문화야말로 기업 활동 그 자체'다. 그러므로 변혁의 책임을 맡은 리더는 기업 특유의 문화를 파악하고 그중 무엇을 바꿀지, 또 무엇을 유지할지 판단해야 한다.

히구치 씨는 일본을 대표하는 대기업인 마쓰시타 전기산업(현 파나소닉)에서 사회생활을 시작했으며 하버드 대학에서 MBA를 취득한 후 보스턴컨설팅, 애플 컴퓨터, 컴팩 컴퓨터, HP 등의 외국계 기업에서 활약하다가 일본 기업인 다이에이로 무대를 옮겼다. 그리고 지금은 다시 외국계 기업인 일본 마이크로소프트를 이끌고 있다. 이런 세계화 시대에 일본 기업, 외국계 기업이라는 구분은 무의미하다. 오히려 낯선 문화를 가진 기업을 어떻게 이끌어 나가느냐가 중요하다. 다양한 기업을 오가며 다양한 문화를 접했던 히구치 씨는 과연 어떤 리더십 여정을 거쳤을까?

조직 사이를 연결하는 기동력을 길러낸 마쓰시타 시절

리더의 독특한 리더십 스타일은 타고난 성격과 주어진 환경하에서 필요에 따라 획득된 행동과 자질이 합쳐져 이루어진다고 생각한다. 나는 마쓰시타 전기산업에서 출발하여 컨설팅 회사, 외국계 IT기업, 다이에이 재건 등을 거쳐 현재는 일본 마이크로소프트에서 일하고 있다. 외국계와 재건 중인 기업 등 대체로 중앙 통제력이 강한 환경에서 사장으로 일했기 때문에 내 개성보다는 그때그때 요구되는 리더의 모습에 내 자신을 맞춰 왔는지도 모르겠다.

나는 오사카 대학 공학부를 졸업한 후 마쓰시타 전기에 기술자로 입사하여 용접기 사업부에 배속되었다. 매일 투박한 작업복을 입고 불꽃과 분진을 뒤집어쓰며 힘들게 용접을 했다. 부모님이 그때 나를 보았다면 분명 깜짝 놀랐을 것이다. 그래도 열심히 하면 언젠가 보상을 받을 것이라 생각하고 열심히 배웠다. 그렇게 4년쯤 일했더니 혼자 회로 전체를 설계할 수 있게 되었고, 5년차가 되니 용접 장치에 관한 특허를 여섯 건이나 갖게 되었다.

내가 있던 사업부는 약 250명 규모의 작은 조직이었지만 연구 개발, 제조, 구매, 영업, 경리 등 모든 기능을 갖추고 있었다. 나는 개발 담당이었는데 새로운 제품이 나오면 영업 담당자와 함께 상품 설명을 하러 가고, 전시회에 참석하여 용접 실연을 했다. 또 구매 담당자와 함께 부품 가격을 교섭했고 설계상 실수가 발견되면 제조 부문에 가서 공정을 수정했다. 즉 매우 다양한 기능과 담당자를 동시에 접한 것이다.

무언가 문제가 생길 때마다 다양한 부서에서 지원 요청이 왔는데, 당시에는 그것이 귀찮아 죽을 지경이었다. 기술자로서 아무 방해 없이 연구에 몰두하고 싶었기 때문이다. 그러나 나중에 생각하니, 젊을 때 개발 부문에만 머무르지 않고 다양한 부문과 함께 일해야 했던 것이 오히려 다행이었다. 연구 부서에 있으면서도 조직과 조직을 연결하는 역할을 하는 동안 기동력이 생긴 것이다. 또 '한 가지 영역에만 머물러서는 안 된다.', '누군가는 전체를 움직여야 한다.'는 생각도 갖게 되었다.

MBA에서 경영 지식과 전략적 사고를 습득하다

용접기 사업부의 일은 거의 다 배운 것 같아 부서 이동을 신청했더니 IBM 컴퓨터 OEM 사업부로 이동 명령이 떨어졌다. 그때 출장갔던 미국에서 IBM 본사의 설계자들을 보았다. 미국의 설계자들은 업무추진 방식이 매우 합리적이었으며 관리 방식도 일본과 전혀 달라서 동경하는 마음이 생겼다. 나도 미국에서 공부하고 싶어져, 사내 유학 제도를 활용하기로 했다.

처음에는 최첨단 기술자가 되기 위해 기술 계열인 매사추세츠 공과대학(MIT)과 카네기멜론 대학을 지망했지만 당시의 상사는 비즈니스 스쿨을 권했다. 연구소에 계속 있을 생각이라면 괜찮지만 장래를 생각하면 사업부에 있어야 한다고 했다. 귀국하면 관리직이 될 연령이니 관리와 경영을 익혀야 한다는 것이었다. 생각해 보니 이전에는 후배 1~2명을 거느렸을 뿐 리더로서의 경험이 없었다. 비즈니스 스쿨을 생각해 본 적은 없었지만 미국에서 공부할 수 있다면 뭐든 상관없다고 생각했다.

그래서 하버드 대학과 스탠포드 대학 등 명문 대학에 원서를 낸 결과 대부분 합격 통지를 받았다. 비즈니스 스쿨에서는 다양한 배경의 학생을 확보하려 했기 때문이다. 사실 공학부를 나와 오사카의 제조사에서 유학 직전까지 납땜을 했던 나 같은 사람도 드물었을 것이다.

그때까지는 모든 일이 순조로웠지만 하버드 대학에 입학한 이후가 문제였다. 나는 언변이 어눌한데다 '좋은 제품을 저렴하게 만들기만 하면 잘 팔린다.'라고 진심으로 믿었던 기술자였다. 게다가 일본어로도 잘 못 알아듣는 마케팅, 회계, 자금을 영어로 배우자니 완전히 깜깜절벽이었다.

성적이 부진한 학생은 자동으로 퇴학을 당한다고 했는데, 내가 그럴 가능성이 제일 높다고 생각하니 등골이 오싹했다. 위기감에 쫓겨 어떻게든 졸업하는 것을 목표로 삼고 필사적으로 공부하기는 했지만 도중에 몇 번이나 도망치고 싶었는지 모른다. 무언가를 배우기 위해서가 아니라 그저 점수를 따기 위해 발표를 하는 일에도 진땀을 뺐다.[2)]

그래서 결국은 보스턴 컨설팅으로 이직한 뒤에야 본격적으로 전략적인 사고를 배우기 시작했다. 어쨌든 그렇게 유학을 마치고 일단은 마쓰시타로 돌아왔지만, 내 국제적 역량을 시험해 보기 위해서는 더 넓은 무대가 필요했다.

나는 경력을 용의주도하게 설계한 적은 없다. 배움에 대한 열의와 향상심이 강했으므로 무언가 하나를 배우고 나면 다른 것에 또 도전하고 싶어졌을 뿐이다. 물론 도망치고 싶을 때도 있었지만 한 곳에서 안 되는 사람은 어디에서도 안 된다고 믿었기에 주어진 일에 항상 최선을 다했다. 그리고 배울 수 있는 것을 다 배웠느냐 아니냐를 기준으로 진로의 향방을 결정했다.

일본 HP의 사장으로서 합병 후 회사 통합 과정을 주도하다

컨설팅에 2년간 종사한 후, 역시 사업을 하고 싶다는 생각에 애플 컴퓨터로 이직했다. 당시는 스티브 잡스가 돌아오기 전인데다 마이크로소프트가 '윈도우 95' 발매를 앞두고 있어서 회사 상황이 매우 어려웠다. 그러나

2) 히구치 씨의 하버드 비즈니스 스쿨 동기 중에는 현재 산토리 홀딩스의 수장인 니이카미 다케시(新浪剛史) 씨도 있었다. "니이카미 씨는 나와는 달리 영어도 잘 했고 머리도 무척 좋아 졸업하는 데 문제가 없을 것 같았습니다. 그래서 그런지 나중에는 스터디 그룹에도 안 나오게 되었지만 나는 끝까지 필사적이었죠."라는 히구치 씨의 말을 통해 두 사람의 특징을 잘 파악할 수 있다.

사원들은 하나같이 애플 제품을 진심으로 좋아하는 마음으로 힘을 내서 일하고 있었다.

스포츠는 직업이 되는 순간 재미가 없어진다고 하는데, 사업 역시 숫자의 책임을 지게 되는 순간부터 힘들어진다. 그런 의미에서 나는 애플에서 숫자에 대한 책임을 지지 않았으므로 즐겁게 일할 수 있었던 것 같다. 사장이 되고 싶다는 생각이 들기 시작한 것도 이때쯤이다.

사장은 결정권의 범위가 커서 조직 전체의 색깔과 문화를 결정할 수 있다. 모두가 절차탁마로 자기 성장에 힘쓰며 활기차게 일한 결과 좋은 결과를 내는 회사, 기쁨은 나누어 배로 늘리고 괴로움은 나누어 반으로 줄이는 회사, 크지 않아도 괜찮으니 그런 이상적인 회사를 만들어 보고 싶었다.

그 후 지인의 권유를 받아 컴팩 컴퓨터로 이직했다. 그러나 회사는 저가격 컴퓨터 사업으로 업적을 쌓고 M&A로 급성장을 달성하자마자 휴렛팩커드(HP)에게 팔려 버렸다. 매수당한 회사 출신이 출세하기는 어렵다는 생각에, 나는 반쯤 체념한 상태가 되어 기업용 서버 제품의 책임자로 제품 판매에만 전념하고 있었다. 그런데 갑자기 미국 본사에서 전화가 왔다. 내가 일본 HP의 차기 사장 후보로 선정되었다는 것이다.

그래서 45세에 일본 HP의 사장이 되었고, 그 후에는 합병 후의 회사 통합 작업을 추진하기 위해 분주한 나날을 보냈다. 서로가 어느 회사 출신인지 구분하기 어렵도록 인사 배치를 전환하고 한 회사 내에서만 쓰였던 사내 용어를 없앴으며, 전체 미팅을 통해 사원 간 교류를 활성화했고 영업 조직을 일체화하기 위해 조직을 개편했다. 그렇게 2년이 지나 회사가 안정되었다고 느끼기 시작할 즈음, 다이에이의 재건을 지휘해 달라는 의뢰를 받았다. 아직 HP를 떠날 수 없다고 생각했지만 "일본을 위한다는 마음으로 협력해 달라."는 말까지 듣고 보니 차마 거절할 수가 없었다. 그래서 아무 것도 모르는 유통업에 도전하기로 했다.

동기 부여에 중점을 둔 다이에이의 개혁

다이에이는 재무적으로도 큰 변화가 필요했다. 그래서 약 반년에 걸쳐 54개의 점포를 폐쇄했고, 대규모 구조조정과 자산 매각을 통해 마이너스를 없애는 작업부터 실시했다. 재건에 허락된 시간은 한정되어 있었으므로 고통이 따르는 작업을 단칼에 시행함과 동시에 사람의 마음을 재생시키는 데에 집중했다.

종합 슈퍼마켓은 어디를 가도 같은 상품을 취급하는 업태라서 상품을 통한 차별화는 거의 불가능하다. 특별한 제품이나 서비스가 빅 히트를 쳐서 기업 재생에 앞장서 준다면 한 부서만 개혁하는 방법도 나쁘지 않다. 그러나 별달리 차별화할 것이 없다면 조직 전체를 활성화할 필요가 있다. 현장의 직원이 투덜대며 마지못해 일을 한다면 점포 분위기가 부정적으로 바뀌고, 그것이 파급되어 회사 전체가 침체될 수 있다. 그래서 나는 부임하자마자 현장에 가서 대화를 나누며 점포 전체의 동기를 향상시킬 방법을 강구했다.

그러던 어느 날, 폐점하는 점포의 경우 총무부 직원이 책임자가 되어 파트타이머의 재취업과 지역 관청과의 교섭 등 필요한 업무를 처리할 뿐 임원급은 아무도 현장을 방문하지 않는다는 사실을 알았다. 그래서 나는 폐점 점포를 하나하나 방문하기로 했다. 왜 폐점을 하게 되었는지, 그 경위와 이유를 모두에게 숨김없이 전달하고 싶었기 때문이다. 또 오래된 점포의 경우 30년 넘게 근무한 파트타이머도 있었으므로 감사의 마음을 전하고 싶었다. 그래서 일본 최북단의 홋카이도와 최남단의 오키나와를 오가며 상당한 시간을 할애했더니 주주들이 "뭘 하는 겁니까? 기업 재생에는 더 중요한 일이 많을 텐데요."라고 반발했다. 그래도 꼭 가야 한다고 판단하여 그런 소리는 무시했다.

점포를 방문할 때마다 점포 직원들은 '뭘 하러 왔느냐?'는 표정을 지었다. 그러나 나중에는 마음이 달라져 "정말 잘 와주셨습니다. 덕분에 가슴의 응어리가 풀렸으니 내일부터는 구직 활동에 매진하겠습니다."라고 말하기도 했다. 심지어 내가 헹가래를 받은 적도 있었다. 그러나 역시 "이렇게 열심히 했는데 왜 폐쇄합니까?"라고 따지는 사람이 많았다.

폐쇄일 당일의 방문은 특히나 힘들었다. 어떤 점포에서는 폐점할 시간이 되자 매장에 모여든 지역 주민들이 누가 먼저라고 할 것도 없이 박수를 치며 "그동안 고마웠어요. 다이에이!"라고 외쳤다. 그 한가운데서 점포 직원들은 90도로 절을 하며 엉엉 울었다. 이 광경을 본 내 마음은 무슨 일이 있어도 열심히 해서 회사를 회복시켜야겠다는 생각으로 끓어올랐다.

그렇게나 경영이 위태로웠는데도, 내가 취임했을 당시 다이에이의 점포 과장급들은 이익이나 비용을 전혀 심각하게 의식하지 않았다. 그러나 이때 다섯 개 점포 중 한 개 점포가 폐쇄되었으므로 대부분의 기존점에는 폐쇄를 경험한 정사원이 배치되었다. 그들은 가는 곳마다 "우리 점포는 적자를 내면 안 됩니다. 비용을 통제해서 흑자를 유지해야 합니다."라고 전파했고 그 생각이 전 점포로 퍼져 나갔다.

나는 10년 만에 전국 점장 회의도 부활시켰다. 비용 절감을 위해 도쿄에 모이는 것을 중단하고 전화로 전점을 연결하는 회의를 열어 점포 과장급과 부지배인을 참여시켰다. 누군가 "사장님의 목소리를 직접 듣는 일은 입사 이후 처음입니다. 하늘과 땅이 뒤집힐 일이군요."라고 말하기에, '사장의 메시지를 직접 전달받는 것만으로도 이렇게 큰 효과가 있구나.' 하고 깨달았다. 하지만 사장의 메시지를 직접 전달받는 것을 두고 '하늘과 땅이 뒤집힌다.'고 말하는 것을 보니 이전에 회사가 어떤 상황이었는지 알 듯해 심히 안타까웠다.

5월에 다이에이의 개혁이 시작되었고, 11월에는 재건의 주요 사업인 폐점 작업이 완료되었다. 그때, 2년 4개월 만에 처음으로 기존점 매출이 전년 대비 성장을 기록했다. 폐점하는 점포에서 염가에 재고를 처분한 덕분에 이익은 줄어들었지만 매출이 올랐던 것이다. 그래서 "폐쇄점 여러분이 매출을 성장세로 돌려놓았습니다. 앞으로도 계속 힘냅시다."라고 호소하는 동시에 새로운 프로젝트를 몇 가지 개시했다.

문어 항아리 체질과의 싸움

나는 일단 채소의 선도 개혁 프로젝트부터 시작했다. 대중매체에서도 다이에이의 채소 선도에 문제가 있다고 종종 지적했고 나도 점포에 가서 직접 확인을 마쳤다. 내 아내까지 채소의 선도가 나쁘다고 지적했다. 그래서 사장 직할의 채소 선도 개혁 프로젝트를 개시하자고 상품 본부에 제안했더니 "저희는 제대로 하고 있습니다. 사장님이 마침 문제 있는 점포를 보셨을 뿐입니다."라는 맹렬한 반발이 돌아왔다. 그래서 다른 점포에 가서 재차 확인을 하고 점장의 이야기를 들어보았지만 결과는 마찬가지였다.

사실 내가 부임하기 전에도 금융기관 주도로 재생 프로젝트가 여러 차례 진행되었고, 그때마다 선도 개혁 프로젝트도 실시되었다. 그러나 상품 본부가 문제 자체를 인정하지 않았기 때문에 아무런 개선도 이루어지지 않았다. 보신주의 때문이었다. 선도가 떨어진 데에는 근본적인 이유가 있을 텐데, 개혁 프로젝트가 추진되면 자신들의 잘못이 밝혀져 지금의 자리가 흔들릴까봐 두려웠던 것이다.

그래서 회사를 위하기보다 보신주의로 움직이는 사람들을 모두 제외하고, 그렇지 않은 젊은이를 중심으로 하여 개혁 전담팀을 발족시켰다. 조직은 구성원의 의식이 달라지지 않는 한 변혁되지 않는다. 문제의식을 가진 젊은이들이 개혁의 기세를 올리기 시작하면 다른 부문도 자극을 받아 무언가 해야겠다는 생각이 들 것이다. 그런 식으로 조직을 활성화할 계획이었다.

그러나 처음에는 젊은이들도 예전의 상사를 의식하여 "못 하겠습니다." 라고 물러서거나 진심을 숨길 때가 많았다. 가령 반찬을 담당한 젊은 사원이 무언가 문제를 지적하다가도, 생선을 담당하는 선배 사원이 "너는 생선 손질도 제대로 못하는 주제에 번지르르한 말만 하고 있다."고 말을 딱 자르면 입이 그만 딱 닫혀 버리는 식이었다.

게다가 창업가인 사장이 톱다운으로 명령을 하달하는 문화에서는 조직이 문어 항아리 같은 형태를 띠기 쉽다.[3] 이런 조직에서는 누구나 '나는 잘 하고 있다.'고 생각하며 위만 보므로 자율적 횡적 연계가 작동하지 않게 된다. 채소의 선도에 관해서도 점포 측은 "상품 본부가 나쁜 상품을 매입한 탓이다."라고 핑계를 대고 상품 본부는 "좋은 상품을 매입했지만 점포에서 관리를 잘못했다."라고 책임을 전가할 뿐, 함께 문제 해결을 꾀하려는 노력을 기울이지 않았다.

채소의 선도를 유지하려면 상품 본부는 신선한 채소를 매입하여 신선한 채로 점포에 배송해야 하고 점포 역시 재고와 진열 상품의 선도를 점검하며 선도가 떨어진 것은 폐기하는 등 주의를 기울여야 한다. 바쁜 저녁 시간에는 파트타이머를 추가로 투입해야 하므로 여기에는 인사 문제도 결부된다. 즉 상품 부문, 점포 부문, 인사 부문 등 여러 부서의 협력이 필요한 것이다. 그래서 상품 부문과 인사 부문의 연합 회의를 주최했더니 "두 부문이 대화를 하는 것은 처음 본다."며 모두들 깜짝 놀랐다.

이런 상황을 바꾸기 위해 나는 매주 회의에 참석했다. '연령, 성별, 직함은 필요 없다. 회사를 되살리기 위해 필요하다면 누구나 무엇이든 말할 수 있다. 결과는 내가 책임지겠다.'라고 했다. 큰 회의실이 아닌, 마주보고 앉으면 무릎이 서로 닿을 정도로 작은 회의실에 각 부문의 핵심 인원을 모아 놓고 각자 말한 내용을 정리해 가며 "당신은 어떻게 생각하느냐?"고 묻다 보니 대화가 점점 한 방향을 향하게 되었다. 하지만 다양한 부문의 인원이 대등한 입장에서 자발적으로 대화하는 분위기를 만들기란 그리 쉽

3) 하나의 조직이 문어를 잡는 항아리처럼 외부와 단절된 채 정보를 공유하지 못하고 내부에서도 경직된 위계에 따라 계층 간 소통이 끊어지는 현상을 '문어 항아리 조직'이라 한다. 일본의 정치학자 마루야마 겐지(丸山健二)가 처음 사용한 말이다.—역주

지 않았다.

조직은 닫혀 있는 편이 훨씬 편하므로 그냥 두면 점점 폐쇄적으로 변하기 마련이다. 다른 부서와 연계하려면 더 많은 에너지가 필요하고 전에 지지 않았던 책임도 져야 한다. 몸을 사리는 문화가 회사에 이미 뿌리내렸다면 끊임없이 조직을 휘저어 사람들을 자기 부서 밖으로 내모는 수밖에 없다.

채소 선도 개혁 프로젝트는 몇 번이나 실패했지만, 결국은 12월 1일에 '선도 선언'을 하고 TV 광고까지 내보내는 데에 성공했다. 그리고 그로부터 10개월 연속으로 기존점 매출은 전년 대비 신장을 기록했다. 10년 만에 처음 있는 일이었다.

경영 철학의 중요성

다이에이를 변혁할 당시, 숫자는 나중에 자연스럽게 뒤따를 것이라고 믿고 일을 추진했다. 외국계 기업은 숫자에 대해 엄격한 책임을 묻는 데 비해 일본 기업은 숫자에 대한 집착이 약한 편이다. 하지만 일부 외국 기업처럼 단기적이고 표면적인 숫자에만 집착하면 경박한 인재밖에 기를 수 없다.

그래서 일의 의미를 깊이 고찰하는 철학이 중요하다. 고객과 동떨어진 상태로 일을 하다 보면 고객이 회사를 외면하게 되고 조직의 방향성도 제각각으로 흩어지게 된다. 회사가 자기 자신만 생각하는 사원의 집합체가 되면 이류, 삼류 회사로 머물 수밖에 없다.

그런 점에서 일본의 전통 있는 회사들은 경영 철학이 상당히 명확하다. 마쓰시타 시절에는 '일곱 가지 정신'을 매일 아침 의미도 모른 채 제창했는데, 조직의 결속을 책임지는 입장에 서고 보니 그처럼 회사의 중추에 경영 철학을 주입하는 일이 얼마나 중요한지 절감한다.

소위 치고 빠지기 수법으로 단기간에 회사를 재생하거나, 또는 재생한 것처럼 보이게 해서 주가를 올리기는 쉬울지도 모른다. 그러나 조직의 건전성을 장기적으로 유지하려 한다면 단기적인 외과 수술이 끝난 후에 애정과 온기를 공급할 필요가 있다. 통제에 의한 카리스마적 경영을 택하기보다 모두가 한 방향을 향해 갈 수 있는 분위기를 만들어야 한다. 자신만 생각하는 것이 아니라 자기 이익보다 한 단계 높은 곳에 있는 '경영 철학'의 관점에서 전원을 연계시키는 일이 무엇보다 중요하다.

일본 마이크로소프트의 새로운 변혁에 도전하다

다이에이의 재생이 일단락된 후, 제안을 받아 마이크로소프트로 자리를 옮겼다. 마이크로소프트에 부임하자마자, 한동안 지속된 과점 상황이 회사에 심각한 문제를 초래했다는 사실을 깨달았다. 잘 구성된 상품과 비즈니스 모델 덕분에 과점 상태가 지속되다 보면 그것이 자신의 능력 덕분이라고 착각하기 쉽다. 경쟁력 없는 상품도 과점 상품과 묶으면 나름대로 잘 팔리는 법이다. 그래서 결국은 고객의 입장에서 문제를 이해하고 그것을 해결하려는 시도 자체가 사라지는 것이다.

내가 부임했을 당시, 마이크로소프트의 비즈니스 모델은 변화를 겪고 있었다. 그때까지 컴퓨터로 크게 성장한 회사지만 법인용 솔루션과 정보 인프라로 비즈니스 모델이 확대되는 중이었다. 즉 법인에 적합한 행동과 마음가짐, 영업 체계, 지원 체계를 만들어야 했다. 일본의 마이크로소프트는 다른 선진국에 비해 상당히 뒤처져 있었다. 심지어 새로운 영역인 주변기기와 클라우드 컴퓨터에 관해서는 선행 기업을 멀찍이 추격하는 입장이었다. 기존의 전략은 시장에 통용되지 않았으므로 도전 정신이 필요했다.

마이크로소프트 같은 외국계 기업은 필요한 조건의 인재를 외부에서 모아 신속하게 조직을 재편하기가 쉽다. 따라서 일단은 영업에 특화된 인재부터 보강했다. 벤처기업이라면 혼란한 가운데 게릴라 전법을 구사할 수 있겠지만, 규모가 커지면 조직적 관리력을 갖춘 사람이 필요해진다. 같은 관리자라도 다섯 명 정도밖에 관리하지 못하는 사람이 있는가 하면 20~50명의 많은 인원을 한꺼번에 관리할 수 있는 사람도 있다. 후자와 같은 인재가 없으면 조직이 뿔뿔이 흩어지게 되므로 그런 점을 고려하여 인재를 확보해 나갔다.

지금의 마이크로소프트 일본 법인은 팀별 경쟁력도 상당히 강하고 조직 간 협력도 긴밀하다. 무엇보다 고객 지향의 관점에서도 큰 발전을 이루었다고 자부한다. 나는 일본 기업에 10년 이상 몸담은 덕에 일본 기업의 문제점은 훤히 꿰뚫고 있다. IT 시스템을 파는 회사라도 고객의 내부 상황, 일종의 인간관계와 사내 정치를 비롯한 회사의 상황은 나름대로 잘 이해하는 편이다.

그래서 다이에이의 개혁에 임하며 아쉽게 느꼈던 점이 있다. 상대를 같은 인종으로 생각하지 않으면 상거래가 성사되기 어렵다. 그래서 대학을 졸업하자마자 컨설팅 회사에 입사한 사람은 마치 다른 인종이라도 된 것처럼 일반 기업과의 친화성을 확보하기가 어렵다. 다이에이를 재생할 때도 컨설턴트, 변호사, 애널리스트, 펀드 관리자 등이 개혁에 참여했는데, 내가 보기에 그들은 현장 인원들과 충분한 친화성을 확보하지 못한 듯하다. 현장 사람들은 다른 인종의 조언은 고집스럽게 거부하는 경향이 있지만 현장에서 경험을 쌓은 친화력 있는 사람의 말에는 쉽게 동조하는 법이다.

일본 마이크로소프트의 향후 과제는 새로운 분야인 클라우드 컴퓨터와 주변기기에 정통한 인재를 더 많이 육성하는 것이다. 또 일본은 문화적인 면, 사업적인 면을 비롯한 다양한 면에서 충분히 세계화되지 못한 탓에 세계적 표준을 적용할 때마다 모순이 발생하는 문제를 해결해야 한다. 세계 기준의 '최적'과 국내 기준의 '최적'을 어떻게 타협시킬지는 앞으로 좀 더 생각할 문제다.

리더의 조건

요즘처럼 변화가 격심한 시대에는 어떤 회사든 지속적인 개혁을 피할 수 없다. 따라서 리더는 변화에 민감해져야 한다. 리더 본인뿐만 아니라 조직 전체가 변화의 필요성을 민감하게 감지하고, 설사 나쁜 정보일지라도 리더에게 신속하게 전달되는 건전한 문화를 만들어야 한다. 그 과정에 문제가 생기면 기업이 망가지는 것은 시간문제다.

리더에게는 시장과 환경의 변화에 대응하여 스스로를 변혁하려는 강한 의지도 필요하다. 그러려면 사리사욕을 떠나 회사와 사원을 사랑하는 마음이 있어야 한다. 진심으로 회사를 발전시키고 싶은 마음이 없으면 변혁에 대한 의지도 약해질 수밖에 없다.

더 나아가 전략을 세우는 능력도 중요하다. 회사가 처한 경쟁 상황, 비즈니스 모델, 인재 현황, 자사의 장단점 등 다양한 사항을 종합하여 어떤 방향을 택할지, 개혁을 어떤 순서로 진행할지를 판단해야 한다.

변화를 민감하게 인지하고 강한 의지로 개혁을 추진하는 사람, 지금 일본에는 그런 인재가 더 많이 필요하다.

"전심전력으로 관점을 확대하다"

마쓰이 다다미쓰 松井忠三

양품계획 전 대표이사 회장

사진 : 가자마 진이치로(風間仁一郎)

1949년 시즈오카(静岡) 현 출생. 1973년 도쿄 교육대학(현 쓰쿠바(筑波) 대학) 체육학부 졸업, 세이유(西友) 스토어(현 세이유) 입사. 점포 근무를 거쳐 본사에서 인사 · 총무 · 사내 교육 등을 담당. 1991년 자회사인 양품계획으로 이동. 1992년 총무 · 인사부장, 1993년 이사, 1994년 무인양품 사업부장, 1997년 상무이사, 1999년 전무이사. 자회사인 알케이트럭(RK Truck) 대표이사 사장, 무지네트(MUJI.net) 대표이사 사장을 거쳐 2001년 양품계획 사장으로 취임. 적자였던 조직을 근본적으로 개혁함으로써 업적의 V자 회복, 안정적 성장을 실현. 2008~15년 대표이사 회장. 리소나홀딩스(Resona Holdings, Inc) 등 사외이사 겸임. 저서로 『무인양품은 시스템이 90%(無印良品は,仕組みが9割)』(가도카와(角川)서점, 2013)(『무인양품은 90%가 구조다』라는 제목으로 국내 출간됨. 민경욱 역, 모멘텀, 2014—역자), 『무인양품의 사람 키우는 법(無印良品の, 人の育て方)』(가도카와(角川)서점, 2014)(국내 미출간—역자)이 있다.

마쓰이 다다미쓰 씨에 대한 관심

양품계획의 미쓰이 다다미쓰 씨는 전부터 만나서 이야기를 들어보고 싶은 경영자였다. 그 이유는 세 가지다.

첫째, 양품계획은 1980년에 설립된 뒤 현재에 이르기까지 큰 변혁을 연달아 거쳤다. 양품계획이 제공하는 '무인양품'은 전 일본이 유명 브랜드에 심취해 있던 시절에 세이유의 자체 브랜드로 탄생했다. 무인양품이란 'No Brand Goods'라는 영어를 번역한 것으로, 반(反) 브랜드를 내세운 브랜드였다. '까닭이 있어 싸다.'는 광고 문구 그대로, 깔끔하게 상품명만 들어간 상표를 붙인 생활 잡화와 '말린 표고' 등의 생활 밀착형 상품은 화려한 상품에 식상해 있던 소비자에게 무척 신선하게 다가왔다.

이후 양품계획은 세이유로부터 독립했으나 한때 큰 경영 위기를 겪었다. 그 위기를 극복하는 데 핵심적인 리더십을 발휘한 사람이 당시 사장이었던 마쓰이 씨다. 변혁은 성공하였고, 현재 양품계획은 소재를 강조한 심플하고 아름다우며 합리적인 상품을 환경과 에너지 문제까지 고려하여 글로벌하게 전개하고 있다. 변혁에 따르는 힘겨운 도전을 어떻게 극복했는지, 마쓰이 씨에게 들어보고 싶었다.

둘째, 글로벌한 성장이라는 점에서 양품계획은 매우 매력적이다. 해외에서 양품계획은 'MUJI'라는 브랜드로 사업을 전개하고 있다. 사실 내가 양품계획을 더 친근하게 느끼게 된 것은 2003년 스위스 로잔에서 생활할 때부터였다. 스위스에는 MUJI를 취급하는 곳이 없었지만 크리스마스와 여름휴가 때 갔던 뉴욕과 런던, 파리에는 MUJI 점포가 있었으므로 해외에서도 MUJI 상품을 접할 수 있었던 것이다.

특히 파리의 MUJI 상품은 유럽의 상품과는 전혀 다른 아름다움을 표현하고 있었다. '장식의 프랑스'라는 말이 있듯, 프랑스 상품은 장식도 색상도 화려하다. 그런데 단순한 디자인, 흰색과 자연색만을 쓴 MUJI 상품은 완전히 대조적인 매력을 보여주었다.

MUJI 상품은 장식을 배제한 단순한 디자인, 담백한 색상으로 아름다움을 표현한다. 그것은 패션의 본고장인 파리에서 높은 평가를 받는 꼼 데 가르송(Comme Des Garçons)의 옷, 담백한 수묵화와도 일맥상통하는 일본 특유의 아름다움이다. 내가 MUJI의 매력을 외국에서 더욱 깊이 느낀 것은 이처럼 동서양의 대조가 명확했기 때문인지도 모른다. 동양적인 아름다움을 극대화한 MUJI 상품이 무척 자랑스러웠고, 그것을 실현한 양품계획과 그 리더에 대해 관심이 생겼다.

셋째, 양품계획의 사원 및 아르바이트를 위한 업무 매뉴얼 'MUJIGRAM'에 지식경영의 관점에서 흥미를 느꼈다. 이것은 양품계획의 주요 업무를 모두 망라한 방대한 매뉴얼로, 실천에서 활용되는 암묵지를 형식지로 만든 좋은 사례다. 이 MUJIGRAM을 적극적으로 도입한 사람이 사장 시절의 마쓰이 씨다. 이런 이유로 이케부쿠로(池袋)의 양품계획 본사를 찾아갔다.

사업의 기본은 인간관계

나는 1973년 세이유 슈퍼마켓에서 사회생활을 시작했다. 원래는 교사가 되려 했지만 대학교 2학년 때 학생시위에 참가했다가 체포되는 바람에 20세 생일을 유치장에서 맞게 되었다. 교원 채용 시험에 붙어도 면접에서

낙방할 것이 뻔했으므로, 나는 교직을 포기하고 당시 대규모로 채용이 실시되었던 세이유 스토어(현 세이유)에 입사했다.

처음에는 도쿄 도 스기나미(杉並) 구의 후지미가오카(富士見ヶ丘)점에 배속되었다가 이듬해에 고엔지(高円寺)점으로 이동했다. 당시 나는 풋내기였지만 정사원이라는 이유로 매장의 수많은 파트타이머를 이끌어야 했다. 경험이 많은 30~50대 주부들은 내 지시에 잘 따르는 듯하다가도 무언가 마음에 들지 않으면 일하는 시늉만 하기 일쑤였다. 선어(鮮魚) 코너와 정육 코너의 후방에서 일하는 다혈질의 기능직과도 잘 사귀어 두어야 했다. 그중에서도 제일 중요한 사람은 사원 식당의 아주머니였다. 식당에 밀려드는 이런저런 불평에도 꿈쩍 않는 드센 아주머니들을 잘 회유해 놓지 않으면 맛있는 요리나 추가 반찬을 얻어먹는 일 따위는 꿈도 꿀 수 없었다.

그래서 원활한 소통을 위해 상대의 생각과 상황을 살피려고 노력했고 기능직의 무리에 끼어들어 술잔을 주고받았으며, 식당 아주머니에게는 간식을 갖다 주는 등 성의를 보였다. 이렇게 첫 3년 동안 점포에서는 연령과 지위를 초월하여 다양한 사람과 사귀는 법을 배웠다. 신입사원에게 리더십은 그다지 필요하지 않지만 인간관계는 모든 일의 기본이다. 그런 의미에서 내 리더십은 점포에서 싹텄다고 할 수 있다.

그리고 1975년에 본사 인사부 후생과로 이동하여 사원 식당과 기숙사의 관리를 담당했다. 여기서도 개성 강한 영양사와 조리사, 업무를 위탁한 중소기업의 부유한 사장들, 교섭에서 한 치도 물러서지 않는 노동조합의 중앙 집행위원, 만만찮은 기숙사 관리인, 문제를 일으키느라 여념이 없는 기숙생들, 그 상사인 점포 간부들 등 참으로 다양한 사람들을 만날 수 있었다.

1979년에는 본사 급여과로 이동하여 사회보험을 담당하며 건강보험 조합, 후생연금 기금, 파레토 공제회(회원 간 상호부조와 복지 향상을 위해 설립된 일본의 일반사단법인. 보험, 융자, 부금, 여가, 문화 등 다양한 영역의 위험을 보장함—역주), 여행사 등을 상대하게 되었다. 여기에서는 사외 인사들과 네트워크를 구축하는 법, 관청을 상대하는 법을 배웠다.

세이유에는 당시 새로운 사업장과 회사를 연달아 설립했는데, 거기 관련된 기금이나 조합을 만들려면 일일이 관청에 신청을 하고 인허를 받아야 했다. 인허에는 보통 2~3개월쯤 걸리지만 회사는 항상 그 기간을 단축하기를 원했다. 그래서 사장 등 경영진의 네트워크를 활용하여 관청의 상층부를 움직인 뒤, 그것을 말단 공무원의 업적처럼 꾸며 주어 그들의 자존심을 만족시키는 식으로 양호한 인간관계를 구축하려고 애썼다.

의식 개혁은 먼저 이루어지지 않는다

그 후 능력 개발 담당이 되었고 1990년에는 과장으로 승진했다. 당시 사장이 직접 내린 명령에 따라 부장 이상 임원 300명을 대상으로 의식 개혁 프로그램을 진행했던 것이 특히 기억에 남는다. 그때는 세이유 같은 양판점(General Merchandise Store, 많은 종류의 상품을 동시에 취급하는 소매점—역주)의 비즈니스 모델이 붕괴되고 있어서 매년 수익이 줄어드는 상황이었다. 그러다 보니 2~3년 단위로 대표가 교체되었고 후임자는 전임자를 완전히 부정하였으므로 그때마다 유능한 직원들이 20~30명씩 회사를 떠났다. 그래서 간부급의 의식 개혁 프로그램이 필요해진 것이다.

프로그램으로는, 내가 직접 이것저것 수강해 본 결과 가장 효과적이라고 판단한 리크루트사의 '센시티브 트레이닝'을 채택했다. 이는 미국에서 만들어진 연수 프로그램인데, 이것 때문에 자살한 사람이 있다는 소문이 돌 정도로 힘든 과정이었다.

이 프로그램에서는 모든 수강자가 360도 평가를 받고 그 결과를 바탕으로 자기 개조 계획을 책정하게 된다. 그러나 본인이 책정하면 계획이 느슨해지므로 팀원으로부터 계획을 엄정하게 평가받는 단계를 거치며 그 과정을 비디오로 찍어 놓는다. 그리고 나중에 비디오를 보면서 계획을 수정하는 것이다. 맛보기로 수강했던 나 역시 힘들었던 프로그램이지만, 의식개혁을 위해서는 그만한 고통을 감수해야 한다고 생각했다. 그래서 최고의 강사를 섭외하여 꼼꼼히 준비한 뒤 2박 3일의 연수를 시작했다.

밤에는 수강생의 친목회가 준비되어 있었는데, 장래 사장으로 지목받는 상무가 그 자리에 인사부장이 아닌 나를 호출했다. 그리고 "이런 프로그램을 기획하다니 말도 안 된다."는 장황한 설교를 늘어놓고는 화를 내며 모두 함께 번화가에 술을 마시러 가 버렸다. 물론 심난했지만 좌절하지는 않았다. 이미 회장과 사장의 승인을 얻은 프로그램이었고 이 일을 완수하지 못하면 회사의 부활은 없다고 확신했기 때문이다. 상무에게 싫은 소리를 듣는 것보다 제대로 된 실적을 내지 못하는 것이 더 큰일이었다.

연수 중에 아사히 맥주와 혼다 등 호조를 보이는 일류 기업의 인사를 사외 강사로 초빙하여 강의를 듣는 순서가 있었다. 그런데 강연자들은 이구동성으로 나에게 "중요한 사람은 언젠가 회사를 떠날 상사가 아니라 나중에 당신을 지지해 줄 부하다."라고 말해주었다. 그래서 '그렇구나. 이 사람들은 나와 큰 상관이 없는 건가?'라고 생각했던 기억이 난다.

그 후속 프로그램으로는 사외 비즈니스 스쿨을 기획했다. 그러나 장소와 강사까지 다 준비된 상태에서 "이런 평범한 프로그램으로는 부족하다."는 사장의 반대에 부딪히고 말았다. 그래서 그 후 일주일간 집에도 들어가지 않고 임원 300명의 데이터를 분석했다. 그렇게 각자의 장단점을 명시하고 그 사람에게 비즈니스 스쿨이 왜 필요한지를 해설한 보고서를 만들어 사장을 설득했다. 안이하게 만든 기획이 아니라는 사실을 인식시킨 덕분에 결국은 허락을 받았지만 그 일 때문에 스트레스를 너무 받아 몸 상태가 무척 나빠졌다.

이렇게 다양한 연수를 실시했는데도 간부의 의식은 변하지 않았다. 그래서 변혁에서는 의식 개혁이 선행하지 않는다는 것, 시스템을 바꾼 후에야 의식도 달라진다는 것을 뼈저리게 깨달았다.

비즈니스의 본질을 간파하는 리더십

GMS의 본질적 특징은 대량 매입, 대량 판매에 있다. 이는 모두가 똑같은 물건을 원했던 고도 성장기에 상품을 싸고 합리적으로 제공하는 방법이었다. 그러나 지금은 상황이 다르다. 지방에 가 보면 전국 점포를 가진 모든 GMS가 지역 슈퍼와 경쟁하고 있다. 대기업은 중앙에서 참치를 사서 점포로 배송하는 데 비해, 지방의 점포는 싸고 신선한 지역 내 참치를 공급하므로 소비자는 그쪽을 선호하기 마련이다. 대량 매입을 기반으로 한 GMS가 그런 개별 점포 간의 경쟁에 빠지면 비용이 늘어나서 비즈니스 모델 자체가 붕괴되므로 그런 경쟁에서는 대기업이 반드시 패배하는 것이다.

일견 장점으로 보이는 '원스톱 쇼핑'이라는 특징에도 불리한 측면이 있다. 가끔 소비자가 물건을 두세 개만 사려 하는데도 매장이 넓은 탓에 먼 거리를 이동하거나 층을 이동해야 할 때가 있다. 게다가 계산원은 계산만 하고 포장은 고객에게 맡기는 등 회전율을 높여 비용을 낮추는 셀프서비스 전략도 이제는 상식이 되었다. 여전히 GMS만의 특징으로 꼽을 수 있는 특징은 기껏해야 전국 어디를 가도 매장의 운영 시스템이 통일되어 있다는 것 정도일 것이다.

게다가 내가 세이유를 그만두기 얼마 전부터는 소비자가 자신의 가치관에 따라 원하는 것만 구매하는 경향이 강해진 탓에 좁은 영역의 상품을 다루는 전문점이 유리해지고 GMS의 비즈니스 모델은 점차 붕괴되기 시작했다. 이런 상황에서는 본질적인 부분을 과감히 바꾸지 않으면 개혁에 성공할 수 없다. 아무리 노력해도 비즈니스의 본질에서 눈을 돌리면 헛수고일 뿐이다. 문제점 혹은 과제의 본질을 제대로 파악하지 못하는 리더십은 아무짝에도 쓸모가 없다고 막연히 느끼기 시작한 것도 이 무렵이었다.

양품계획으로의 발령

1991년 3월에 세이유의 자체 브랜드 '무인양품'을 전개하는 자회사로서 막 독립한 양품계획으로 이동하게 되었다.[1] 나에게 양품계획의 조직을 만들기 위해 인사제도 등을 정비할 인원을 차출하라는 지시가 떨어졌는데, 얄궂게도 제일 먼저 이동 대상이 된 사람이 나였다. 생각해 보면, 할 말을 다 해야 성이 풀리는 내가 상사로서는 다루기 어려웠을 것이다. 사실 그때까지 나는 인사부 안에서도 항상 주류에 들지 못했다. 이렇게 세상 사람들이 말하는 '좌천'을 경험했다.

처음에는 괴로웠다. 나와 똑같은 일을 당해 좌절하는 사람도 많았지만, 나는 '여기서 좌절하여 일을 놓아버리면 부활의 가능성도 없어진다.', '내가 내 앞길을 막을 뿐이다.'라며 마음을 다잡았다. 나는 과제가 있으면 어떻게든 해결해야 만족하는 성격이다. 그래서 지금 있는 곳에서 어쨌든 최선을 다하기로 결심했다. 내가 그렇게 되고 나니 어떤 사람들은 자연스럽게 관계가 멀어졌지만 그중 3분의 1은 변함없이 좋은 관계를 유지해 주었으므로 누가 진짜 친구인지도 알 수 있었다.

양품계획에 가서 인사 제도와 급여 제도, 노동조합을 만들고 채용도 시작했다. 총무인사를 경험한 사람이 별로 없었으므로 내가 직접 움직여야 할 때가 많았다. 부장으로 승진한 1992년부터는 슬슬 파견 형태로 양품계획에 나와 있는 사람들을 정식으로 채용하는 작업에 들어갔다. 세이유와 양품계획의 노동조합이 해당 직원과의 일대일 면접을 통해 소속을 양품계획으로 옮길지, 세이유로 돌아갈지를 물었다. 그랬더니 대부분이 복귀를 선택했다.

---

1) 무인양품은 1989년에 ㈜양품계획으로 세이유에서 독립했다. 양품계획은 '무인양품'의 기획 및 전개를 주된 사업으로 삼고 있으므로 '기획 및 제품 소매업'으로 분류하는 것이 타당하다.

역시 '깃들려면 큰 나무에 깃들어라.'는 말이 있듯이, 어디로 튈지 모르는 회사에 머무르기는 불안했던 모양이다. 부족한 인원은 신규채용으로 충당했으므로 회사가 정식으로 출발하는 시점에는 200명의 종업원 중 4분의 1 이상이 신입이었다.

1994년에는 무인양품 사업부장이 되어 갑자기 300명의 직원을 통솔하게 되었다. 그때는 총무인사 때와 달리 전 직원을 혼자 통솔할 수는 없었다. 그래서 동부와 서부 판매부장을 따로 둔 뒤 상품부장 등 핵심인사를 네 명씩 묶고 그 밑의 직원들도 각각 팀으로 묶으며 조직을 구성해 나갔다.

그때부터는 내가 취급하는 과제도 전사적 규모를 띠기 시작했다. 이전에는 필요하다면 규모가 작아도 관계없이 점포를 개설했지만, 그렇게 점형태가 제각각일 경우 체인 오퍼레이션(출점, 상품 계획, 매입, 광고, 채용 등을 본부에서 집중적으로 실시함으로써 점포를 효율적으로 관리하는 경영 기법—역주)이 불가능해져 세이유와 같은 전철을 밟기 쉽다. 그래서 150평, 300평, 500평의 세 타입을 표준으로 정하고 150평형을 기준으로 삼았다.

이때부터는 회사의 사회적 의의에 대해서도 생각하기 시작했다. 양품계획의 사업은 세상에 도움이 될 듯했다. 우리가 하기에 따라서는 사회적 존재감도 충분히 확대할 수 있다고 생각했다.

물류와 신규 사업을 경험하다

1996년에는 물류 담당으로 부임하여 시일이 얼마 남지 않은 물류센터 구축 사업을 담당했다. 물건을 파는 회사에 입사한 나에게, 트럭과 지게차가 수없이 오가고 자칫하면 사망 사고가 날 수도 있는 물류의 세계는 매우 낯설었다. 당연히 물류에 대해 아는 것이 전혀 없었으므로 미국 컨설팅 회사의 도움을 받아 물류의 기본적 방향과 사고방식을 배워 나갔다. 그리고 1997년에는 규슈(九州)에, 1998년에는 고베(神戸)와 우라야스(浦

安)에 기간(基幹) 물류센터를 구축했다. 총액 100억 엔의 투자였지만 비용 절감 효과가 커서 단 3년 만에 투자액을 회수할 수 있었다.

그 후 상무, 전무로 승진하였고 1999년에는 세이유가 자본을 투자했던 물류 회사 알케이트럭의 재건을 맡으라는 명령을 받고 그 회사의 사장으로 취임했다. 알케이트럭에서는 외부 출자자를 철수시킨 다음, 적자였던 외부 사업을 중단하고 무인양품과의 거래를 특화함으로써 가까스로 재건을 성공시킬 수 있었다.

2000년에는 신규 사업을 맡아 '무지네트'라는 회사를 설립했다. 그리고 무인양품의 브랜드만 달면 무엇이든 팔릴 것이라는 생각에 인터넷 접속 서비스, 여행, 꽃 판매 등 약 35종의 사업을 전개했지만 '무지 하우스'라는 주택사업을 제외하고는 전혀 수익을 내지 못했다.

좋은 위치에서 특화된 비즈니스 종목으로 승부하지 않으면 성공하지 못한다는 것을 깨달았다. 그중에서도 호텔 사업 등은 잘 될 듯했지만, 호텔만 전문으로 하는 업체들이 격심한 경쟁을 벌이는 가운데 그저 무인양품 간판만 달면 성공할 만큼 호락호락한 세상이 아니었다.

역시 처음부터 키워 낸 인재와 노하우가 필요했다. 설사 회사를 매수한다고 해도 그 사업을 쓸 만하게 만들 경영자가 없다면 승산이 없다. 그 조건을 만족시키지 못하는 M&A 제안은 그 후 거의 거절하게 되었다.

기업 문화 개혁과 시스템화를 통해 V자 회복을 달성하다

나는 양품계획이 38억 엔의 적자를 기록한 2001년에 사장으로 취임했다. 달리 맡길 만한 사람이 없었던 것이다. 취임 후 수익이 나지 않는 점포를 폐쇄하고 재고를 과감히 처분하는 등 가능한 조치를 취했지만, 그런 사태를 초래한 근본적 원인은 다름 아닌 모회사인 세종그룹의 기업 풍토에 있었다.

세종그룹은 서류만 많고 실행력이 약한 조직이었다. 노하우가 전혀 계승되지 않아 신입사원은 15년간 실무를 경험해야 겨우 한 사람 몫을 할 수 있었다. 예를 들어 올해 겨울이 너무 따뜻해서 겨울 장사를 망쳤다고 하더라도 그 경험은 그 사람의 것으로 머물 뿐, 상품이나 판매, 점포 운영 계획에 전혀 반영되지 않는다. 이런 경험 지상주의로는 문제를 결코 근본적으로 해결할 수 없다.

게다가 양품계획의 경쟁자는 유니클로와 니토리 등 위대한 창업자가 이끄는 기업이다. 개인 경쟁력이 약한 우리 회사가 그런 혹독한 경쟁에서 이기고 고객의 만족을 얻으려면 상품 개발이든 뭐든 시스템화하는 수밖에 없었다.

그 시스템 중 하나가 'MUJIGRAM(무지그램)'이라 불리는 매뉴얼이다. 사실 나는 사업부장 시절부터 매뉴얼 작성을 시작했다. 새로운 점포를 오픈할 때마다 다른 점포의 점장들이 일을 도우러 오는데, 각자 자기 식으로 매장을 바꿔 놓는 탓에 밤이 새도록 개장 준비가 끝나지 않을 때가 많았다. 점장이 100명이라면 매장을 구성하는 방식도 100가지였으니, 이래서야 체인 오퍼레이션은 성립되지 않는다.[2)]

그래서 매뉴얼을 도입하여 업무 방식을 통일하기로 했다. 처음에는 타사의 매뉴얼을 가져다 쓰려고 했지만 회사가 다르니 아무 짝에도 쓸모가 없어서 새로 만들기 시작했다. 또 현장을 모르는 인사부가 만든 것도 활용하기가 어려워 결국은 현장에서 다시 만들어야 했다.

그러나 이렇게 완성된 매뉴얼에도 치명적인 결점이 있었다. 반년~1년만 지나도 업무가 달라지는데 매뉴얼은 그대로이니 아무도 보지 않는다는 것이다. 2~3년에 한 번씩 업무 혁신을 할 때마다 "매뉴얼을 수정하라."는 지시가 떨어졌다.

그래서 시스템을 변경하여 인트라넷을 통해 현장의 의견을 수집함으로

---

2) 2015년 2월 기준으로 국내에 직영점 284개점, 상품 공급점 117개점이 있었다.

써 매뉴얼을 정기적으로 쇄신하도록 하고, 현장에서는 매뉴얼을 철저히 실행하도록 했다. PDCA(Plan-Do-Check-Action) 중 C와 A를 반복하게 만든 것이다. 이와 같은 철저한 현장 우선주의, 그리고 시대 변화에 대응하는 유연성은 당사 시스템의 가장 큰 특징이 되었다.

리더십에 필요한 것

같은 리더라도 지위와 역할에 따라 달성할 과제가 달라진다. 계장은 소위 '노뮤니케이션(노무(술을 마시다)+커뮤니케이션—역주)'으로 사원들과 흉허물 없는 관계를 구축할 필요가 있지만, 과장이 되면 그것만으로는 부족하다. 앞장서서 솔선수범하며 부하를 이끌어야 하고, 부하만이 아닌 다른 관계자에게도 인정받아야 한다.

또 부장이 되면 업무를 조정하고 실행하기 위해 상사를 움직여야 한다. 그래서 상사에 대한 영향력이 필요하다.

이사가 되면 전사적 과제에 대응하게 되는데, 남에게 임무를 맡겨야만 일이 돌아가므로 생각하는 수준이 또다시 달라진다. 하지만 임무를 맡긴다고 해도 그저 방치해서는 안 된다. 개성과 방식이 각기 다른 부하들을 믿고 일을 맡기면서도 일의 진척 상황이 어떠한지 점검하는 신중함이 필요하다. 그리고 진척이 잘 되지 않는다면 적절한 조언과 대응을 해 주어야 한다.

사장은 보이는 과제, 보이지 않는 과제를 포함한 전사적 과제를 수행하고 성과를 내야 한다. 이념이나 비전만으로는 인정받을 수 없으므로 현실적인 과제를 해결하고 증수 · 증익이라는 실적을 보여주는 것이 중요하다.

참고로 세이유에서 비주류였던 내가 양품계획에서 인정받을 수 있었던 것은 실적을 평가하는 기준이 달랐기 때문일 것이다. 2만 명 규모의 거대 조직인 세이유에서는 실적보다는 서류가 중시되었다. 그래서 글을 잘 쓰고 상사의 비위를 잘 맞추는 사람이 출세했다. 이에 비해 분사 이후 아무것도 없는 상태에서 시작한 양품계획에서는 실적을 올리고 과제를 철저히 해결하는 것이 중요했다.

회장이 되면 사장이 해결하지 못하는 회사의 과제를 처리해야 한다. 각사의 과제는 다양하지만, 적어도 회장과 사장의 일이 중복되는 회사는 성공하지 못한다. 2008년에 회장이 된 후 나는 시스템을 지속적으로 만들어 나가는 일과 회사의 문화를 바꾸는 일을 최대 과제로 여겨왔다. 사외이사 등 사외 업무의 비중도 지속적으로 늘리려고 노력했다.

이렇게 단계별 차이를 살펴보았지만, 단계에 관계없이 가장 중요한 것이 있다. 바로 달성에 대한 사명감이다. 혼자서 무언가를 달성할 수 있는 시기는 20대로 끝나며, 그 후에는 반드시 조직을 움직여서 일해야 한다. 또 조직에는 반드시 역학이 작용한다는 사실도 잊지 말자. 잘 해 나가고 있더라도 주변에서 따가운 눈총을 보내거나 적극적인 협력을 기피할 수 있다. 그럴 때 제일 중요한 것이 소통이며, 남의 마음을 이해하는 능력이다. 그런 의미에서, 내 리더십의 원점은 사원 식당 아주머니와의 관계를 구축하는 과정에 있었다고 말할 수 있다.

또 우리 회사는 2002년에 사외이사 제도를 도입했다. 사장으로 일하면서 '회사는 내 그릇 이상으로 커지지 않는다.'는 것을 깨달았고, 세상의 수많은 위대한 경영자와 기업에게서 배우는 편이 낫겠다고 판단했다. 사외이사에게는 회사를 통제하는 브레이크 역할을 맡기기보다 멘토 역할을 맡기는 것이 효과적이다. 훌륭한 인물을 사외이사로 영입하면 평소에는 엑셀러레이터 역할을 하다가도 필요한 순간에는 브레이크가 되어 줄 것이다.

사외이사의 조언을 기꺼이 받아들이는 한편, 리더는 끝까지 버티는 것도 중요하다. 리더십의 근본에는 책임감이 있어야 한다. 책임감에서 나오는 당사자 의식이야말로 과제 해결의 첫걸음이다.

글로벌 기업에 필요한 리더십

글로벌화가 진행된 이후 리더로서의 일도 한층 어려워졌다.[3] 각국의 국내 시장에 존재하는 과제는 그야말로 다양하기 이를 데 없으므로 서로를 잘 타협시킬 필요가 있다. 또 진입 장벽이 높은 시장이라면 억지로라도 문을 열게 만들어야 무언가 기회를 잡을 수 있다.

예를 들어 중국 최대의 가전 양판점 그룹은 월마트의 절반 수준인 24조 엔의 매출을 올리고 있다. 일본 최대인 야마다 전기의 매출이 2조 엔이니 이 회사가 얼마나 거대하고 강력한 경쟁자인지 알 수 있을 것이다. ASEAN 회원국의 경쟁 환경은 그보다는 조금 낫겠지만, 광둥성 하나의 시장 규모가 필리핀 전체와 엇비슷하다고 하니, 중국을 대신할 만한 시장은 어디에도 없을 것이다. 따라서 중국을 꽉 붙잡아야만 한다.

중국의 무인양품에는 연간 800명 정도가 입사하는데, 그중 25%가 매해 교체된다. 그런 상황에서 사원에게 동일한 철학을 주입하고 회사의 성장을 지탱할 시스템을 구축하여 조직을 조율하기는 무척 어렵다. 중국에서는 판매원을 모집해도 우수한 인재를 확보하지 못하므로, 우리는 일단 채용된 인원을 일본에서 3년간 판매원으로 일하게 한 후 중국에 돌려보내는 정책을 취하고 있다. 그렇게 했더니 이직률 높은 중국에서도 그만두는 사람이 확 줄어들었다. 즉 제대로 된 철학과 시스템만 있으면 중국인 간부를 육성할 가능성도 있는 것이다.

단, 문제를 해결할 방법은 국가별로 다르니 현장에서 직접 찾아야 한다. 이전에 타사와 공동으로 글로벌 인재를 육성하려는 시도를 한 적이 있지만, 결국은 회사마다 글로벌 인재 육성법이 전혀 다르며 회사 간 공통점은 거의 없다는 사실을 깨달았다. 양품계획을 세계적으로 전개하려면

3) 해외 1호점은 1991년에 개점한 런던점이다. 2015년 2월 기준으로 해외에 301개 점포가 있는데, 그중 중국 점포만 128개다.

우리만의 역사, 상품, 서비스를 해외 상황에 적합하게 변형한 독자적 방식이 필요하다.

일단 글로벌 전개를 시작하려면 글로벌한 사업을 지탱할 만한 시스템을 구축하고 사원의 수준을 끌어올려야 한다. 그런데 우리 회사의 과장 100명 중 80명은 해외 경험이 전혀 없다. 그래서 매출의 30%를 차지하는 해외 사업에 종사하는 직원들이 시스템이나 인사 문제에 대해 문의해도 해외의 실태를 모르는 탓에 답변을 유보하거나 부적절한 답변을 돌려주기 십상이다. 그래서야 아무리 애를 써도 해외 활동을 방해하는 세력과 다름이 없다.

그래서 나는 현재까지 과장 60명을 해외로 보냈다. 현지 상황을 이해하면 무엇이든 정확하게 대처할 수 있을 것이다. 결국 기업이 글로벌화되려면 국내의 시스템도 바뀌어야 한다. 그렇지 않으면 기업의 체질을 세계화에 적합하게 바꿀 수 없다. 세계 경제의 발전에 발맞추어 리더십 스타일도 진화해야 한다.

"확장(Stretch)을 통해 자신을 단련하고 실천지를 축적하라"

신가이 야스시 新貝康司

일본담배산업 대표이사 부사장

사진 : 우메타니 히데지(梅谷秀司)

1956년 오사카 부 출생. 1980년 교토 대학 대학원 공학연구과 전자공학전공 석사 과정 수료, 일본 전매공사(현 일본담배산업(JT)) 입사. 여러 담배공장 현장을 경험한 후 1989년 뉴욕 사무소 소장 대리, 1990년 JT 아메리카 사장, 1991년부터는 미국 바이오벤처 '셀 제네시스(Cell Genesis)'의 사외이사 겸임. 1996년 JT 본사로 돌아와 경영기획부장 등을 거쳐 2004년 집행임원 CFO, 2005년 이사, 2006년 담배사업의 글로벌 사업 본부인 JT 인터내셔널(JTI) 부CEO로 취임. 2007년부터 JTI의 CFO 겸임. 2011년부터 JT 대표이사 부사장. 2013년부터 리크루트 홀딩스 사외이사 겸임.

신가이 씨와의 만남

신가이 씨와는 2006년 제네바에서 처음 만났다. 국제 경영개발 연구소인 IMD 프로그램의 강의와 관련한 부탁을 하러 글로벌화의 최첨단을 걷던 JT 인터내셔널(JTI)의 제네바 본사로 신가이 씨를 찾아간 것이다. JT는 윈스턴(Winston)과 캐멀(Camel) 등 유명 브랜드를 보유한 레이놀즈 인터내셔널(Reynolds International), 또 유럽과 CIS(독립국가연합. 구 소련의 후신—역주)에 많은 고객을 확보한 영국의 세계 5위 글로벌 담배 기업 갤러허(Gallaher)를 매수하는 등 일련의 M&A 전략을 통해, 매우 역동적이면서도 성공적인 일본 기업의 글로벌 전략 실천 사례를 보여주었다.

당시 JTI의 부CEO였던 신가이 씨는 JT의 글로벌화에 대한 강의를 교육 프로그램에 포함시키고 싶다는 나의 의뢰를 흔쾌히 받아들여 주었다. 당시 다양성 넘치는 사원들과 원활한 팀워크를 구사하며 일하는 그의 모습은 마치 글로벌 리더의 좋은 견본을 보여주는 듯했다.

프로그램을 함께 진행하는 동안, JT가 매우 장기적인 전망을 갖고 글로벌화를 추진했다는 점에 새삼 감탄했다. 사실 글로벌 리더를 육성하는 일에 세계 최고라고 불리는 IMD의 연수 프로그램 중에서도, JT와 JTI의 공동 프로그램인 '익스체인지 아카데미'는 수강자가 가장 젊은 편이다. 20대 수강자가 다수인 글로벌 리더십 프로그램은 IMD에서도 찾아보기 어렵다.

JT가 이런 젊은이 위주의 프로그램을 실시하는 것은, 회사의 미래를 이끌어갈 JT와 JTI의 리더들이 젊어서부터 상호 양호한 관계를 구축하도록 하기 위해서다. '익스체인지 아카데미'의 졸업식에서 신가이 씨가 수강생들에게 이 의도를 설명하는 것을 듣고 감동했던 기억이 난다.

신가이 씨가 일본에 돌아온 뒤, 다시 한 번 도라노몬(虎ノ門)의 본사를 방문하여 글로벌화의 최신 사례에 관해 이야기를 나누었다. 그런데 그때, 신가이 씨가 일본 전매공사에 입사한 것이 뜻밖에도 영어가 싫어서였다는 것을 알았다. 신가이 씨의 글로벌한 활약상을 알고 있었던 나는 약간 충격을 받았다. 영어를 싫어하는 사람이 어떻게 글로벌 리더가 될 수 있었을까? 그의 리더십 여정을 돌아보며 그 의문을 풀어보자.

전례가 없으니 해 보자

나는 1980년에 일본 전매공사(현 일본담배산업(JT))에 입사했는데, 솔직히 말하면 소극적인 동기로 한 선택이었다. 대학원에서 전자공학 연구를 했지만 아무래도 나는 연구실에 틀어박힐 만한 성격은 아니었다. 오페라 가수가 되고 싶기도 했지만 서툰 외국어로 노래할 자신이 없어서 그것도 포기했다.

그래서 꿈을 모두 포기한 만큼 평생 일할 수 있는 회사를 골라야겠다는 생각을 했지만, 국제적으로 활약하겠다는 야망까지는 없었다. 게다가 영어에 콤플렉스가 있었던 탓에 영어를 쓰지 않아도 될 듯한 일본 전매공사를 선택했다.

입사 후에는 사내에 의식 있는 선배들이 많다는 사실에 놀랐다. "담배는 세계적으로 승부를 걸어 볼 만한 상품이다. 그런데 세계화가 진전되는 시대의 흐름을 생각할 때, 전매제도는 영원히 지속될 수 없다. 또 해외 국가들이 전매제도를 폐지한 후에 글로벌 기업에게 전매 회사를 속속 빼앗기는 모습을 보았다. 우리도 스스로 변하지 않으면 같은 운명을 밟게 될 것이다." 많은 선배들이 그런 위기의식을 느끼고 있었다.

마침 내가 입사한 1980년경에는 리버스 엔지니어링(이미 만들어진 시스템을 역으로 추적하여 처음의 문서나 설계기법 등의 자료를 얻어 내는 일—역주)을 활용한 경쟁 제품 분석, 그리고 해외 제조사와 자사 비용의 비교 작업이 이미 어느 정도 완료되어 있었다. 선배들은 거기에서 얻은 식견과 문제의식을 신입사원인 나에게 아낌없이 나눠 주었다. 그러나 나는 입사 직후 제조 현장에 배속된 탓에 그것을 심각하게 인식하지 못했다.

그 무렵 국철과 전기전화 공사를 비롯한 공기업의 민영화 논의가 한창이었다. 전매공사의 경영진과 관리자들은 세계에 진출하기 위해서는 민영화가 필수라고 생각하여, 오히려 나서서 민영화를 추진했다. 그런 분위기 속에서, 나 역시 두 번째 공장에 배속되었을 때부터는 일반 기업이 되면 무엇을 바꾸어야 할지 나름대로 연구하기 시작했다. 그리고 얼마 되지 않아 그때까지 당연하게 생각했지만 앞으로는 바꾸어야 할 것을 몇 가지 발견했다.

예를 들어 이듬해에 예산을 받아내기 위해 연도 내에 예산을 소진하려 드는 것은 매우 나쁜 습관이었다. 이는 국가 관청의 업무 방식으로, 민간 기업에서는 통용되지 않는다. 그래서 나는 공장 간부에게 가서 "정말로 필요한 설비에 투자하는 것인지 냉정히 분석하고 검토해야 합니다. 불필요한 설비를 구입하여 과다한 감가상각비용을 발생시키는 것은 좋지 않습니다."라고 건의했다. 그러자 간부는 "그건 어느 공문에 적혀 있지?", "그건 전례가 없는 일이야."라고 답했다. 나는 젊은 객기에 울컥해서 "일반 회사라면 어떨 것 같습니까? 본인의 머리로 생각해 보십시오. 공문에 죽으라고 되어 있으면 죽을 겁니까?"라며 마구 퍼붓고 말았다. '공문 지상주의'와 '전례 지상주의'는 관공서의 전형적인 업무 방식이었다.

이것이 나의 강렬한 최초 체험이다. 이때부터 나는 '전례가 없어서 못한다.'는 자세에 진저리를 치게 되었다. '전례가 없다면, 해 본 적 없는 일이라면 이번에 해 보면 된다.' 그렇게 생각하기로 했다. 공문에 의존하는 것이 아니라 각자가 자신의 머리로 무엇을 해야 할지 생각해야 한다. 그렇지 않으면 좋은 회사를 만들 수 없다.

당시 JT의 공장은 기본적으로 납기, 품질, 비용 등에 관해 본사가 정한 규정을 그대로 따르게 되어 있었다. 그러나 도요타의 오노 다이이치(大野耐一) 씨의 책을 읽고 도요타 생산 방식을 뜯어본 결과, 우리 공장에도 개선의 여지가 많았다. 그 결과, 전례에 얽매이지 않는 부단한 개선이 가장 중요하다고 강력하게 주장하기 시작했다.

다행히도 그 공장에는 나와 같은 문제의식을 갖고 토론해 주는 동료와 상사, 그리고 새로운 도전에 적극적인 윗사람이 있어서 내 개혁의 의지를 북돋워 주었다. 중요한 것은 지시받은 그대로 일하지 않고 스스로 과제를 찾아내어 그것을 해결해 나가는 자세다. 즉 주체성 있게 행동함으로써 회사를 바꾸어 나가고, 그런 가운데 자신도 변화해야 한다. 공장에서는 그런 교훈을 얻었다.

성과는 남을 통해서만 나온다

스물여덟 살에 세 번째로 부임한 도쿄 공장에서 처음으로 관리직이 되어 약 90명의 부하를 거느리게 되었다. 그러나 나를 맞아 준 상사는 "자네가 온 것이 반갑지 않다."고 했다. 당시 내가 담당한 부서에서는 설비를 거의 전면적으로 교체하는 계획이 실시되기 직전이었다. 보통은 1년에 걸쳐 공사를 하고 몇 개월쯤 시운전을 하는데, 이번에는 35일간 모든 과정을 완료하고 공정을 재개하겠다는 야심찬 계획이 세워져 있었다. 물론 이 공사가 끝나고 조업이 재개되면 공장이 혼란에 빠질 것은 자명한 일이었다. 상사는 아직 젊은 내가 이 일을 감당할 수 있을지 걱정이 된 것이다.

한편 그런 말을 들은 나는 오히려 오기가 발동했다. 실제로 공사를 끝내고 조업을 재개하자 하루에도 몇 건씩 예외사항이 속출했다. 그때마다 대응하느라 이리저리 쫓아다녔다. 지금 돌아보면 체력이나 기력 면에서 용케 잘 버텼다고 생각한다.

새로운 공정이 마련되었으니 그것을 관리할 새로운 기법과 품질 관리 기법도 도입하고 싶었다. 그래서 부임한 지 1년 만에 흉허물 없이 친해진 동료들과 토론을 거쳐 소그룹 활동을 도입했는데, 그것이 불량 개선에 큰 도움이 되었다. 이와 같이 직장 내의 큰 변화는 전례 없는 새로운 일을 시작할 수 있는 절호의 기회이기도 하다. 변화는 곧 기회다.

이때 나는 아무리 애를 써도 혼자서는 아무 것도 할 수 없다는 사실을 깨달았다. 모든 성과는 남을 통해서만 나온다. 함께 일하는 동료를 어떻게 나와 같은 방향으로 향하게 하고 무언가를 달성하려는 열의를 부여하느냐가 회사 업무를 성공시키는 데 가장 중요하다는 것도 절감했다.

나는 공장 공사 때문에 직장 내 위기감이 높아진 상황을 역으로 활용하여, 위기를 넘어서기 위해 지향할 목표와 그 목표에 이르는 길을 동료들과 공유했다. 또 '이렇게 하면 성공할 수 있다.'라는 공감을 얻은 결과 자연스럽게 성과가 나는 것을 확인했다. 20대 후반이라는 젊은 나이에 이런 경험을 할 수 있었던 것은 큰 행운이며, 이 경험은 이후 내 경영관의 기반이 되었다.

기술 개발에 마케팅의 발상을 도입하다

그러다 다시 본사로 옮겨 생산 기술과의 계장으로 부임했다. 생산 기술과는 제조 기술을 고안하고 개발하는 부문으로, 나는 중기적 전망하에 JT에 필요한 기술개발 계획을 책정하는 일을 맡았다. 나는 부임하자마자 "종래의 틀을 벗어나 일을 할 생각인데, 그래도 괜찮겠느냐?"며 상사와 담판을 지었다. 제조공정 개발에 편중되어 있던 기술개발 방식에서 벗어나, 큰 관점에서 제품과 제조공정을 유기적으로 연계하는 기술개발 계획을 세워야 한다고 생각했기 때문이다. 본래 제조공정을 바꿀 때는 자신이 만드는 제품부터 되짚어 보지 않으면 최적화에 이를 수 없다. 예를 들어, 자동차의 경우 하나의 제조사에서도 다양한 차를 판매하지만 자동차에 쓰이는 새시(자동차의 골격이 되는 프레임)는 표준화되어 있어 종류가 몇 되지 않는다. 이처럼 표준화를 먼저 달성한 후 제품의 다양화를 꾀하는 것이 제조업의 진수이며, 그와 같은 전략을 담배에도 적용할 수 있다고 생각했다. 그러나 기존의 틀 안에서는 그런 시도를 하기가 어려웠다.

나는 특히 제품 측면의 경쟁력을 해외 제조사와 동등한 수준으로 끌어올리려고 애썼다. 한 개비로 몇 번 흡인할 수 있는가를 나타내는 퍼프 횟수를 늘리고 타르 및 니코틴을 통제하는 기술도 더 다듬어야 했다. 또한 잎담배와 연초의 특성에 관한 방대한 연구 결과가 상품 개발에 활용되지 못하는 문제도 해결해야 했다.

연구 결과를 상품 개발에 적극적으로 활용한다면 우리도 해외 담배 제조사 못지않은 경쟁력을 갖출 수 있다고 건의했더니 선배들은 나를 호되게 꾸중했다. 우리가 세계 제일의 제조 기술을 갖고 있다고 모두가 자신했기 때문이다. 그러나 우리는 제조회사다. 고객이 제품을 사지 않으면 무슨 소용이 있겠는가? 우리는 정말로 고객에게 필요한 제품을 만들고 있는가? 과연 고객에게 필요한 것은 무엇인지부터 고민해야 한다고 생각했다. 그러나 당시 제조 부문에서 이런 생각을 하는 사람은 거의 나뿐이었다.

상품 구상의 틀에 관한 아이디어는 당시 막 번역 · 출판되었던 하버드대 마이클 포터 교수의 『경쟁 전략(競争の戦略)』(다이아몬드사, 1995)에서 얻었다. 제조업에 종사하는 사람이 전략과 마케팅에까지 관심을 갖고 의견을 내는 경우는 많지 않았지만, 최선의 제조공정을 구축하기 위해서는 그런 고민이 꼭 필요하다는 생각으로 상품 기획 쪽 사람들과 적극적으로 연계하며 연구를 거듭했다.

당시 우리 회사에는 설계 품질을 명확히 정의하여 품질을 확보하는 시스템도 부족했다. 이전처럼 중기 기술개발 계획을 책정할 뿐만 아니라 각종 품질에 영향을 미치는 요인을 분석하여 설계 품질을 정의하고, 새로운 제품을 설계하기 위한 지원 시스템을 개발할 필요가 있었다. 그래서 제품개발 센터를 구축하기로 했다. 하지만 제품개발 센터의 거점 설치를 결의하고 노동조합에 상세한 내용을 전달, 주요 인사 조직의 구성안까지 다 만들어 놓은 상태에서 경영기획 부문으로 이동하라는 명령이 떨어졌다. 나는 결국 거점의 설치를 마지막까지 지켜보지 못했지만, 설치 후 이십여 년이 흐른 지금도 이 거점은 명칭을 이리저리 바꾸어 가며 우리의 담배사업에 중요한 역할을 담당하고 있다.

매수 프로젝트팀에 발탁되다

민영화[1)]로부터 3년이 흐른 그때, 2000년까지 국내 담배사업과 그 이외 사업의 매출 비율을 7대 3으로 만든다는 'JT 2000' 계획을 수립했다. 지금 생각하니 매출 비율을 지표로 삼는 방식은 잘못되었지만 그 계획을 책정하는 과정에는 나름대로 큰 의미가 있었다. 향후 국내 담배시장의 전망에 관한 시뮬레이션을 1년에 걸쳐 실시했더니 1998년경에 최고 판매수량을 기록한 뒤 담배의 매출이 줄어든다는 충격적인 결과가 나온 것이다.

이미 관세는 1987년에 완전 폐지되었다. 시장이 축소되기 시작하면 경쟁이 더욱 격심해질 전망이었다. 그렇다면 잃은 만큼 만회하겠다는 각오로 해외 진출을 서둘러야만 했다. 전에도 JT는 수출을 통해 해외에 진출해 있었지만, 그것만으로는 좀처럼 속도가 나지 않았다. 무엇보다 담배의 광고 선전, 판매 촉진에 대한 규제가 엄격한 탓에 수출만으로 해외 시장

1) JT는 1985년에 민영화되었다. 같은 해에 담배 전매제가 폐지되고 1987년에는 관세가 철폐되는 등 일본의 담배사업은 완전히 자유화되었다.

을 뚫기에는 시간, 비용, 투자가 과다해져 성공 확률도 낮았다. 그래서 1988년경부터는 다른 기업의 매수를 검토하게 되었다.

때마침 그리스 담배회사의 매수 안건이 제기되자 그것을 하나의 교두보로 삼아 소규모의 판매 체인을 통째로 인수하여 경영 경험을 축적하는 사업 모델이 검토되기 시작했다. 그에 관련된 프로젝트 팀이 발족되었고, 나도 그 멤버로 발탁되어 경영 기획부로 이동했다. 그것이 32세 때의 일이다.

그리스 회사 매수 건은 유감스럽게도 무산되었지만[2] 그 직후 RJR 나비스코(담배회사 레이놀즈가 세계적 과자회사 나비스코를 합병해 1985년에 만든 회사—역주)가 미국 외 담배사업(RJRI)을 매각하겠다고 제안해 왔다. 나는 프로젝트 팀의 일원으로서 매수를 지지했다. 그러나 당시 경영진은 결단을 내리지 못했는데, 젊었던 나는 그것이 유감스러워 견딜 수 없었다. 하지만 나중에 생각하면 이때 경영진의 판단은 정확했다. 당시 우리의 역량으로는 매수 후 운영은 둘째치고 회사 실사(實査) 작업도 제대로 해내지 못했을 것이다.

놀랍게도 그로부터 2~3개월 후에 모회사인 RJR 나비스코가 매니지먼트 바이아웃(경영자가 자사주를 매수하여 경영지배권을 지키는 일—역주)을 선언했다. 그리고 외부 투자자와의 경매 경쟁 끝에 결국은 유명 사모 투자 펀드(Private Equity Fund)인 KKR(Kohlberg Kravis Roberts & Co.)에 매각되었다.

2) JT는 1992년에 비교적 소규모였던 '맨체스터 담배회사'를 매수했다. 그때의 경험은 이후 RJRI · 갤러허의 매수 및 경영에 큰 도움이 되었다. 글로벌화는 변혁과 학습의 연속임을 보여주는 좋은 사례다.

호기심과 위기감에 이끌려 미국으로

이렇게 그리스 담배회사 및 RJRI의 매수가 무산되고 나자 적어도 한동안은 담배사업의 해외 매수와 관련해서 할 일이 없어져 버렸다. 마침 그때, 상사가 나에게 뉴욕행을 제안했다. 목적은 신규 사업 개척이었다. 머릿속에 뉴욕의 마천루가 어른거려 앞뒤 잴 새도 없이 승낙했다. 그리고 자리로 돌아와 아내에게 전화로 보고를 하고 "영어는 괜찮겠어?"라는 질문을 받고서야 내가 영어로 일을 해야 된다는 것을 깨달았다. 하지만 새로운 땅에서 도전할 새로운 일에 대한 호기심이 앞섰다. 또 새로운 사업이 없이는 회사의 장래도 없다는 위기감도 있었다.

1989년 7월, 뉴욕 사업소 소장 대리로 미국에 부임했다. 현지에서는 예상대로 영어 때문에 상당히 고생했다. 취임 직후 회사의 고문 변호사로부터 전화를 받았는데, 통화를 끝내고 나니 수화기를 쥔 손바닥이 땀에 젖어 있었다. 긴장 탓에 수화기를 너무 꽉 쥐었던 모양이다. 무슨 말인지 다 알아듣지도 못해 나중에 비서에게 확인했지만 별다른 내용은 없었다. 그저 "뉴욕에 잘 오셨습니다. 조만간 저녁을 함께 하고 싶으니 괜찮은 일정을 말해 주십시오."라는 말이었다. 얼굴을 보고 이야기할 때는 천천히 말하는데다 표정을 보고 뜻을 추측할 수 있어서 좀 나은데, 그게 안 되는 전화 통화는 정말 어려웠다. 나는 미국 생활을 문자 그대로 서바이벌 잉글리시로 시작해야 했다.

미국에서 나는 의약사업에 주력했다. 발족한 지 얼마 안 된 의약사업부는 해외 제약기업으로부터 의약품 라이센스를 받아 의약품을 일본 국내에서 판매하는 일을 했는데, 세상은 이미 그런 수법이 통하는 시대가 아니었다. 실제로 의약 사업부장과 함께 어떤 제약 기업을 방문했다가 쫓겨난 적도 있었다. 내가 "우리가 자금은 확실히 준비할 수 있다."고 말했더니 상대 연구 개발 담당 부장이 "우리 의약품은 크라운주얼(왕관의 보석)이다. 그 가치에 비해 돈 따위는 무가치하다."라고 말하며 우리를 밖으로 쫓아낸 것이다.

1990년 전후로 스미스클라인(Smithkline)과 비챰(Beauchamp), 마이어즈(Myers)와 스퀴브(Squibb) 등 대기업의 합병이 뒤를 이었다. 매수가 일어나는 배경을 조사하다 보니, 종래의 방식으로 약을 만들 수 없는 시대가 되었음이 더욱 자명해졌다. 병의 원인 단백질인 리셉터, 효소 등에 관한 기존 지식은 나날이 고갈되는 한편, 분자생물학, 생명공학의 발달로 병에 대한 새로운 사실이 속속 밝혀지기 시작했기 때문이다.

제휴를 통해 경영 전문지식을 습득하다

이 새로운 움직임의 선두에 선 주자가 NIH(미국 국립위생연구소)로부터 거액의 연구 보조금을 받은 미국의 메디컬 스쿨 등의 연구소, 그리고 앞다투어 지적 재산권을 라이센스화한 바이오벤처(생명공학 또는 헬스케어에 관련된 벤처 기업—역주)와 파머벤처(제약 관련 벤처—역주)였다. 후발 주자인 우리는 이런 벤처기업과 손을 잡아야 한다고 생각했다.

그래서 그들로부터 신약 개발에 관한 새로운 기술을 흡수하여 제품을 만들고, 그것으로 사업을 키워야겠다는 생각으로 미국 전역을 돌아다니며 제휴 대상을 찾았다. 사내에서는 왜 위험한 바이오벤처를 상대하려 하느냐며 염려하는 목소리도 있었지만, 미국『월스트리트 저널』에 매일같이 생물공학과 생명과학 분야의 새로운 발견이 보도되는 시절이었다. 엄청난 변화의 중심에 있는 벤처기업, 특히 대기업에서는 손대지 못할 고위험 · 고수익 사업에 도전하는 벤처에 주목하는 것이 우리의 할 일이라고 믿었다.

많을 때는 연간 250일씩 출장을 다녀야 했지만 나는 전혀 피곤하지 않았다. 젊어서라기보다는 일이 너무 재미있었기 때문이다. 나는 변화를 무척 좋아한다. 변화가 일어나면 한 순간 역풍을 맞는다 해도 반드시 새로운 기회가 찾아오기 마련이다. 새로운 사업을 어떻게든 일으키겠다는 일념으로, 일본어 의학 용어 사전과 메디컬 영영사전을 옆에 끼고 전문용어가 난무하는 자료를 해독했을 뿐만 아니라 심지어 분자생물학, 면역학 등 전문 분야까지 공부했다.

그러다 결국 1991년에 첫 제휴 대상을 찾았다. 이후 속속 제휴 대상을 확보할 수 있었고, 나는 그중 한 회사의 사외이사로 취임함으로써 바이오 벤처의 경영에도 참여하게 되었다. 제휴 당시 20명 규모였던 회사가 내가 귀국하기 전까지 몇 백 명 규모로 성장하는 모습을 가까이서 지켜보는 것 역시 무척 감격스러웠다.

기업은 어떻게 성장하고 어떻게 IPO(주식공개)를 할까? 미국 회사는 어떻게 경영을 하고 어떻게 관리를 할까? 벤처 투자회사나 사외이사는 어떤 역할을 할까? 이런 것들을 현장에서 직접 체험하며 배웠다. 내가 지금 보유한 경영 전문지식 대부분은 미국에서 7년간 일하며 독학으로 배운 것이다.

의사결정을 미루어서는 안 된다

귀국 후에는 다시금 매수 프로젝트에 투입되었다. 1999년에 시장에 다시 매물로 등장한 RJRI의 매수 프로젝트가 추진되기 시작했다. 이 프로젝트는 전 사장인 기무라 히로시(木村宏) 씨가 당시 경영기획 부장으로서 중심이 되어 추진했고, 나는 지원하는 형태로 참여했다. 그러나 2003년에 시작된 갤러허 매수에서는 내가 중심이 되어 기획 책정부터 매수 교섭, 이후의 통합, 경영까지 전부 주도했다. 그때 RJRI 매수를 경험한 것이 큰 도움이 되었다.[3)]

---

3) 1999년 JT는 RJRI 매수에 9,400억 엔을 투입했다. 또 2007년에 완료된 갤러허의 매수에는 또다시 2조 2,000억 엔을 투입했다. 그러나 이 두 건의 매수에 의해 JT는 세계 3위의 글로벌 담배기업으로 발돋움했다. 2014년 12월 말 현재, 해외 담배사업의 수익은 전사의 55%, 이익은 전사의 65%를 차지한다.

RJRI를 매수한 후에는 회사 통합계획을 수립하는 데에 8개월이나 걸려서 RJRI 측이 큰 불안을 느꼈다. 그리고 그 불안은 성과에도 부정적인 영향을 미쳤다. 미래가 불안하면 사원들은 차분하게 일하기 어렵다. 그때 일을 교훈 삼아, 갤러허를 매수한 후에는 100일 만에 통합계획을 마련했다.

이 역시 2003년 8월에 발표된 중기 경영계획 'JT PLAN-V'를 작성한 경험이 있었기에 가능했다. 'JT PLAN-V'는 증익을 전제한 비용 구조의 근본적 개혁과 국내 담배사업의 성장을 도모하기 위한 계획으로서, 국내 담배제조공장을 22개에서 열 개로 대폭 줄이고 JT 본사 종업원의 3분의 1에 해당하는 6,000명의 희망퇴직자를 모집한다는 등의 대대적인 구조조정을 포함했다. 사내에는 그 외에도 다양한 과제와 의결 사항이 산적해 있었기 때문에 통합계획 수립은 단기간에 끝내야 했다. 그래서 1월부터 4월까지 석 달간, 사무국의 우리는 일주일에 한 과제씩을 선정하여 주말도 반납한 채 토의를 해 가며 해결안을 만들었다. 그리고 매주 목요일에 대표에게 그 안건을 상정하여 의사결정을 받는 식으로 일을 추진했다. 우리의 토의는 결론이 나올 때까지 시간제한 없이 연장되었다.

갤러허를 매수했을 때에도 동일한 방식을 취했다. 일주일에 한 번, 월요일 오후에는 관계된 임원이 한자리에 모여 논의하는 시간을 갖고, 회의가 끝나기 전에 결론을 반드시 낸다는 원칙을 유지했다. 상당히 힘든 방식이지만, 이처럼 의사결정을 미루지 않고 그 자리에서 결론을 냈기 때문에 100일이라는 단기간에 통합계획을 수립할 수 있었다.

통합 작업에 도움이 된 소통 기술

이야기의 시간 순서가 조금 바뀐 것 같지만, 나는 2004년에 JT 그룹의 CFO로 취임했다. 당시 매수한 RJRI의 재무와 세무는 해외 담배 사업본부(JTI)의 CFO가 맡았고, 그 외 회사의 재무 기능은 그룹 본사의 CFO인

내가 담당했다. 그러나 자금은 그룹에서 한꺼번에 관리하지 않으면 위험 통제가 느슨해지고 운용, 조달 효율도 저하된다. 또 세무 분야에서는 이전가격(기업 그룹 내의 거래 가격, transfer price)을 둘러싸고 국제적 쟁탈전이 일어나는 등 아무 이득도 없는 싸움이 벌어지기 쉽다. 그래서 갤러허 매수 후의 상황까지 고려하여, 2006년부터는 JTI의 재무와 세무까지 그룹 본부의 CFO인 나에게 보고하도록 방침을 변경했다.

하지만 방침이 바뀌었다고 해서 그것을 즉시 시행하기는 쉽지 않았다. 특히 JTI의 재무 담당자와 그룹 본사의 재무 담당자는 협력하기가 어려운 상황이었다. 경비 절약을 위해 평소에 메일만 주고받던 사이라 서로 얼굴을 본 적조차 없었던 것이다.

이들이 얼마나 어색한 사이인지를 말해주는 일화가 있다. JTI는 즉시 전력으로 활용할 만한 경험자를 채용했던 데 비해 일본의 그룹 본부에서는 재무 지식이 없는 대졸자까지 받아들이고 있었다. 일본에서는 선배가 후배를 가르치는 것을 당연하게 생각하지만 해외는 다르다. 따라서 JTI의 사원에게 신입 교육이란, 직무 설명서에 나와 있지 않은 추가 업무에 불과했으므로 이들은 그룹 본사의 신입이 초보적 질문을 할 때마다 난감함을 호소했다. 이런 문화의 차이, 업무 방식의 차이가 원인이 되어 양자 사이에 알력이 일어나고 있었다.

이때 큰 도움이 된 것이 공장 시절과 미국 시절에 익힌 조직 개발 기술과 소통 능력 등의 소프트 스킬(기업 조직 내에서 소통, 협상, 팀워크, 리더십 등을 활성화할 수 있는 능력. 생산, 마케팅, 재무, 회계, 인사조직 등 일련의 경영 전문지식은 하드 스킬(Hard Skill)이라 함—역주)이었다. 사람과 사람이 협력하여 무언가를 성취하려면 상호 신뢰관계가 반드시 필요하다. 그러려면 일단은 서로 관심을 갖고 경의를 표해야 한다. 그래야 비로소 신뢰감이 생기고 협력이 가능해진다. 즉 관심, 경의, 신뢰, 협동의 순서다.

그래서 회사 외부의 미팅을 5회 개최했다. 관계자를 한곳에 모아 공통 미션, 목표, 실현 방책, 성과 지표(KPI)를 토의하게 하는 한편, 팀 활성화

활동을 진행했다. 이렇게 서로를 알고 관심을 기울이면 서로의 장점도 발견할 수 있다. 그리고 그런 과정을 통해 경의와 신뢰가 싹트기 시작한 이후에 보고 체계를 변경했다. 이런 접근법은 갤러허를 매수한 후의 경영에도 활용되었다.

생산적 긴장감과 확장의 경험이 중요하다

제네바 시절, JTI와 갤러허에 모두 정착시키고 싶었던 것이 생산적 긴장감의 문화, 즉 무언가를 생산하기 위한 긴장감 있는 관계였다. 이런 관계를 바탕으로 한 자유로운 토론은 새로운 것을 생산하는 원천이 되기 때문이다.

나는 주변의 영향으로 나도 모르게 이런 문화를 습득한 것 같다. 처음 본사 근무 때 내가 소속된 설비과는 구성원이 몇십 명이나 되는 대규모였지만, 신입사원도 부장을 찾아가서 대등한 논쟁을 펼칠 수 있는 분위기였다. 때로는 토론이 격해져 서로 목소리가 높아지기도 했다. 그러나 나는 그런 일을 당연하게 생각했으므로 30대 이후에 다른 회사의 일반적인 문화를 접하고 나서 오히려 깜짝 놀랐다.

또 나는 옛날부터 색다른 아이디어를 내고 그것을 실행에 옮기기를 좋아해서 한때 공장 사람들에게 '우주인'이라 불렸다. 그러나 다행히도, 전매공사 시절부터 이런 특이한 인간까지 포용해야 회사가 성장된다고 믿는 훌륭한 사람들이 주변에 많았다.

전매공사 시절에는 공무원 상급직(간부 후보) 채용과 비슷한 제도가 있었는데, 나도 그 경로로 입사한 사람 중 한 명이었다. 하지만 이 제도에는 빛과 그림자가 있었다. 젊은 인재에게 경영을 경험하는 장을 부여한다는 것은 분명 장점이다. 그 덕분에 리더 후보들은 'The buck stops here(책임은 내가 진다).'라는 책임감과 주인의식을 갖고 일할 수 있었다. 사람은 한계에 부딪혀야 본성이 드러나는 법이다. 따라서 이 제도를 통해 인재는 자신의 한계를 간파하고 단련될 수 있었다.

한편 이 제도로 입사한 사람은 일정 수준까지 고속 승진을 하므로, 자칫 잘못 뽑힌 사람이 있을 경우 그 처우의 불공평함에 대한 불만으로 조직 전체의 동기가 저하될 수 있다는 단점이 있었다. 그래서 그 제도는 1987년에 폐지되었지만, 장점을 더 강화하고 단점을 보완했다면 어땠을까 싶어 아쉬운 마음이 남아 있었다. 평소에 그렇게 생각했던 데다 JT 그룹의 글로벌화도 진전되었으므로, 2013년부터는 'JT Next Leaders Program (NLP)'이라는 제도를 가동했다. 글로벌한 환경에서 사업을 이끌어 나갈 젊은 경영자를 조속히, 또 지속적으로 배출하기 위해서였다.

젊을 때 대담한 도전을 하는 것은 중요하다. 나 역시 미국에 있으면서 한 벤처와의 제휴를 추진할 당시, 인재가 부족하여 외부 인재의 도움을 수없이 받아야 했다. 유감스럽게도 경력자 채용의 인사 기준이 아직 엄격할 때여서, 어떤 인재는 전에 하던 일을 이미 그만두었는데도 정사원으로 채용하지 못하고 컨설팅 계약을 맺는 형태로 채용할 수밖에 없었다. 전례가 없어도 좋으니 대담한 도전을 하기 바란다. 그렇지 않으면 새로운 일을 할 수 없다. 요즘 젊은이들에게 이 말을 꼭 전하고 싶다.

내가 지금과 같은 리더십을 발휘하게 된 것은, 입사 당시부터 의식 있는 사람들을 만난 덕분에 변화를 기회로 여기는 사고방식과 변혁에 대한 열정을 기를 수 있었기 때문이다. 또, 나는 젊을 때부터 확장성 있고 책임 소재가 분명한 업무를 부여받거나 스스로 만들 기회가 많았다. 또 새로운 일에 대한 도전 정신, 주체적 행동, 소프트와 하드 스킬을 익힐 기회도 풍부했다. 만약 그중 한 요소만 살짝 어긋났어도 나는 일찍부터 도태되었을지 모른다. 수많은 우연들 덕분에 포용력 있는 훌륭한 지원자들과 인연을 맺을 수 있었고, 그것이 지금의 나를 있게 했다. 그 은혜에 크게 감사하며, 이제는 나 자신이 지원자가 되어 젊은 인재들이 활약할 발판을 최대한 마련해 주려 한다.

"이야기로 다양한 사람들을 묶다"

고바야시 이즈미 小林いずみ

메릴린치 일본증권 전 대표이사 사장

사진 : 데보라 캄포스(Deborah Campos)

1959년 도쿄 도 출생. 1981년 세이케이(成蹊) 대학 문학부 졸업, 미쓰비시 화학공업(현 미쓰비시 화학) 입사. 1985년 메릴린치 퓨처즈 저팬(현 메릴린치 일본증권) 입사. 파생상품 취급 업무와 뉴욕 본사 근무 등을 거쳐 1998년 법인고객그룹 업무부장, 2000년 업무총괄 본부장. 2001~08년 대표이사 사장. 2005년 『월스트리트저널』 '주목해야 할 여성 50인'에 선정. 2008~13년 세계은행 그룹의 국제투자 보증기관(MIGA) 총재. 현재 ANA 홀딩스, 산토리 홀딩스, 미쓰이 물산의 사외이사.

고바야시 이즈미 씨에 대한 관심

고바야시 이즈미 씨도 이 책을 집필하면서 처음 만났다. 그러나 고바야시 씨는 어쩐지 낯설지 않았다. 나와 같은 또래이기 때문일 것이다. 고바야시 씨가 다닌 고등학교(게이센(惠泉) 여학교)도 우리 집 근처여서 더욱 친근하게 느껴졌다.

고바야시 씨의 경력에서 그 학교의 이름을 발견하자 어쩐지 그리운 느낌이 들었다. 고바야시 씨는 대학 시절에 요트 동호회에 몰두했다고 하는데, 요트는 쇼난(湘南) 지역이 가장 유명했고, 우리가 학생이던 시절에는 록밴드인 서던 올스타즈가 인기를 끌면서 쇼난 문화가 선풍을 일으켰다(쇼난 문화 : 쇼난에서 서핑을 하는 젊은이들을 중심으로 번지던 개방적인 연애와 성 풍조. 서핑 문화, 난파 문화라고도 부름. 난파는 '헌팅'을 뜻함—역주). 그뿐만 아니라 야마시타 다쓰로(山下達郎)와 마쓰토야 유미(松任谷由実)(둘 다 일본 음악계에 한 획을 그은 뮤지션—역주) 등이 우리 생활의 중심에 있었다. 그런 시대를 함께 살아온 리더의 여정이 문득 궁금해졌다.

그러나 당시의 기업은 여성에게 아직 개방되어 있지 않았다. 남녀고용기회균등법이 제정되기 이전이므로 여대생은 취직하기가 어려웠다. 내 대학 동창들도 취직 때문에 고민이 많았다. 그래서 고바야시 씨도 평범한 사무직으로 사회생활을 시작했다고 한다. 그렇게 보수적인 환경이니 주변에서는 애초에 여성에게 리더십을 기대하지 않았을지도 모른다. 다양성을 지향하며 여성의 능력을 최대한 활용하려고 노력하는 지금과는 비교할 수조차 없다.

그러나 이후 고바야시 씨는 큰 전환기를 맞게 된다. '트라바유(travail)'—이것도 우리 또래가 아니면 잘 모르는 말일 텐데, '이직'을 의미하는 프랑스어로 예전에 이 이름의 잡지도 있었다—를 통해 글로벌 증권회사인 메릴린치의 일본 법인으로 이직하여 결국은 최고의 자리까지 오른 것이다.

그 후에도 고바야시 씨의 리더십 여정은 역동적으로 이어졌다. 메릴린치의 대표에서 물러난 후 세계은행 중 하나인 국제투자 보증기관(MIGA)의 총재로 취임한 것이다. 일반 사무직에서 국제기구의 총재의 자리까지 올랐으니 그야말로 극적인 성공이다. 그 과정을 꼭 한 번 들어보고 싶었다.

그러나 모든 과정에서 고바야시 씨가 리더로서 직면한 문제들은 하나같이 만만치 않았을 것이다. 그녀가 메릴린치를 이끌 당시, 거품경제 붕괴와 금융 빅뱅(규제 완화나 금융시장 변화로 금융산업이 급격히 재편되는 현상—역주)으로 인한 금융위기가 계속되었으므로 일대 구조조정을 피할 수 없었다. 게다가 리먼 사태 직후에 MIGA의 총재가 되었으므로 그런 위기 속에서 세계적 금융기관을 이끌기란 결코 쉽지 않았을 것이다. 고바야시 씨는 그런 난제들을 어떻게 극복했을까? 이런 생각으로 고바야시 씨와의 인터뷰를 시작했다.

자기 영역을 넘어 세상을 보다

평범한 사무직으로 사회생활을 시작한 내가 나중에 외국계 기업과 국제기관의 수장이 되리라고는 꿈에도 생각지 못했다. 원래 경력 관리에도 관심이 없었다. 내가 대학을 졸업한 1981년에는 남녀고용기회균등법이 아직 없었으므로 4년제 대학교를 졸업한 여성의 일자리가 매우 한정되어 있었기 때문이다. 게다가 여성은 일반 기업에서 전문대졸과 똑같은 일반직으로 취급받았고 반드시 집에서 출퇴근해야 하는 등 지금으로서는 생각할 수 없는 대우를 받았다. 그런 제한된 환경 속에서 미쓰비시 화학공업(현 미쓰비시 화학)에 입사했다.

나는 학생 때 다양한 아르바이트를 했는데, 모든 일이 무척 재미있었다. 학교에서는 시험에 나오는 부분을 외워야 좋은 성적을 받을 수 있었고 교과서에 없는 것을 아무리 공부해도 성적에 반영되지 않았다. 그러나 일에서는 주어진 것보다 더 많이 배우고 노력하면 고객이 기뻐했고, 남보다 더 좋은 서비스를 제공할 수 있었다.

미쓰비시 화학에서 사무직으로 일할 때도 내 신조는 '오늘의 일을 150% 완수한다.', '내 영역을 넘어선 세상을 본다.'였다. 가령 커피 하나를 끓이더라도, 손님이 우유 넣은 커피를 좋아하는지, 설탕 넣은 커피를 좋아하는지 잘 알아두는 것이다. 그리고 다음번에 방문했을 때 취향대로 커피를 내면 손님을 만족시킬 수 있었다. 그러나 차를 대접하는 정도의 사무직으로서는 일의 발전에 한계가 있다는 것을 서서히 깨달았다. '여기서 만족해야 하는가?' 하는 불만도 커졌다.

그때, 리크루트사의 여성용 이직 정보지『트라바유』를 접했고, 나도 이직할 수 있다는 생각을 하기 시작했다. 그러나 당시 가능한 선택지는 중소기업의 경리나 보험영업직 등 일부 직종뿐이었으므로 그것이 아니라면 외국계 기업을 선택하는 수밖에 없었다. 거품경제 때 크게 성장한 외국계 금융기업들은 일본인 직원을 좀처럼 확보하지 못해 성별을 불문하고 적극적 구인 활동을 펼치는 중이었다.

그중 하나인 메릴린치 그룹은 증권과 상품선물(商品先物)의 두 분야에서 인원을 모집하고 있었다. 나는 둘 다 문외한이었지만 증권보다는 콩이나 설탕 등 눈에 보이는 물건을 다루는 편이 좀 더 친근하게 느껴졌다. 그래서 상품선물회사에 지원했더니 운 좋게 채용되었다.

이렇게 4년 만에 이직을 했지만, 미쓰비시 화학에서 큰 조직을 경험할 수 있었던 것에는 감사하고 있다. 큰 조직에서는 재무, 경리, 영업, 인사 등 다양한 부문이 각기 역할을 담당하고 상호 협조하며 일을 진행한다. 그러나 소규모로 창업한 사람은 그런 경험이 없어서 규모를 확대할 때 어려움을 겪기 쉽다. 나중에 나도 작은 조직을 크게 키울 일이 있었는데, 그때 조직의 시스템을 잘 구상할 수 있었던 것은 미쓰비시 화학에서의 경험 덕분이었다.

일을 통해 세상이 넓어지다

1985년부터 메릴린치에서 일하기 시작했다.[1] 상품선물 조직은 7~8명으로 소규모여서 그런지 일이 무척 많았다. 적극적으로 일할수록 더 새로운 일을 더 맡을 수 있는 구조였다.

지금 생각하면 처음부터 상품선물을 선택하고 거기서 기초를 배우기를 잘한 것 같다. 1988년에 증권 부문으로 이동하여 새로 등장한 옵션거래와 스왑거래 등 파생상품을 이해하는 데에 선물에 관한 지식이 큰 도움이 되었기 때문이다. 나는 결제 등 관리 업무를 담당했지만 신상품이 나올 때마다 신용 위험도를 설정하고 계약서를 이해하며 가격 타당성을 판단하고 운영에 필요한 기술을 검토하는 등 결제 이외의 분야에도 두루 신경을 써야 했다. 때로는 영업사원과 동행하여 고객에게 관리 시스템을 설명하거나 상품개발팀과 협력하여 일하는 등 업무 폭은 점점 넓어졌다.

그 후 1년간의 뉴욕 근무를 거쳐 도쿄로 돌아왔을 때 처음으로 몇 명의 부하를 갖게 되었다. 당시 메릴린치 일본 지사는 사원의 절반이 여성이었다. 그중에서도 관리부서의 경우 여성의 비율이 높았으며 여성 관리자도

---

1) 메릴린치는 1972년에 일본 내 증권업 면허를 획득하고 본격적으로 영업을 개시했으나 당시는 법인 영업이 주를 이루었으며 소매 거래는 거의 취급하지 않았다.

흔했다.

그 후 50명, 200명으로 부하가 점차 늘어나면서, 위치에 따라 세상과 일을 보는 시각이 달라져야 한다는 사실을 깨달았다. 재무와 인사, 회사 전체의 실적을 보는 경영적인 관점도 배웠다.

리더로서 문제를 해결하는 법도 익혔다. 부하일 때는 상사가 문제를 해결하므로 나는 문제를 일으키지 않는 것이 중요했다. 그러나 자기 자신을 책임지는 단계가 되면 문제를 스스로 해결해야 한다. 그리고 리더가 되면 부하의 문제까지 해결해야 한다. 나 역시 팀원의 수가 많아질수록 많고 복잡한 문제를 해결해야 했고, 어느새 타 부문의 문제에까지 손을 뻗치게 되었다.

갑작스러운 사장 발령

메릴린치에 입사한 지 16년이 되던 해에 법인고객 부문의 CAO(최고총무책임자)였던 나에게 큰 전환의 계기가 찾아왔다. 갑자기 사장으로 부임하게 된 것이다.

2001년 9월 11일, 미국에서 동시다발 테러가 일어났다. 때마침 미국 본사는 CEO가 연달아 바뀐 데다 IT 거품까지 붕괴된 탓에 경영 부진을 타파하기 위한 개혁에 돌입할 수밖에 없었다. 따라서 적자를 내던 일본의 개인고객 부문도 축소하기로 결정되었다.[2)]

그러나 당시 일본 기업에서는 대규모 인원 삭감을 포함한 구조조정을 거의 찾아볼 수 없었고, 인원 해고는 금기시되었다. 그런데도 총 2,700명

2) 1997년에 야마이치(山一) 증권이 파산하자 메릴린치는 야마이치의 영업 기반을 인계하는 형태로 메릴린치 일본증권 주식회사를 설립하여 일본증권의 소매 거래 분야에 본격적으로 진출했다.

의 종업원 중 1,500명이나 퇴직시켜야 했다. 당연히 회사의 평판과 브랜드 이미지가 땅에 떨어질 가능성이 컸다. 일본 법인의 외국인 사장은 때마침 임기가 끝나 본사로 돌아갈 준비를 하고 있었으나 후임 사장을 찾기는 쉽지 않았다. 사장 후보와의 설득 · 교섭을 맡았던 나는 줄줄이 거절을 당해 어쩔 줄을 모르고 있었다. 그런데 갑자기 일본 법인의 회장이 "자네가 맡아 달라."고 제안한 것이다.

그야말로 마른하늘에 날벼락이었다. 3~4일간 생각한 끝에, 될지 안 될지는 모르지만 일단 제안을 받은 이상 도전해 보자고 결심했다. 그러나 주변에 롤모델은 전무했다. 그때까지 외국인의 전유물이었던 사장의 자리에 앉아 무엇을 해야 할지, 뚜렷이 떠오르는 것도 전혀 없었다. 게다가 고객을 상대로 적극적인 영업을 펼친 경험도 거의 없었다. 필요한 요건을 잘 구비하여 상품을 만들거나 문제를 해결하는 일에는 자신이 있었지만 리더로서 그런 능력을 어떻게 활용할지는 짐작조차 할 수 없었다. 게다가 사장은 회사 전체를 보아야 하는 사람이 아닌가.

그래서 일단은 '남이 나를 활용하게 하자.'고 태도를 정했다. 내 능력을 어떻게 활용할지는 주위 사람들이 더 잘 알 것이다. 남의 필요에 응하다 보면 나만의 가치, 의사 소통법, 리더십 스타일을 찾을 수 있으리라 생각했다.

첫 1~2년은 더듬더듬 배워 나갔는데, 그러는 동안 특정한 리더십 스타일이란 존재하지 않는다는 사실을 깨달았다. 결국은 자기 성격과 가치관에 맞는 스타일을 스스로 만들어 나가는 수밖에 없었다. 나는 조직의 가치를 공유하고 누구나 그 가치에 자유롭게 접근할 수 있도록 하며, 각자의 방식에는 세세히 간섭하지 않는 스타일이다. 그래서 전체를 바라보며, 회사로서 바람직하지 않은 모습이 있다면 수정을 가하고, 모두가 즐겁게 일할 수 있는 환경을 만드는 일에 최선을 다했다.

구조조정과 조직 재건에 도전하다

사장으로서 가장 시급한 과제는 구조조정이었다. 물론 딜레마도 있었지만 회사를 생각하면 피할 수 없는 일인 것만은 확실했다. 그렇다면 회사가 정말로 흔들리기 시작했을 때보다는, 대상자에게 퇴직금을 주어 미래를 준비하게 할 여유가 있을 때 그 일을 처리하는 것이 낫다고 나 자신을 설득했다.

관리팀의 각자가 전문 분야에서 능력을 최대한 발휘하도록 지원하면서 작업을 진행했다. 팀 내에서 의견과 가치가 상반될 때 최대 공약수를 찾는 것이 내 역할이었다. 당시 대규모의 구조조정을 단칼에 진행해야 한다고 생각하는 사람들과 천천히 조금씩 진행해야 한다고 생각하는 사람들이 대립했다. 그러나 경제적인 관점에서 보면, 어쨌든 진행해야 하는 것만은 분명했다. 이럴 때 가장 중요한 것은 모두가 공감할 수 있는 '이야기'다. 누구나 이해하고 머릿속에 그려볼 수 있는 '이야기'를 만들어 내지 못하면 모두 제각각 다른 방향으로 행동하게 된다.

이야기는 구조조정뿐만 아니라 일상 업무와 조직 운영에도 매우 중요하다. 우리는 무엇을 위해 이 행동을 하는가? 우리는 어떤 조직이 되려 하는가? 우리 조직은 사회에 어떤 공헌을 할 것인가? 그렇다면 나는 어떻게 행동해야 할까? 이 질문에 답을 들려줄 탄탄한 이야기가 없으면 방향이 어그러지게 된다.

벤처기업의 사장이라면 개인적인 이야기도 괜찮겠지만, 나는 창업자가 아니므로 내 이야기보다는 회사의 이야기를 만들어야 했다. 그래서 조직의 바람직한 모습을 그리며 이야기를 만들어 나갔다.

당시 메릴린치는 구조조정 이후 브랜드 이미지가 하락하여 시급한 재건 작업이 필요했다. 메릴린치는 향후 일본 사회에서 어떤 존재가 될 수 있을까? 고객이 외국계 금융기업인 메릴린치의 조언을 구하게 만들려면 우리가 어떻게 해야 할까? 외국의 방식을 그대로 적용하기보다, 일본 시장의 특성 및 일본 고객의 욕구에 관한 깊은 이해를 바탕으로 고객에게 필요한 도움을 제공하는 회사를 만들고 싶었다.

면밀한 경영자 양성 및 지원 체제가 마련된 회사

나중에 알게 되었지만, 메릴린치에서는 나도 모르는 사이에 나를 경영자로 만드는 면밀한 양성 과정이 진행되고 있었다. 나는 그저 주어진 일이 재미있어서 열심히 했을 뿐이지만, 해외 회의에 파견되거나 글로벌 리더십 훈련 프로그램에 참가하거나 여러 부문을 오가는 일을 맡게 되는 등 모르는 새 다양한 경험을 쌓고 있었다. 작은 팀에서 큰 팀으로 서서히 옮겨 가며 리더의 소양과 가치관을 획득하도록 회사가 유도한 것이다.

이런 육성 과정은 내가 있는 부서뿐만 아니라 다른 부서에서도 활발하게 이루어졌다. 그래서 비슷한 시기에 입사한 동료들과 동시에 훈련받거나 협력하여 일할 기회도 많았다. 그렇게 상호 연계하는 구조가 만들어져 있었던 것이다. 내 경우에는 뉴욕 근무를 통해 해외와의 네트워크를 만들어 놓은 것도 큰 도움이 되었다. 당시 동료들도 비슷한 속도로 승진하였으므로, 무언가 일이 있을 때마다 전화 한 통으로 협조를 받을 수 있어 원활한 업무가 가능했다.

게다가 놀랍게도, 내가 사장으로 취임하자마자 윗세대의 관리자들은 "우리 시대는 끝났고 이제 다음 세대의 차례다."라며 일제히 물러났다. 그러고 보니 인사, 경영기획, 영업 등 각 부문에 후임자가 준비되어 있어서 나름대로 팀을 이끌어나갈 수 있는 체제가 마련되어 있었다. 이때의 세대교체로 회사가 단숨에 10세 정도는 젊어진 것 같다. 그리고 몇몇 윗세대는 구조조정 후에도 조직에 남아 아랫세대가 회사를 안정시킬 때까지 도와주었다. 그들은 신임 사장인 나를 그늘에서 지지하며, 어려움이 있을 때 기꺼이 상담에 임해 주었다.

자신의 시대가 끝났다고 해서 다음 세대에게 깨끗이 자리를 넘기는 일, 심지어 보이지 않는 그늘에서 사려 깊게 지원하는 일은 좀처럼 쉽지 않다. 또한 무언가 틀렸다는 생각이 들면, 직속 상사뿐만 아니라 다른 부서의 상사에게도 의견을 당당하게 개진할 수 있었던 기업 문화 역시 큰 혜택이었다. 이런 것이 외국계 기업의 장점일 것이다.

업무도 문화도 전혀 다른 국제기관

구조조정이 끝나고 회사가 궤도에 오르자, 나는 뉴욕의 상사에게 "이제 슬슬 사장 자리에서 물러나도 될 것 같다."고 이야기했다. 하지만 일본 사업이 호조였던 데 비해 미국은 리먼 사태로 모기지론 시장이 붕괴되는 중이었다. 뉴욕은 그 일로 정신이 없으니, 이럴 때 일본 대표를 교체해서 미국에 부담을 주지 말고 좀 더 머물러 달라고 했다. 이런 식으로 결국 7년간 사장 자리에 머물게 되었다.

내 지론에 의하면 조직과 사업은 살아 숨 쉬는 존재이므로 시기마다 적합한 리더가 있다. 구조조정 이후 재건에 돌입하여 회사와 브랜드 이미지를 쇄신할 때까지 한 명의 리더가 개혁을 추진했다면, 그 다음 단계에서는 다른 리더가 새로운 시대를 이어받아야 한다고 생각한다. 그래서 내 스타일은 더는 적합하지 않다고 판단했다.

그런 생각이 강해졌을 즈음, "여기서 일해보지 않겠느냐?"는 제안이 들어왔다. 메릴린치에서 내 역할은 이미 끝난 데다 내가 물러나지 않으면 아랫사람이 성장할 기회가 없어진다고 생각했다. 또 회장의 자리는 전혀 생각해 본 적이 없었다.

이리하여 2008년에 국제투자 보증기관(MIGA)[3]의 총재로 취임했다.

---

3) Multilateral Investment Guarantee Agency. 본부는 워싱턴 D.C.에 있다. 현재 총재

MIGA는 세계은행 그룹의 한 기관으로, 민간 기업이 개발도상국 사업에 투자를 할 때의 정치적 위험에 대한 보증 서비스 등을 제공했다.

MIGA에 취임한 후 처음에는 '이것이 관료의 세계인가?' 하고 놀랐다. 예를 들어 투자은행은 과정보다 결과를 중시하는 데 비해 국제기관은 과정 자체를 중시한다. 서류 하나만 보아도 그 사실을 알 수 있다. 투자은행에서는 '회의와 서류는 짧을수록 좋다.'고 하여, 판단의 근거가 될 핵심 정보를 간략하게 표현하는 것이 최선이다. 그러나 국제기관에서는 무엇이든 자세히 기록해 둘 필요가 있어 서류가 50쪽, 100쪽으로 늘어나는 일이 흔했다. '이걸 전부 읽어야 의사결정을 할 수 있다는 말인가?' 하고 처음에는 아연실색했다.

국제기관이어서 직원들의 배경도 훨씬 다양했다. 메릴린치는 1,500명이 20개국에서 모인 정도였지만 MIGA는 총원이 120명인데도 50개국 출신이 섞여 있었다. 직원들의 국적 중에 처음 듣는 나라 이름이 있을 정도였다.

문화도 업무 방식도 다른 이곳에서 내가 리더로서 어떤 공헌을 할 수 있을지 처음에는 전혀 감이 잡히지 않았다. 그래서 메릴린치 때와 똑같은 방식을 취하기로 했다. '무슨 일이든 좋다. 나를 써 달라.'라는 스타일 말이다. 그러는 동안 조직의 구조가 그럭저럭 파악되었고, 당시 직원들을 괴롭히던 딜레마에 대해서도 알게 되었다.

다양한 가치관의 소유자를 조율하는 요령

MIGA는 국제기관이기는 했지만 완전히 기부금에 의존하는 것이 아니라 나름의 수익을 내서 비용을 충당하고 잉여분을 장래 지급할 보험금으

는 전 매킨지 대표인 혼다 게이코(本田桂子) 씨다.

로 적립해 놓는 구조였다. 즉 민간 기업에 가까운 측면이 있었다. 동시에 일본 무역보험(NEXI) 같은 각국 단체나 민간 보험사와는 경쟁 관계였다.

그런 가운데 120명이 전 세계를 감당해야 했다. 또 어느 정도 규모가 큰 사업을 취급해야만 수익을 낼 수 있었는데, 역량도 자본도 한정되어 있었던 탓에 수익을 추구하다 보면 종종 질이 떨어지는 투자까지 지원하게 되었다. '세계은행 그룹의 일원으로서 그런 투자를 지원해도 괜찮을까?' 하는 갈등이 언제나 직원들을 괴롭혔다.

그래서 부임 초기에 투자 대상을 어떤 규모와 자격으로 한정해야 할지 그 기준을 마련하는 일부터 시작했다. 반년에 걸쳐 전원의 의견을 듣고 토론하여 원칙을 수립했다. 전 직원이 판단의 기준으로 삼을 지침과 그에 따라 각자 전진할 수 있는 환경을 만들어 주고 싶었다.

국제기관에서 일하는 사람들은 세상에 공헌하고 싶은 마음이 특히 강하다. 따라서 자신이 개발도상국의 발전에 기여하고 있음을 실감하게 만드는 '이야기'가 필요했다. 또한 모든 투자 보증 건은 세계은행의 각국 주주 대표가 검토했는데, 많은 투자와 사업 중 그 안건을 선정한 이유를 이야기로 만들어 들려주어야만 그들을 설득할 수 있었다. 재차 '이야기'의 중요성을 절감했다.

이때 우리가 내건 원칙은 '가치 있는 규모'로, 단순한 규모가 아니라 진정한 가치를 지향하는 규모를 만들어 나가자는 의미다. 이 방침을 세우고 보니, 규모 확대를 위해 좀 더 적극적으로 영업을 하거나 처음부터 무리라고 판단하여 포기한 안건을 좀 더 깊이 조사하거나 협력 대상과 기관을 재차 검토할 필요가 생겼다. 어떤 방향에 힘을 쏟아야 할지도 명확해진 것이다.

MIGA는 내가 메릴린치에서 많은 지원을 받아가며 배운 경영 지식을 실천하는 장이었다. 거기에서 나는, 나라와 문화에 따라 삶에 대한 우선순위가 전혀 달라진다는 것을 알았다. 그러나 자신이 믿는 가치를 실천하여 충실감을 얻고 싶다는 마음은 모든 나라와 문화에 공통된다는 사실도 알았다. 그래서 결국 그 지점을 연결하다 보면 가치관이 다른 사람들과 협력하여 하나의 조직으로 전진할 수 있다는 것을 깨달았다.

질문 능력과 전체적 관점이 필요하다

리더십에는 다양한 단계가 있으며, 이끄는 조직의 규모와 사업의 종류에 따라 각기 다른 관점이 필요하다. 처음에 잘 아는 범위를 맡을 때는 내 시선이 구석구석 미치지만, 지위가 높아질수록 내가 모르는 것이 많아지게 마련이다. 처음에는 나도, 상사로서 부하의 보고를 다 이해하지 못하는 것에 죄책감을 느꼈고, 모르면서 아는 척하는 것도 공정하지 않다고 생각했다.

그러나 차차 '모르는 것이 있어도 어쩔 수 없다. 그래서 그 부분의 전문가가 필요한 것이다.'라고 명쾌하게 생각하게 되었다. 이처럼 내가 모르는 부분을 판단할 때는 전체적인 이미지, 그리고 타 부문과의 조화를 판단하는 능력이 필요하다. 또 전문가가 아니라도 정곡을 찌르는 질문으로 문제점을 제대로 도출할 수 있다. 하나하나 자세히 파악한 뒤에야 의사결정을 한다면 조직은 돌아가지 않을 것이다. 판단이 필요한 시기에 정확히 판단하는 것이 내 역할임을 깨달았다.

현재는 MIGA를 물러나 몇몇 회사에서 사외이사로 일하고 있는데, 사외이사의 일에도 이런 사고방식이 무척 도움이 된다. 구체적인 안건이 회의에 상정된다 해도 내 전문이 아닌 업계의 일을 자세히 알아볼 방법은 없다. 그래서 나는 다양한 각도의 질문을 통해 문제점을 도출하려고 노력한다. 또, 상세한 것은 전문가에게 맡기고, 일의 흐름이 전체적인 이야기에서 벗어나지는 않았는지를 살펴본다. 사외이사에게는 그런 식의 공헌이 필요하다고 생각한다.

그러나 잘 모르는 탓에 손이 닿지 않는 범위에서 문제가 생길 가능성도 있다. 조직의 리더인 이상 최종 책임은 스스로 져야 하며 부하가 한 일이라고 회피해서는 안 된다. 그런 각오가 필요하다. 또, 때를 놓치면 대책을 세우는 데에 한계가 있으므로 직원들이 위축되거나 회피하지 않고 일찍부터 "문제가 있다."고 말할 수 있는 분위기를 만드는 것이 중요하다. '이른 단계에 손을 쓰면 좀 더 편하게 해결할 수 있다.'는 것은 내가 몸소 실패를 거듭하며 깨달은 일종의 생존 법칙이다.

당신만의 진짜 리더십을 기른다

Developing Your Authentic Leadership

[케이스 스터디] IBM 100년의 변혁과 리더십

'100×100'이라는 제목의 비디오가 있다.[1] IBM 창업 100주년을 기념하여 2011년에 만들어진 비디오다. 제목의 첫 번째 100이 의미하는 것은 물론 '100년'이다. 그리고 두 번째 '100'은 '혁신'을 뜻한다. 즉 IBM 100년의 역사는 100번 이상의 혁신의 역사라는 것이다.

비디오에서는 100년간 IBM이 전개한 수많은 혁신이 각각의 해에 태어난 사람의 입을 통해 소개되고 있다. 여기에는 또 하나의 재미있는 연출이 숨어 있는데, 비디오에 등장하는 모든 인물이 IBMer, 즉 IBM 사원이라는 것이다. 이미 은퇴한 전 IBM 사원, 그리고 비디오 후반에 나오는 아이들, 즉 미래의 IBM 사원까지 포함해서 말이다.

IBM은 이처럼 세상에 큰 영향을 미치는 혁신을 지속하며 100년간 존속해 왔다.

그러나 그 역사에는 우여곡절이 많았다. IBM은 1911년에 세 개 회사가 통합되어 탄생한 회사다.[2] 당시 사명은 IBM이 아니라 CTR(Computing-Tabulating-Recording Company)이었다. 합병된 세 회사는 각각 정육용 슬라이서와 저울, 펀치카드 기계(종이 카드에 구멍을 뚫어 데이터를 표시하고 그것을 판독하여 통계 · 계산 처리를 하는 기계—역주)를 제조하는 작은 회사였다.

사명이 IBM(International Business Machines)으로 바뀐 것은 1924년, 당시 사장 토마스 왓슨 시니어가 사업을 세계적으로 확대하겠다는 야심을 품고 그 꿈을 사원들에게 효과적으로 전달하려고 마음먹은 이후다. 사실 그 시도는 매우 성공적이었다. 사원들은 사장의 생각에 공감하여 활동의 장을 국경 밖으로 확대했고, 세계 각지에는 그들의 미국적 성공 모델을

1) IBM 100주년 기념 홈페이지(http://www-03.ibm.com/ibm/history/lbm100/jp/ja/)
2) 이하의 IBM의 역사에 대해서는 다음 사이트를 참조했다. http://www-03.ibm.com/ibm/history/ibm100/jp/ja/stories/

따르려는 기업과 개인이 끊이지 않았다.

그 결과 IBM은 다국적 기업(Multi National Company)으로 크게 성장했다. 그리고 창업 이후 104년, 정보통신 기술로 점점 평준화되는 오늘날의 세계에서 IBM은 자신을 GIE(Globally Integrated Enterprise, 세계 통합 기업)로 부른다. 'IBM은 전 세계에서 동일하다.'는 뜻이다. 지역 최적화도 중요하지만, IBM은 전 세계의 비즈니스 모델을 통일하여 지역 간 기능 중복을 최대한 방지함으로써 글로벌 통합을 진전시키려 하는 것이다.

IBM의 역사에서 가장 중요한 사람은 바로 토마스 왓슨 시니어다. 비디오에도 그가 가장 많이 등장한다. 왓슨 시니어는 1914년에 NCR(National Cash Register)이라는 회사에 근무하다가 최고경영자로서 CTR에 영입되었다. 왓슨은 당시 통합되지 않은 세 회사의 집합체였던 CTR을 하나로 모으기 위해 회사의 표어를 'THINK'(생각하라)로 제정했다.

원래 'THINK'는 왓슨이 전 직장인 NCR에서 영업부장으로 일하던 시절에 쓰던 표어였다. 그러나 그는 이번에도 개발 담당 기술자, 제조 공장의 공원, 영업 담당자, 관리 부문의 사무직 등 전 직원을 '생각하는 사람'으로 만드는 것이야말로 제각각인 세 회사를 하나인 IBM으로 통합하는 최선의 방법이라고 믿었다. 사명이 바뀐 후, 'THINK'는 IBM을 하나로 통합하는 말로 더욱 적극적으로 활용되기 시작했다. 'THINK'라는 문구는 사내 정보지의 제목, 사원 메모장의 표지 등에 반영되어 사내의 이곳저곳을 물들이게 되었다. 그 덕분에 사업이 확대되었음에도 회사의 일체감은 유지되었다.

왓슨 시니어의 리더십 아래 사원들은 하나로 뭉쳐 사업을 더욱 성장시켰다. 타자기, 진공관, 계산기 등 제품 종류도 늘어났다. 그러나 IBM의 사업은 역시 컴퓨터 시대가 시작되면서부터 대전환을 맞았다. 1936년에 캠브리지 대학의 앨런 튜링(Alan Turing)[3]이 만들어 낸 자동계산기의 개념

3) 제2차 세계대전 중에 군의 암호를 해독하는 영웅적 활약을 펼치고 전후에는 캠브리

에서 컴퓨터 과학이 탄생했다. 이 성과를 바탕으로 업계의 제품화 작업이 시작되었고, IBM도 1952년에 최초의 상용 컴퓨터 'IBM701'을 완성했다.

수많은 회사가 새로운 컴퓨터 시대의 패권을 놓고 각축전을 벌이는 중에, 처음에는 개발에 뒤처졌던 IBM이 결국 시장의 거인으로 불릴 만큼 성장한 것은 왜였을까? 바로, IBM이 1964년에 최초의 메인프레임 컴퓨터(빠른 속도로 작동되며 많은 입출력 장치를 신속하게 제어함으로써 다수의 사용자가 함께 쓸 수 있는 컴퓨터—역주) 'System 360'을 개발하는 데 성공했기 때문이다. 당시 사장은 토마스 왓슨 시니어의 아들인 토마스 왓슨 주니어였다. 그는 당시, 현재까지도 민간기업의 단일 프로젝트에 대한 최대 규모의 투자로 회자되는 50억 달러의 투자를 단행했다. 이 프로젝트에 사운을 걸었던 것이다. 다행히 위험을 감수한 보람이 있어, IBM은 타사 제품을 압도하는 성능의 'System 360'을 앞세워 메인프레임 컴퓨터 시장을 거의 독점하는 데 성공했다.

그러나 시장은 끊임없이 변화한다. 새로운 기술, 새로운 고객 니즈, 새로운 경쟁, 새로운 정치적 문제. 이런 다양한 요인에 따라 변화하는 외부 환경에 대응하지 못하면 기업은 경쟁우위를 뺏기고 만다. 소형화가 급속히 진전되는 중에 거인 IBM의 메인프레임 컴퓨터는 어느새 과거의 유물이 되었고, IBM 역시 쇠퇴하는 공룡 기업의 대표로 불리게 되었다.

지금은 환경 변화에 대응하지 못했다며 IBM을 비판할 수 있다. 그러나 당시 상황을 살펴보면, IBM은 메인프레임 컴퓨터를 쓰던 핵심 고객에 대한 지원에 충실했던 탓에 쇠퇴를 피하지 못한 것이다. 그야말로 전형적인

지 대학에서 연구에 힘썼지만, 동성연애자라는 이유로 화학적 거세를 선고받고 결국 자살로 인생을 마감했다. 파란만장한 그의 생애는 2015년에 〈이미테이션 게임〉이라는 영화로 만들어져 많은 사람에게 알려졌다. 자세한 이야기는 영화의 원작인 다음 책에 나와 있다. *Alan Turing: The Enigma*(Andrew Hodges, Princeton University Press, 2014.)(국내에는 『앨런 튜링의 이미테이션 게임』(김희주 역, 동아시아, 2015)으로 번역 출판되어 있음—역자)

'혁신 기업의 딜레마'다. 거대해진 IBM은 아무래도 동작이 굼뜰 수밖에 없었다. 거대기업은 종적 구조로 관리되므로 부문 간 제휴도 악화되었다. 각 부문은 자기 부문의 수익만 생각하기 시작했고, 전사적 관점에서 IBM을 생각하는 사람은 극소수로 줄어들었다. 내부 조직도 점점 복잡해져서 전사가 한 방향으로 움직일 수 없게 되었다. 게다가 위기감이 충분히 공유되지 않아 결국은 도산 위기가 찾아왔다.

IBM에는 위기를 극복하기 위해 변혁을 이끌 리더가 필요했다. 그 역할을 맡은 사람이 1993년에 나비스코(Nabisco, 미국 최대의 과자 제조사—역주)에서 최고경영자로 영입된 루이스 거스너(Louis Gerstner)였다.[4] '하나의 IBM으로 시장을 지향한다.'는 구호를 내걸고 개혁에 나선 거스너는 적자 사업의 매각, 사업 통합, 철저한 고객 지향성 회복과 관료주의 타파에 주력했다. 이런 고통스러운 개혁을 거친 후 IBM은 경쟁력을 회복했다.

구조조정이 일단락되자 적극적인 성장 전략도 도출되었다. 예전 IBM은 소형화의 흐름 속에서도 핵심 상품인 메인프레임 컴퓨터를 놓지 못해 시장에 대한 대응이 늦었다. 그와는 대조적으로, 거스너가 이끄는 IBM은 'e-business' 개념을 적극적으로 도입하여 인터넷 시대의 패권을 잡으려 했다. 그러나 거스너는 1993년의 IBM 사장 취임 연설에서 "지금의 IBM에게 가장 불필요한 것은 비전이다."라는 말을 하여 비난을 받기도 했다. 지금은, 도산 위기의 회피에 전 사원의 힘을 집중하자는 의미에서 일부러 비전을 외면했던 것이 개혁의 리더로서는 정확한 판단이었을지 모른다는 생각이 든다. 결국 IBM은 그 후 새로운 미래를 열어갈 수 있었다.

그리고 2003년에 거스너를 이어 CEO가 된 새뮤얼 팔미사노(Samuel Palmisano)에게 IBM의 새로운 미래를 구축할 책임이 주어졌다. 그의 리더

---

4) 루이스 거스너의 IBM 개혁에 대해서는 다음 책을 참고했다. 『거상도 춤춘다(巨商も踊る)』(오카야마 요이치(岡山洋一) 저, 다카토 유코(高遠裕子) 역, 니혼경제신문사, 2002).(국내 미출간—역자)

십 아래 'THINK'를 브랜드명으로 삼은 'ThinkPad'까지 포함한 PC 부문이 매각되는 등 과감한 개혁이 이루어졌고, 그 결과 IBM은 하드웨어 회사의 면모를 버리고 서비스 및 솔루션을 제공하는 회사로 거듭났다. 또 전략적으로는 사업 전체를 온디맨드(on-demand, 수요 중심)형으로 바꾸는 새로운 방향성이 제시되었다. 그러려면 하드웨어, 소프트웨어, 네트워크, 주변 기기, 서비스 등 다양한 부문에 소속된 사원들이 일체가 되어 사업을 속도감 있게 전개해야 한다. 그러려면 예전에 IBM을 위기로 몰아넣은 부문 간 연계 부족과 같은 사태가 두 번 다시 있어서는 안 되었다. 따라서 사업 분야 확대, 국제 사업의 지역 확대, 그리고 직원의 연령대 다양화 등의 요인으로 점점 복잡해지고 있던 IBM 조직을 일체화하는 것이 급선무였다.

그래서 팔미사노는 2003년에 전 세계의 IBM 사원이 참여하는 온라인 토론회 'Values Jam'을 개최했다.[5] 이 토론회를 통해 소속 부문에 관계없이 전 세계의 IBM 사원이 공유해야 할 가치관이 제시되었고, 사원들은 그에 대해 자유로운 토론을 펼쳤다. 3일에 걸쳐 약 5만 명의 사원이 온라인 토론에 참여했으며(물론 팔미사노도 참여했다.) 약 1만 명의 사원이 미리 제시된 가치관에 관한 의견을 개진했다.

이리하여 새로운 IBM의 가치 이념이 탄생했다. 그런데 여기서 도출된 '고객의 성공을 위한 헌신', '우리 회사와 세상을 위한 혁신', '모든 관계에 있어서의 개인적인 신뢰와 책임'이라는 새로운 가치 이념은 토마스 왓슨 시니어가 오래전 1914년에 제창한 '개인의 존중', '최선의 고객 서비스', '완전성의 추구'라는 세 가지 신조와 무척이나 비슷했다.[6] 이런 사실은,

---

5) Values Jam에 대해서는 *Harvard Business Review*(December, 2004)의 "Leading Change When Business is Good, An Interview with Samuel J. Palmisano"를 참조했다.

6) 새로운 가치 이념은 다음과 같다. 'Dedication to every client's success. Innovation that matters for our company and the world. Trust and personal responsibility in all

변하는 시대 속에서도 변하지 않는 소중한 가치를 IBM 사원들에게 가르쳐주었다. 뒤집어 말하면 이 가치를 실행하지 않을 때 IBM은 위기를 맞게 된다는 뜻이다.

단, 비슷하기는 하지만 새로운 가치관에는 새로운 IBM에 대한 변혁 의지도 확실히 나타나 있었다. 고객을 표현하는 데 일부러 'customer'가 아닌 'client'라는 말을 쓴 것은 IBM이 서비스, 솔루션을 제공하는 새로운 비즈니스 모델을 지향했기 때문이다. 사업 목표로 삼아야 할 것도 '완전성'이 아닌 '혁신'이었다. 이 새로운 가치 이념을 사내에 전파하기 위해 IBM이 '톱다운'이 아닌 전 사원이 참가하는 '보텀업'의 방식을 택한 것은 사원들이 혁신을 향해 주체적으로 움직이기를 원했기 때문이다.

앞으로 계속 소중히 여길 가치는 무엇이고 바꾸어야 할 고정관념은 무엇인가? 새로운 가치 이념은 그것을 IBM에 가르쳐주었다. 새로운 가치관으로 통합된 IBM은 글로벌화에 박차를 가했다. 현재 GIE의 IBM 사원은 국경, 부문을 불문하고 서로 적극적으로 연계하며 일하고 있다. 그리고 하나가 된 IBM의 다양한 사원들은 IT를 통해 더 스마트한 지구와 도시의 조성에 나서고 있다.

IBM 100년의 역사는 변혁의 역사다. 세상에 끊임없는 혁신을 제공하기 위해서는 IBM 자신도 변해야 했다. 그랬기 때문에 IBM은 100년간 존속할 수 있었다. 또 IBM 100년의 역사를 통해, 우리는 기업의 지속적 존속을 위협하는 위기가 사외 환경의 변화와 사내 문제(부문 간 연계, 전사적 관점을 방해하는 사내 복잡성의 증대)의 연쇄에 의해 일어난다는 것을 알 수 있다.

1980년대에 컴퓨터 업계에서 일어난 큰 변화에 대응하지 않았다면 IBM은 지속적으로 성장할 수 없었을 것이다. 그러나 복잡화, 거대화한 IBM

---

relationships.' 예전의 기본 신조는 다음과 같다. 'Respect for the individual. The best customer service. The pursuit of excellence.'

은 위기감의 전사적 공유와 일체화된 대응에 실패하여 도산의 위기를 맞았다. 이처럼, 조직의 지속적 성장을 위해서는 외부 환경 변화와 내부 복잡화에 동시에 대응해야 한다는 사실을 우리는 IBM의 사례로부터 배울 수 있다.

지속적으로 성장하는 조직의 요건

조직에게 가장 중요한 것은 조직의 사명을 완수하는 동시에 지속적으로 성장하는 일이다. 성장이 멈추면 조직은 존속하지 못한다. 기업이라면 도산할 것이고 그 결과 사원과 그 가족, 고객, 주주, 지역사회, 거래 회사 등 다양한 이해 관계자는 큰 피해를 입게 된다. 따라서 조직은 지속적인 성장을 위협하는 사태에 대해 적절한 대항의 조치를 취해야만 한다.

조직은 사회적 존재이므로 인간의 정의에 반하는 행위를 하면 존속할 수 없다. 나중에 자세히 설명하겠지만, 조직의 리더에게는 프로네시스(賢慮, 실천적 지혜)가 요구되며 공공선, 전체 선에 반하는 행동과 판단은 허용되지 않는다. 따라서 조직은 윤리, 규정을 한 번만 위반해도 시장에서 퇴출된다. 즉 '원 스트라이크 게임 오버'다. 이처럼 윤리와 규정을 준수한다는 전제하에 조직의 지속적 성장을 저해하는 세 가지 심각한 요인이 있다. 그것은 내부 복잡성의 증대, 외부 환경 변화, 그리고 속인성(屬人性)이다.

'내부 복잡성의 증대'는 조직 성장에 따른 부산물이다. 사원이 50명인 조직보다 100명인 조직의 내부가 복잡하기 마련이다. 취급하는 상품 수와 사업 부문이 늘어나면 조직 내부도 복잡해진다. 또 역사가 10년인 회사보다 50년인 회사가 내부 조직이 복잡할 것이다. 이처럼 조직의 성장과 함께 증대되는 내부 복잡성에 잘 대처하지 못하면 조직의 지속적 성장이 어려워진다. 조직 내 소통에 시간이 걸리게 되고 규정 위반이 일어날 위험성이 높아지기 때문이다. 의사결정이 늦어져서 빠른 대처도 불가능해진다. 조직 내의 부문 우선주의가 과도해져 활동의 중복 등에 따른 낭비, 비효율성이 높아지고 나아가서는 수익성이 떨어질 수도 있다. 사업 부문 간 장벽 때문에 전사적 문제가 원활하게 공유되지 않아 경영 위기가 찾아올지도 모른다.

이런 내부 복잡성의 증대를 방치하면 조직의 지속적 성장은 위기를 맞게 된다. IBM이 소형화의 흐름 속에서도 부문 우선주의에 집착하여 일관된 대처를 하지 못했던 것도 이런 내부 복잡성을 잘 처리하지 못했기 때문이다.

그러나 조직은 내부 문제에만 집착해서는 안 된다. '외부 환경 변화'에도 대응해야 한다. 새로운 고객 니즈의 등장, 새로운 경쟁, 업계 경쟁의 토대를 근본적으로 바꿔놓을 만한 파격적 기술, 지리 · 정치적 문제 등의 요인에 따라 조직을 둘러싼 환경이 크게 달라질 가능성은 항상 존재한다. 여기에 잘 대처하지 못하면 기업은 업적이 악화되어 경쟁우위를 잃고 성장을 멈춘다. IBM이 위기에 빠진 것도 PC, 네트워크 컴퓨터 등의 등장으로 시작된 1980년대 컴퓨터 업계의 큰 변화에 제대로 대응하지 못했기 때문이다.

마지막으로 '속인성' 문제가 있다. 어떤 조직이든 문제는 있기 마련이다. 정도의 차는 있겠지만 문제가 없는 조직은 없다. 그렇다면 지속성의 관건인 기업의 경쟁우위를 확보하는 일은 신속한 문제 해결 능력에 달려 있다고 해도 과언이 아니다. 뛰어난 능력을 지닌 사람이 조직에 있어서 모든 문제를 해결해 준다면 어떨까? 이것은 일시적으로는 좋은 현상일지 모르지만 장기적으로는 그렇지 않다. 어떤 사람도 조직을 영원히 책임질 수 없다. 위대한 경영자 토마스 왓슨 시니어가 회사를 영원히 이끌 수 없었던 것처럼 말이다. 특정 개인의 능력에 의존한 경영은 조직의 지속적 성장을 위협한다.

내부 복잡성의 증대, 외부 환경 변화, 속인성(屬人性). 조직은 자신의 지속적 성장을 위협하는 이 세 요인에 대해 적절한 대응책을 취해야 한다. 즉 '내부 복잡성'에는 '관리'로, '외부 환경 변화'에는 '리더십'으로, '속인성'에는 '인재 육성'으로 대응해야 한다.[7)]

먼저 '관리'를 살펴보자. 관리자는 조직의 사명과 비전, 조직원이 마음에 새기고 의사결정과 행동에 반영할 가치 이념을 말로 표현할 뿐만 아니라 그 공유를 촉구함으로써 조직을 하나로 통합한다. IBM의 비디오에서 토마스 왓슨 시니어가 가장 많이 등장한 것도 그가 제창한 'THINK'의 가치가 100년 이상 사원들 사이에서 공유되고 있기 때문이다. 또 새뮤얼 팔미사노가 '온디맨드'라는 새로운 전략을 펼치기 전에 사원을 일체화하기 위해 전체 토론을 실시한 것도, 부문 간 연계를 개선하고 조직을 하나로 통합하지 않으면 새로운 전략을 실행할 수 없기 때문이었다.

관리자는 조직을 통합한 후 목표 달성에 필요한 업무를 명시하고 그것을 수행하는 부서를 설치한다. 그리고 직무를 담당하는 부서별로 목표를 할당하고 조직 수행에 필요한 기술과 경쟁력을 명시한다. 또 그 기술을 구비한 인원을 배치한다. 부서의 책임을 맡은 관리자는 부원과의 면밀한 소통을 통해 각자의 담당 과제에 대한 이해도를 높이고 빈번한 피드백을 통해 과제 수행에 철저를 기한다.

또 배치된 인원이 직무를 제대로 수행하고 있는지 파악하기 위해 적절한 평가 척도를 설정하고 그에 따라 평가를 실시한다. 평가를 보수에 반영함으로써 부서의 과제 실행에 철저를 기하고 부서원의 의욕을 높인다. 이 모든 일이 관리를 통하여 이루어진다. 조직의 성과는 그 최소 단위인 부와 과가 각각의 목표를 달성하느냐 마느냐에 달려 있으므로, 성과를 철저히 추구하는 관리자의 역할은 매우 중요하다.

---

7) 리더십과 관리의 정의는 코터의 다음 책에 의거한다. *Leading Change*(John P. Kotter, Harvard Business review press, Boston, MA, 1996). 일본어 번역서는『기업변혁력(企業変革力)』(우메즈 히로요시(梅津祐良) 역, 닛케이BP(日経BP)사, 2002). (이 책은 국내에『기업이 원하는 변화의 리더』(한정곤 역, 김영사, 2007)로 번역 출판되어 있음—역자)

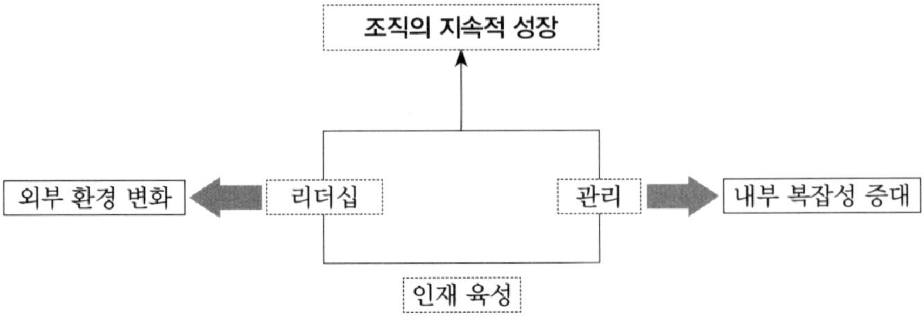

도표 1 조직의 지속적 성장을 실현하는 원리

그러나 내부에서 이처럼 완벽한 관리가 이루어지더라도 외부 환경은 항상 변화하므로 현실에 안주한다면 조직의 미래가 어두워진다. 그러므로 항상 외부를 주시하며 조직을 변화 태세로 유지해야 한다. 그러나 변화는 쉽지 않다. 같을 일을 반복하는 것이 훨씬 편하기 때문이다(같은 일을 반복한다고 모든 업무가 편한 것은 아니지만). 원래 사람에게는 창조성, 생각하는 힘이 있다. 다양한 환경 변화를 겪으면서도 인간이 진화를 멈추지 않았던 것도 그 덕분이다. 환경 변화에 대한 강인함이야말로 인간 본연의 특징이다.

그러나 외부 환경의 변화에 주의를 기울이지 않고 사내 환경에 적응하는 데만 집착한다면 인간 본연의 능력은 쇠퇴한다. 그러면 변혁을 실행하기가 매우 어려워진다. 그러므로 조직원의 관심을 밖으로 돌려 환경 변화에 대응하도록 하거나 변화를 주도하도록 해야 한다. 이때 필요한 것이 리더십이다. 리더십이란 현상 유지를 허용하지 않고 도전에 직면하며, 새로운 방향으로 타인을 유도함으로써 조직을 변혁으로 이끄는 힘이다.

기능의 차이는 명확하지만, 관리와 리더십은 상호 보완적인 역할을 한다. 관리와 리더십이 양 축을 담당해야만 조직은 지속적으로 성장할 수 있다. 둘 다 조직에는 꼭 필요하다. 'either or'가 아니라 'both'다. 관리와 리더십은 양립해야만 한다. 그러므로 단순히 관리만 하는 관리자는 바람직하지 않다. 리더십을 갖춘 관리자가 반드시 필요하다.

즉 관리자는 본연의 업무를 수행하면서도 외부 환경 변화에 항상 주목하고, 필요할 때마다 업무 혁신의 선두에 서야 한다. 그것이 리더십을 갖춘 관리자의 바람직한 모습이다. 그러므로 관리와 리더십의 기능 차이부터 확실히 이해할 필요가 있다. 또한 다른 조직원이 관리 능력과 리더십을 지속적으로 함양할 수 있도록 인재 육성에 힘써야 한다. 인재 육성은 조직의 지속적 성장을 위협하는 속인성에 대한 가장 효과적인 대응책이기 때문이다.

리더십을 육성하는 관리자

관리와 리더십에는 또 하나의 중요한 차이가 있다. 바로, 관리는 조직 계층과 관련된 개념인 데 비해 리더십은 조직 계층과는 전혀 무관한 개념이라는 것이다. 쉽게 말하자면 신입사원은 관리자가 될 수 없지만 리더가 될 수는 있다. 설사 작은 일이라도, 현상을 타파하는 도전에 나서고 남을 선도하며 무언가를 변혁하려 한다면 그 사람은 리더인 셈이다.

그러나 무엇이든 바꾼다고 리더가 되는 것은 아니다. 나중에 자세히 설명하겠지만, 변혁의 목적은 자기 이익을 넘어선 전체 선, 즉 공공의 선이어야 한다. 조직의 모든 계층에 리더가 존재할 때 조직의 변혁 동력은 강해진다. 따라서 조직원 전체가 리더가 되어야 한다. 말했다시피, 누구에게나 리더십은 존재하는 법이다.

그런데 리더십에 관한 책을 쓰다 보니, 내가 관리보다 리더십을 중요하게 생각하는 것처럼 생각될지도 모르겠다. 그러나 그것은 큰 오해다. 조직원 전체가 관리자가 될 수는 없다. 게다가 관리자가 되려면 대개 10년 정도의 업무 경험이 필요하다. 부하를 지도하는 동시에 소속된 과와 부의 목표를 달성하려면 그만한 경험이 요구되기 때문이다.

즉 관리자의 사명은 자기 부서의 목표를 성취하는 것이므로 관리자에게는 그에 적합한 수준 높은 업무 지식과 기술이 필요하다. 특히 아직 지식과 기술이 부족한 부하에게 그것을 전달하는 것이 관리자의 중요한 역할이므로 실전으로 증명된 수준 높은 업무 지식과 기술이 필수적이다.

조직의 지속적 존속을 위협하는 속인성을 방지하는 최고의 대책, 즉 인재 육성을 조직에서 주로 담당하는 사람도 관리자다. 물론 인사부에서 실시하는 연수 역시 인재 육성에 큰 역할을 하지만, 조직원이 압도적으로 많은 시간을 보내는 일터가 인재 육성의 장이 되지 못한다면 제아무리 훌륭한 연수가 실시된다 해도 아무 소용이 없다. 부하 각자의 강점과 개발 욕구를 파악함으로써, 업무의 현장에서 강점을 더욱 강화할 수 있는 과제를 부여해야 한다. 관리자의 인재 육성은 이런 일상 업무의 장에서 부하에게 실천지를 전달하는 형태로 이루어진다.

그러므로 부하가 평소에 스스로 생각하는 습관을 들일 수 있도록 개방형 질문을 적극적으로 활용해야 한다. '예, 아니오'로 답하는 '닫힌 질문'(closed question)은 되도록 피하자. 때로는 어려운 과제를 부여하여 그것을 극복하면서 능력을 기르도록 하자. 빈번한 피드백 또한 잊어서는 안 된다. 피드백은 동기를 부여할 뿐만 아니라 필요한 능력, 무엇보다 리더십을 갖추는 데 도움이 된다. 피드백의 방법을 구체적으로 설명하자면, 먼저 칭찬할 만한 점을 추상적으로 전달한 뒤 그것을 구체적으로 설명한다. 그런 다음 개선점 등 리더십 육성을 위한 과제를 구체적으로 지적한다. 마지막에 다시 부하의 성장을 칭찬하고 피드백을 마치면 된다. 이와 같은 피드백은 관리자가 부하를 육성하는 데 쓰이는 기본 기술이다.

어려운 과제를 계속 부여하여 리더십을 육성하는 프로세스, 그리고 그것을 지원하는 피드백 시스템이 조직 내에 제대로 갖추어지면 지속적인 인재 육성이 가능해진다. 관리 업무의 핵심에는 이러한 인재 육성, 무엇보다 리더십의 육성이라는 관점이 존재해야 한다.

관리자에게 10년 정도의 실무 경험이 요구되는 것은 인재 육성에 필요한 양호한 인관관계를 구축하는 능력도 필요하기 때문이다. 관리자는 자신과 세대가 다른 부하의 특성을 이해하고 적절한 소통 방식을 채택하여

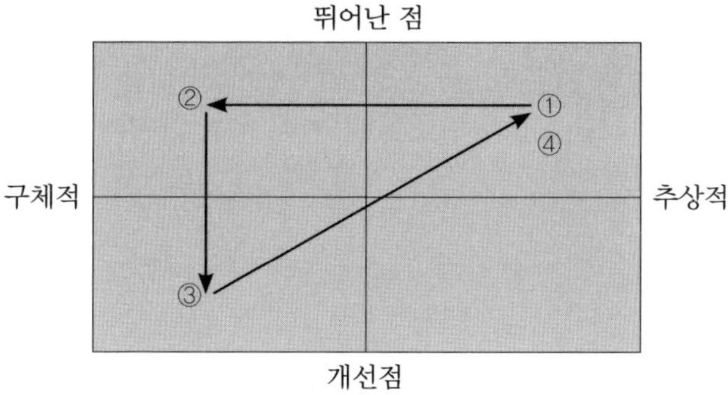

도표 2 효과적 피드백의 제공

양호한 상호 관계를 구축할 수 있어야 한다. 또 자신의 성장을 위해서는 부하로부터 자신에 대한 피드백을 받는 등 타인의 의견에 귀를 기울이며 자신이 강화해야 할 강점, 개선해야 할 과제를 파악하는 일도 필요하다.

그렇게 함으로써 관리자는 부하의 롤모델이 되어야 한다. 부하로부터 피드백을 받는 일은 심리적으로 쉽지 않겠지만, 그것이 자신의 성장에 도움이 될 것이라 믿고 진지하게 받아들이자. 특히 부하의 평가를 포함한 360도 피드백을 받을 때는 SARAH(Shock, Anger, Rejection, Acceptance, and Help)의 단계를 거치는 것이 효과적이다. 이처럼 부서에 소속된 모든 부서원이 서로의 성장을 돕는 관계를 구축하느냐 마느냐가 관리자의 손에 달려 있다.

지금까지 말한 '관리'는 영어로 'Management'인데, 이는 'Control(통제)'과는 전혀 다른 개념이다. 그 결정적인 차이는 그 안에 인재 육성의 관점이 포함되느냐에 있다. 누구나 리더십이 있다고 하지만, 현실에서 모든 조직원이 리더십을 발휘하는 것은 아니다. 그것은 조직원들이 자신에게 리더십이 있음을 아직 알아차리지 못했기 때문일지도 모른다. 혹은 알아차리기는 했지만 조직이 조직원의 리더십 발휘를 장려하지 않는 탓일지도 모르겠다. 다시 말해 그 조직은 말은 '관리'라고 하지만 실제로는 '통제'가 이루어지는 조직이라 할 수 있다.

리더십 여정을 떠나자

누구에게나 리더십이 있다. 이 말에 거부감을 느끼는 사람이 있을지도 모르겠다. 하긴, 지금도 "리더십은 특정인만 가진 특별한 재능이다.", "리더십은 조직의 수장에게만 필요하다."는 말을 종종 듣는다. 한편, 리더나 리더십이라는 말을 흔히 접하기 때문에 누구나 나름의 리더, 리더십에 대한 정의를 갖고 있을지도 모른다.

그러나 리더, 리더십에 관해 학교에서 제대로 배운 사람이 얼마나 될까? 아마 별로 없을 것이다. 따라서 리더와 리더십에 관해 사람마다 다르게 이해하고 있을 가능성도 높다.

모든 사람에게는 리더십이 있으므로 모두가 리더십의 여정을 시작하는 것이 이상적이다. 그러나 사람은 직접적 경험을 통해 리더십을 배워야만, 즉 실천지로서의 '리더십 철학'이 있어야만 리더십을 진정으로 이해하며 리더십의 여정을 지속할 수 있다. 그리고 여정이 일단 시작되면 현상 유지를 허용하지 않는 도전이 이어질 텐데, 그것에 꺾이지 않고 극복해 나가는 중에 리더십이 더욱 연마될 것이다.

리더로서의 여정에 끝은 없다. 아니, 리더십을 더 발휘하지 못하게 되었을 때 리더십 여정이 끝난다고 하는 편이 맞을지도 모르겠다. 현상에 안주하지 않고 다음 단계의 과제를 차례차례 해결하며 여정을 지속하자. 다음 단계의 과제를 해결하려면 새로운 지식, 능력과 기술이 필요하다. 그러므로 네트워크를 넓히고 자신의 세계도 넓히자. 스스로를 변혁하며 여정을 지속하자.

그 여정을 통해 획득해야 할 것은 타인을 이끄는 실천적 리더십의 철학이다. "사람들을 설득하고, 혹은 설득하지 못해도 스스로 강에 뛰어들어 함께 헤엄쳐야 한다. 일심으로 달려들어야 한다. 그렇게 아수라장을 거듭 빠져나오고, 물을 먹어 가면서 강을 건너는 경험을 반복하다 보면 싸우는 법을 깨우칠 것이다. '여기는 강경돌파가 답이다.', 혹은 '여기는 다른 방법을 써야 한다.'는 감각이 생겨날 것이다."라는 로손의 다마쓰카 씨의 말이 리더십의 실천지를 획득하는 과정을 멋지게 표현하고 있다.

리더십의 여정은 일반 여행과 달리 뜻밖에 시작될 때가 많다.

가오의 사와다 씨의 리더십 여정은 1999년에 소재 개발 연구소의 실장으로서 잉크젯 프린터 프로젝트를 개시했을 때 시작되었다. 또 도쿄해상일동화재보험의 나가노 씨는 2000년부터 진행된 '초보험' 프로젝트 시절에 리더로서의 진정한 인생이 시작되었다고 말한다.

열두 명의 리더십 여정 중 면밀한 계획에 기초하여 시작된 여정은 거의 없다. 대부분이 우연히 시작되었다. 15년 단위의 면밀한 계획을 갖고 경력을 쌓은 칼비의 마쓰모토 씨도 마찬가지여서, 60세 이후의 여정은 전혀 예상 밖이었다. 그리고 그 예상 밖의 여정이야말로 리더로서의 마쓰모토 씨의 명성을 높여주었다.

이처럼 본격적인 리더십 여정은 갑자기 시작되는 경우가 많지만, 여정에 대한 각오가 없다면 모처럼 찾아온 시작의 기회도 잡을 수 없다. 고바야시 씨가 메릴린치의 사장이 된 것은 청천벽력이었을지 모르지만 어떤 일이든 열심히 하자는 그녀의 신념과 회사의 경력 개발 정책은 여정에 대한 훌륭한 준비가 되어주었다.

일단 여정이 시작되면, 닥쳐오는 도전을 피하지 않고 그것을 극복하며 여정을 계속해야 한다. 그러나 변혁의 여정을 개인의 의지로 지속하기는 쉽지 않다. 새로운 일에 도전하기란 심리적으로나 능력적으로나 어려운 일이기 때문이다. 이는 직장 환경(업무 내용과 일하는 장소)을 바꾸지 않는 한 불가능에 가깝다.

따라서 조직 내에 개인을 새로운 일에 도전시키는 시스템을 갖출 필요가 있다. 다시 말해 리더십 육성 시스템을 갖추어야 한다. 구체적으로 말해, 관리자는 부하에게 도전적인 업무 과제를 부여하고 그것에 도전하는 과정을 통해 리더십을 육성시켜야 한다. 인사이동을 통해 새로운 환경을 경험하게 하고 새로운 업무에 도전시킨다. 특히 뛰어난 능력을 갖춘 인재라면 회사의 핵심 프로젝트의 담당자로 임명하여 변혁을 주도하는 경험을 쌓게 하는 것이 좋다.

또한 피드백 프로세스를 정비하여 도전의 성과를 빈번히 전달함과 동시에 본인의 성장 욕구를 자극해야 한다. 또 피드백에는 공식적 피드백뿐만 아니라 틈 날 때마다 빈번하게 이루어지는 비공식적 피드백도 포함되어야 한다. 이런 피드백 과정은 CEO에게도 반드시 필요하다. 그것은 360도 조사나 경영진에 대한 사원의 정기적 제안, 혹은 사외이사에 의한 멘토링 등 다양한 형태로 이루어질 수 있다. 그리고 도전적인 과제를 수행한 결과는 반드시 평가에 반영되어야 한다. 리더십을 발휘한 데 대한 보수가 필요하기 때문이다.

여정 중의 경험을 통해 실천지를 기른다

리더십은 조직 내 계층과는 무관한 개념이므로 조직의 도처에 리더십이 존재하는 것이 바람직하다. 어떤 수준의 리더십이 발휘되느냐는 각자의 경험과 경력, 역할에 따라 다르지만, 자기 이익을 넘어선 전체 선을 지향한다는 것은 모든 리더십의 공통된 특징이다.

최근, 기업의 사회적 사명에 관한 인식이 급속히 보급되고 있다. 기업과 사회적 공헌 사이에 면밀한 관계가 없었던 예전의 CSR(Corporate Social Responsibility, 기업의 사회적 책임)을 대신하여, 요즘은 기업과 사회적 문제 해결을 동시에 적극적으로 꾀하는 CSV(Creating Shared Values, 공유 가치 창출)의 개념이 대두되고 있다.[8)]

리먼 사태로 세계는 큰 고통을 겪었다. 또 글로벌화의 진전은 세계에

8) CSV에 대해서는 *Harvard Business Review*(January 2011)의 “Creating Shared Value”(Michael E. Porter and Mark R. Kramer)를 참조.

대한 한 기업의 영향력을 점점 증대시키고 있다. 따라서 기업은 자신의 사회적 사명을 인식하고 사회에 긍정적인 영향을 끼쳐야 하며, 사업의 발전과 사회의 발전을 연계시켜야 한다. IBM의 '100×100' 비디오에서 제품 혁신과 함께 사회적 혁신(장애인 지원법, 미국 민권법이 제정되기 무려 10년 전에 사내에 '민족적 배경에 기초한 차별 금지 규정'을 제정함)의 업적이 언급된 것도 이런 생각에 기초하고 있다.

IBM과 어깨를 나란히 하는 글로벌 기업 GE 역시 세계적인 문제 해결을 자사의 임무 중 하나로 규정했다.[9] 이제 '세계적 기업'이란 '세계적 문제를 해결할 수 있는 기업'이라고 이해해야 하는 시대다.

공공선에의 공헌을 목표로 하는 이런 리더십의 토대는 아리스토텔레스가 말한 '프로네시스'에서 찾을 수 있다. 아리스토텔레스에 따르면, 이 프로네시스, 즉 실천지는 정답을 하나로 단정할 수 없는 상황에서 진리를 찾아내는 지식을 말한다. 순간순간 바뀌는 환경 가운데, '지금, 여기'(here and now)의 지점에서 자신이 놓인 상황을 냉정히 판단하고 보편적 원칙을 적용하며 최적의 판단을 내리는 지식, 아리스토텔레스는 이런 지혜를 '프로네시스'라 칭했다. 이는 영어로 번역하면 'prudence', 일본어로 번역하면 '현려', 즉 사려와 분별이다(우리나라에서는 주로 '실천지'로 번역되고 있음—역주).[10]

---

9) GE의 열린 혁신 홈페이지(http://www.ge.com/about-us/openinnovation).

10) 프로네시스는 아리스토텔레스의 다음 책에 등장한다. 『니코마코스 윤리학 상·하』(다카타 사부로(高田三郎) 역, 이와나미(岩波)문고, 1973), 특히 그 6권 제5장을 참조했다. 이에 대한 해설서로는 『철학의 향연 : 소크라테스 · 플라톤 · 아리스토텔레스』(오기노 히로유키(秋野弘之), 일본방송출판협회, 2003)가 있다. 잡지 중에서는 『인간회의(人間会議)』(2006년 겨울호)의 77~81쪽 '실천에 활용하는 지성'을 참고했다. 처음으로 경영에 프로네시스를 본격 도입한 서적은 『흐름을 경영하다 : 지속적 혁신 기업의 동태 이론(流れを經營する–持続的イノベーション企業の動態理論)』(노나카 이쿠지로(野中郁次郎) · 도야마 료코(遠山亮子) · 히라타 도루(平田透), 도요 경제신보사, 2010)이다. 또 타인의 프로네시스를 육성하는 일을 지식 창조를 맡은 리더의 중요한 사명으로 규정한 글은 *Harvard Business Review*(May 2011)의 "The

프로네시스는 자기의 선과 이익에 관해, 부분이 아닌 전체로서 잘 살기 위해 뛰어난 방법을 구사하여 숙려하는 능력을 의미한다. 프로네시스는 논리적으로 이해되는 가설이나 검증에 기초한 학문 · 기술과는 다르다. 프로네시스는 보편과 동시에 개별을 이해해야 하며, 그만큼 다양한 국면을 경험하는 중에 연마되는 것이기 때문이다. 오기노 히로유키(秋野弘之) 씨도 이렇게 말했다. "새로운 상황에 직면했을 때의 행동을 결정하는 회로는 우리의 경험과 상식이라는 비옥한 평야에 항상 잠들어 있다."[11]

실천지에서 비롯된 이러한 지식은 반드시 경험을 통해 육성되므로 연령도 큰 의미를 지닌다. 리더십 여정을 거치는 동안 경험을 쌓으며 실천지를 연마해야 하기 때문이다. 이는 '전 계층에 존재하는 리더십'이라는 관점에서도 의미가 크다. 젊을 때부터 리더십을 발휘하는 경험을 거듭하다 보면 결국은 전체의 선, 나아가 사회의 선, 공공선을 위해 혁신의 리더십을 발휘할 수 있다. 그 경지에 이르기까지 실천의 경험을 쌓아나가야만 한다.

특히 책임을 맡은 리더에게는, 일본 마이크로소프트의 히구치 씨가 말했듯이 사리사욕이 아니라 회사와 사원을 사랑하는 마음이 있어야 한다. 정말로 회사를 더 좋게 만들고 싶은 마음이 근본에 없으면 변혁에 대한 의지가 약해지기 때문이다.

실천지는 경험을 통해 몸에 밴 암묵지다. 따라서 그것은 말로 표현되지 않고서는 객관적으로 인식될 수 없다. 아무리 형식지화하려고 노력해도 암묵지로서의 요소는 남겠지만, 말로 표현해야만 타인에게 전달할 수 있

Wise Leader"(Ikujiro Nonaka and Hirotaka Takeuchi)의 2~11쪽에서 찾아볼 수 있다. 참고로 이 기사의 번역은 『DIAMOND 하버드 비즈니스 리뷰』(2011년 9월호)의 "현려의 리더 : '실천지'를 익혀라"(노나카 이쿠지로, 다케우치 히로타카(竹内弘高))다. 이 프로네시스에 대해서는 지식 포럼의 오기노 히로유키 선생, 그리고 지식 포럼의 노나카 이쿠지로 선생의 도움을 많이 받았다.

11) 오기노 히로유키의 『인간회의』 중 "실천에 활용하는 지성" 81쪽.

다. 리더가 자신의 리더십 이야기를 남에게 들려주어야 하는 이유가 여기에 있다.

여정을 주도하는 리버럴 아츠

세상은 끊임없이 움직인다. 그러므로 리더는 개별적인 국면에서 올바른 판단을 내리고 행동해야 한다. 각각의 국면에서 어떤 판단을 내려야 할까? 이 어려운 문제에 답하기 위해서는 풍부한 경험을 쌓아 다양한 자산을 축적하는 것이 중요하다. 그래서 사례 연구가 필요하며, 전기 등을 통해 개인의 삶을 공부하는 것도 유익하다.

그러나 사례와 직접적인 경험에는 한계가 있다. 그러므로 시대를 넘어선 보편적 지식을 배우는 것이 중요하다. 그래서 리더십 육성이라는 관점에서 교양, 즉 리버럴 아츠를 배워야 한다. 리버럴 아츠는 영어로 'transferable skills(전환 능력)'라고도 불리는데, 말 그대로 자신의 지식을 시대의 변화와 개개의 국면에 활용할 수 있도록 전환하는 기술이다. 그리스, 로마 시대부터 전해 내려온 '교양'이란 독립적 인격의 소유자로서의 자유인이 배워야 할 학문이며, 사람을 자유롭게 하는 학문이다. 그러므로 이는 리더가 판단의 기준으로 갖추어야 할 학문이기도 하다.

혁신을 중시하는 기업인 혼다의 경영 이념에 이런 말이 있다. "이론 없는 행동은 흉기이며 행동 없는 이론은 무가치하다."(Action[technology] without philosophy is a lethal weapon, Philosophy without action[technology] is worthless.)[12)]

---

12) 2010년에 iPad를 발매하며 스티브 잡스가 했던 말. *The Wall Street Journal*(August 27, 2011)의 "Marrying Tech and Art: Steven Johnson on the Magic of His First Mac and How It Changed His Life" 참고.

혁신의 상징인 애플의 스티브 잡스도 이렇게 말했다. "It's in Apple's DNA that technology alone is not enough. It's technology married with liberal arts, married with humanities that yields the results that makes out hearts sing."(기술만으로는 부족하다는 것이 애플의 DNA다. 기술이 리버럴 아츠, 인간성과 일체가 될 때에야 우리의 가슴은 요동친다.)

교양을 배우지 않은 리더는 전체의 이익으로 이어지는 올바른 판단을 내릴 수 없다. 직접적인 경험 역시 교양이라는 토대가 있어야 비로소 현려로 이어진다.

철학자인 오기노 히로유키 씨 역시 "자신의 욕구와 목표를 적절히 조정하는 것은 정의, 용기, 절제, 성실 등 일반적으로 덕(德)이라 불리는 당사자의 인격과 성격이며, 이런 윤리적 탁월성이 동반될 때 현려는 제대로 기능할 수 있다."[13]고 말했다.

영국에서 교양은 대학에 들어가기 전까지 철저히 익혀 두어야 하는 학문이다. 그것은 대학에 진학하기 전 초급대학에서 교원이나 동료와의 교류를 통해 전공의 기반 지식을 개별로 철저히 지도받는 과정인 '튜토리얼(tutorial)'이나 '슈퍼비전(supervision)'을 통해 더욱 심화된다. 미국의 명문 하버드 대학이나 최고의 여대인 웰즐리 대학에서도 대학 교육의 중심을 교양에 두고 전문 과정은 대학원에서 가르치는 것으로 간주한다.

그에 비해 근대 이후 일본의 대학은 교양 교육을 너무 경시하는 경향이 있다. 예전에는 구제 고등학교(1894년~1950년의 일본 교육기관. 오늘날 대학 1~2학년에 상당하는 교양 교육을 했음—역주)도 교양을 중시했는데 말이다. 교양을 중시하는 새로운 대학이 등장했다는 기쁜 소식이 들리기는 하지만, 취업 활동에 절대적인 무게가 실리는 것이 현실이다. 이대로는 리더십의 기반이 조성되지 못한다. 많은 기업이 리더 양성 과정에 교양 과목을 늘리는 것도 이런 위기감 때문일 것이다. 학교 교육이 교양을 충분

13) 오기노 히로유키의 『인간회의』 중 "실천에 활용하는 지성" 78쪽.

히 가르치지 못한다면 그것을 개인이 혹은 조직이 보충해야 하는 것이다.

여정 가운데 자신만의 스타일을 확립한다

세상에서는 예상외의 일이 끊임없이 일어난다. '뜻밖의 일'은 우리의 일상이다. 세상의 모든 일을 합리성으로만 판단할 수도, 인과관계로 설명할 수도 없다. 원래 인간에게는 불합리한 면이 있다. 죄수의 딜레마(두 공범자가 협력해 범죄사실을 숨기면 증거 불충분으로 형량이 낮아지는데도, 상대방의 범죄 사실을 밝히면 형량을 감해 준다는 수사관의 유혹에 빠져 상대방의 죄를 일러바쳐 모두 무거운 형량을 선고받게 되는 현상—역주)에서 보듯, 이성에 의지한 판단이 어려워질 때 사람들은 신뢰에 입각하여 행동한다. 그런데 신뢰는 합리성만으로는 설명되지 않는다. 그것은 합리성을 넘어선 신념이라 불러야 할 것이다.[14)]

우리는 견본이 되는 스승의 개별 지도와 인격에 감화됨으로써 이런 '비인지 기술'(non-cognitive skill)을 획득할 수 있다.[15)] 따라서 훌륭한 롤모델이 있어야 리더에게 필요한 비인지 기술이 육성된다. 비인지 기술이란 완수하는 힘, 자제심, 의욕, 사회적 지성, 감사하는 마음, 낙관주의, 호기심 등을 가리키며, 이것들은 리더십의 발휘에 반드시 필요한 요소다.

---

14) 참고도서.『죄수의 딜레마 : 폰 노이만과 게임 이론(囚人のジレンマーフォン・ノイマンとゲームの理論)』(윌리엄 파운드스톤(William Poundstone) 저, 마쓰우라 슌스케(松浦俊輔) 역, 세이도(青土)사, 1995) 136쪽.(원서는 *Prisoner's Dilemma: John Von Neumann, Game Theory, and the Puzzle of the Bomb*(Doubleday New York, 1992). 국내에는『죄수의 딜레마』(박우석 역, 양문, 2004)로 번역 출판되어 있음—역자)

15)『성공하는 아이, 실패하는 아이(成功する子,失敗する子)』(폴 터프(Paul Tough) 저, 다카야마 마유(高山眞由美) 역, 에이지(榮治)출판, 2013)(원서는 *How Children Succeed*(Mariner Books, 2013)이며 국내에는『아이는 어떻게 성공하는가』(권기대 역, 베가북스, 2013)로 번역 출판되어 있음—역자)

그러나 롤모델에게 배우라고 해서 그의 리더십 스타일을 모방하라는 뜻은 아니다. 리더십을 육성할 때 범하기 쉬운 오류가 특정한 사람의 리더십 스타일을 이상적으로 생각하고 그것을 모방하려 드는 것이다.

실제로 그 유혹은 강하다. 저명한 리더 한 사람을 집중 조명한 기사는 우리 주변에 매우 흔하다. 스티브 잡스, 카를로스 곤, 잭 웰치, 제프 베조스(Jeff Bezos, 아마존 사장) 등 개개인의 리더십을 다룬 책도 많다. 그래서 그것을 읽고 그들의 리더십 스타일을 이상형으로 생각하여 모방하려는 사람이 있다. 혹은 모방하려다 잘 안 되었다는 이유로 좌절하는 사람도 있다.

'오센틱 리더십(Authentic Leadership)' 이론은 이런 현상이 리더십에 대한 큰 오해에서 비롯되었다고 설명한다.[16)]'오센틱 리더십'이란, 직역하면 진짜 리더십, 거짓 없는 리더십이다.

그것은 남을 이끌 때 자신다움을 잃지 않는 것을 말한다. 남의 리더십을 아무리 모방해도 그것은 결코 자신의 것이 될 수 없다. 그저 가짜일 뿐이다. 주변의 리더에게 강한 영향을 받으면서도 시행착오를 거쳐 독자적인 스타일을 확립해야 한다. 닛산자동차의 시가 씨가 곤 씨의 리더십에 지대한 영향을 받으면서 자신다운 스타일을 구축해 나간 것이 그 좋은 사례다. 많은 롤모델을 통해 자신만의 스타일을 확립한 LIXIL의 후지모리 씨도 마찬가지다.

'자신다움'은 자신이 삶에서 중시하는 신념과 철학에 기초하여 행동할 때 생겨난다. 철학에 기초하고 있으므로 그런 행동과 언동에는 일관성이 있다. 많은 리더가 뜻밖에 시작된 여정을 지속할 수 있었던 것은, 자신만

---

16) 오센틱 리더십에 대해서는 *Authentic Leadership: Rediscovering the Secrets to Creating Lasting Value*(Bill George, Jossey-Bass, 2004)를 참고했다(국내에는 『진실의 리더십』(정성묵 역, 원원북스, 2004)으로 번역 출간되어 있음—역자). 기사 중에서는 *Harvard Business Review*(February 2007)의 "Discovering Your Authentic Leadership"(Bill George, Peter Sims, Andrew N. McLean and Diana Mayer)을 참조했다. 번역 기사는 『DIAMOND 하버드 비즈니스 리뷰』(2007년 9월호)의 "자신다움의 리더십 : 있는 그대로의 자신을 알아차리는 것에서 시작한다."이다.

의 철학이 있었던 덕분이다. 그들은 어려운 상황에 빠지더라도 미래에 대한 희망을 잃지 않고 그 철학에 의지하여 계속 전진했다. 행동과 사고방식에 일관성이 없는 사람을 따르기는 무척 어려우므로, 철학에 기초한 이러한 행동은 리더의 중대한 필요조건 중 하나다.

자신의 철학에 강하게 몰두해 있어야만 행동에 일관성이 나타난다. 또 그런 강한 믿음을 획득한 것은 그 철학의 중요성을 체험한 경험이 있었던 덕분이다. 그런 의미에서 이런 신념과 철학은 그 사람만의 실천지, 즉 '오센틱 리더십'이라 말할 수 있다.

코스모 PR의 사토 씨는 그녀의 어머니와 외조부에게서 위험을 두려워하지 않고 새로운 일에 도전하는 자세를 물려받았다. 그리고 닛산의 시가 씨는 초등학교 시절부터 '공감'이라는 신념을 유지해 왔다. 또 시세이도의 마에다 씨가 사장 시절에 했던 개혁의 원점은 신입사원 시절에 보았던, 진지하게 고객을 생각하는 미용부원의 마음이었다.

고바야시 씨는 일반 사무직일 때부터 '오늘의 일을 150% 완수한다.', '내 영역을 넘어선 세상을 본다.'는 신조를 바탕으로 행동해 왔으며 그것이 결국 그녀를 메릴린치 일본증권의 사장의 자리로 이끌었다. 또 JT의 신가이 씨는 '우주인'으로 불릴 만큼 특이한 행동을 많이 한 덕분에 점점 더 새로운 도전에 직면하게 되었다. 그리고 결국 그의 앞에는 글로벌 리더십의 여정이 펼쳐졌다.

2005년에 스티브 잡스가 스탠포드 대학 졸업식에서 했던 연설 속에도 그의 오센틱 리더십에서 비롯된 실천지가 가득하다.[17] "좋아하는 일을 하다 보면 언젠가 그것들이 이어진다.", "어려운 일이 있어도 좋아하는 일을 계속하면 분명 좋은 결과가 나타난다.", "인생은 단 한 번이니 타인에

---

17) 스탠퍼드 대학의 웹사이트(http://www.youtube.com/watch?v=VHWUCX6osgM)에 2005년 6월 12일에 이루어진 이 연설의 전문이 게재되어 있다. 동영상은 유튜브(http://news.stanford.edu/news/2005/june15/jobs-061505.html) 참조. 이 연설은 'Connecting the dots, Love and Loss, Death'의 세 부분으로 구성되어 있다.

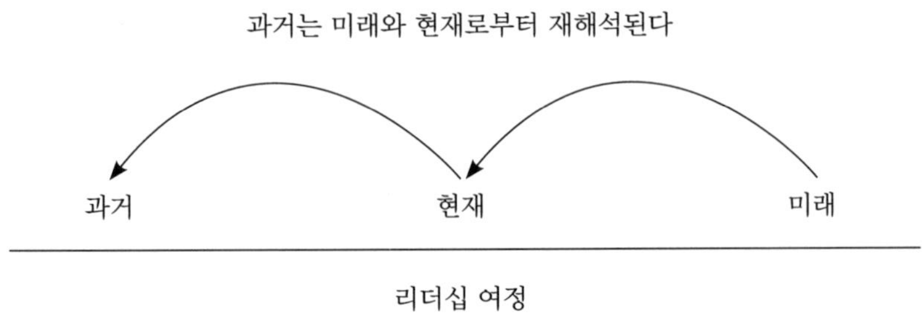

도표 3 이야기로 과거, 현재, 미래를 연결한다

게 통제당하며 살지 말아라.", "좋아하는 일을 찾아라.", "좋아하는 일을 쫓아가라.", "좋아하는 일을 계속 해라.", 그가 그렇게 자신 있게 말할 수 있었던 것은 그것이 자신이 직접 경험으로 배운 교훈이었기 때문이다. 그처럼 경험에 기초한 리더십 여정을 일관된 스타일로 지속한 덕분에 사람들이 그에게 매료되었고 그의 뒤를 따랐던 것이다.

여정을 이야기로 연결한다

리더십 여정의 토대인 실천지는 대개 암묵지다. 그러므로 그것을 말이나 글의 형태로 형식지화하지 않으면 리더로서의 자신의 본질을 타인에게 전할 수 없고 스스로도 그것을 잘 인식할 수 없다. 따라서 여정에서 겪은 경험을 이야기로 만들어 앞으로 계속될 여행의 지침서로 삼을 필요가 있다.

'이야기'란 '둘 이상의 사건을 엮어 줄거리를 짜는 행위'[18]이므로, 인생을 이야기하는 것은 그 사람의 삶의 경험을 유기적으로 조직하여 의미를

---

18) 『인생을 이야기하다 : 꾸밈없는 라이프스토리(人生を物語る—生成のライフストーリー)』(야마다 요코 편저, 미네르바서방, 2000) 중 1쪽 '인생을 이야기하는 일의 의미 라이프스토리의 심리학' 참조.

부여하는 행위와도 같다. 리더의 이야기는 그리운 마음으로 과거를 돌아보는 회상과는 다르다. 또 그 이야기는 사실과 완전히 일치하지 않을 수도 있다. 실천지는 원래 암묵지로 형성되는데, '사람은 자신의 행동을 올바르게 의식하지 못하거나 자신의 과거 행동을 왜곡하여 말할 가능성이 있기'[19] 때문이다. 리더의 '인생 이야기'도 사실과는 다소 다를 수 있다. 그러나 오히려 그렇기 때문에 거기에는 리더의 현재와 과거가 반영된다. 과거를 돌아볼 때 우리는 지금의 자신과 미래의 자신을 생각한다. 또 과거의 사건을 이야기할 때 우리는 현재와 미래를 동시에 이야기한다. '미래에의 관심은 현재의 시점에서 과거에의 관심과 이어지는'[20] 것이다.

역사가 베네데토 크로체(Benedetto Croce)는 "모든 역사는 현대사다."[21]라고 말했으며 역시 역사가인 E. H. 카(Edward Hallett Carr)도 "역사는 과거와 현재의 대화다."[22]라고 말했다. 이처럼 현대인인 역사가의 손과 입을 통해, 과거는 현재와의 대조를 거쳐 끊임없이 재구성되고 변용된다.

우리는 과거를 바꿀 수 없지만 이야기를 조금씩 바꿈으로써 과거의 사건을 재구성할 수 있다. 또한 과거는 바꿀 수 없지만 미래는 바꿀 수 있다. 생각을 바꾸면 미래가 달라진다. 따라서 과거의 사건을 이야기할 때, 우리는 현재를 생각하고 미래를 전망한다.

심리학자인 야마다 요코(やまだようこ) 씨의 "사람은 말로써 삶의 의미

---

19) 야마다 요코, 상게서, 4쪽.

20) 『역사철학에의 초대 : 생명 패러다임에서 생각하다(歴史哲学への招待 : 生命パラダイムから考える)』(고바야시 미치노리(小林道憲), 미네르바서방, 2013) 143쪽. (국내 미출간—역자)

21) 『역사의 윤리와 역사(歴史の理論と歴史)』(베네데토 크로체, 하니 고로(羽仁五郎) 역, 이와나미문고, 1952). (원서는 *History: Its Theory and Practice*(Russell&Russell, 1960). 국내에는 『역사의 이론과 역사』(이상신 역, 삼영사, 1987)로 번역 출판되어 있음—역자)

22) 『역사란 무엇인가(歴史とは何か)』(E. H. 카, 시미즈 이쿠타로(清水幾太郎) 역, 이와나미서방, 1962). (원서는 *What Is History*?(Vintage, 1967). 국내에는 『역사란 무엇인가』(김택현 역, 까치, 2015)로 번역 출판되어 있음—역자)

를 찾고 자신을 변혁한다."는 말도 같은 맥락에서 이해할 수 있다. 말이나 글을 통해 자신이 원래 무엇을 목표했는지 재확인할 수 있고, 그 목표를 실현하기 위해 행동과 습관을 바꿀 수도 있다. 그야말로 과거를 돌아보며 미래를 바꾸는 것이다. 그래서 여정을 지속하려면 과거를 돌아보아야 한다.

이야기로 엮어낸 실천지는 자신만이 아닌 타인의 리더십 지침서로도 쓸 수 있다. 이런 오센틱 리더십이 담긴 이야기는 일방적인 이야기로만 끝나지 않는다. 화자와 청자 사이의 상호작용으로 성립되는 내러티브(narrative)에서는 청자가 화자의 경험담에 자신을 비추어 봄으로써 공감을 느낀다. 화자 역시 청자의 반응에 의해 공감을 느낀다. 이처럼 공감이 발생하면 이야기는 주관 또는 객관의 구분을 벗어난다.

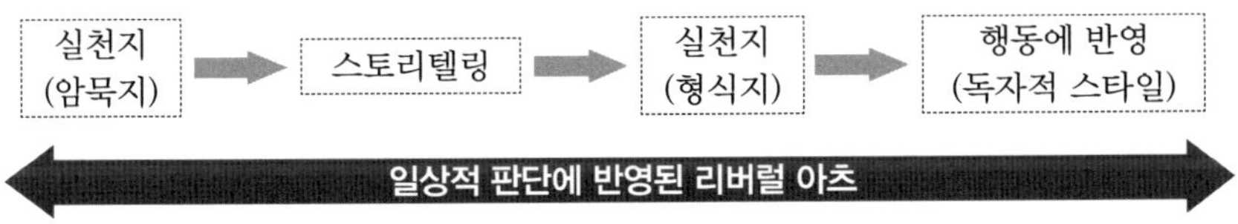

도표 4 독자적 리더십 스타일의 확립

이렇게 리더십 이야기는 '사람과 사람 사이의 공동체를 만들며 세대와 세대를 연결한다.' 따라서 리더십 이야기는 타인에게 리더십을 행사하는 데 매우 효과적이다. 즉 타인과의 관계에 공감을 더함으로써 리더십의 효과를 높일 수 있다.

런던 비즈니스 스쿨의 교수인 린다 그래튼도 이렇게 말했다. "리더가 '맨몸'으로 나서게 된 이 시대에는 공감, 내적 성찰, 메시지 발신이 그 어느 때보다 중요하다. 리더가 자신의 과거와 미래를 연결하는 나름의 이야기를 팔로워에게 전하면, 그것이 공감을 불러일으킴으로써 있는 그대로의 자신이 팔로워에게 전해진다."[23] 공감의 소통을 통해 세계가 움직이는 오

23)『미래기업 : 레질리언스 경영과 리더십(未来企業 － レジリエンス經營とリーダーシ

늘날, 이야기를 통한 리더십의 확립은 점점 중요해질 것이다. 사람은 논리나 숫자만으로 움직이지 않는다. 사람을 움직이는 것은 '말'이다. '숫자'에서 '이야기'로, 그것이 미래 기업 관리의 방향성이라고 생각한다.

이야기로 미래를 창조한다

세상에는 자신의 통제를 벗어난 일이 얼마든지 일어난다. 그러므로 아무리 노력해도 성공하지 못할 수도 있다. 최근 10년간, 세계는 예상치 못한 사건에 크게 휘둘려 왔다. 리먼 사태, 유로 위기, 그리고 동일본 대지진 등. 우리는 이런 상상 밖의 일로 상상 밖의 괴로움을 겪었다.

괴로움은 쉽게 사라지지 않으며 그 상처는 영원히 남는다. 그러나 우리는 괴로움을 극복하고 미래를 향해 나아가야 한다. 동일본 대지진으로 수많은 사람이 가족을 잃고 불행의 나락에 빠졌다. 그러나 그중에는 자신의 고통을 말로 전함으로써 희망적인 미래를 향해 나아가는 사람도 있다. 아무리 괴로운 일도 이야기가 되면 희망의 씨앗을 품을 수 있다. 이야기에는 고통을 극복하는 레질리언스의 힘이 있다.[24)]

이 책에서 소개한 리더십 이야기에서도 레질리언스의 힘을 찾아낼 수 있다. 양품계획의 마쓰이 씨는 세이유에서 무인양품으로의 이동을 좌천으로 받아들였다. 도쿄해상일동의 나가노 씨는 만반의 준비 후에 출범시킨 '초보험'이 의외로 부진한 상황 앞에서 사직까지 각오했다.

또 가오의 사와다 씨가 의기양양하게 상품개발 연수원에 도착했을 때 직면한 것은 이상과는 거리가 먼, 의욕을 잃은 연구원들의 모습이었다. 로

ップ)』(린다 그래튼 저, 요시다 신지(吉田晋治) 역, 프레지던트사, 2014).

24) 그러므로 재해 피해자의 이야기를 전달하는 활동은 레질리언스를 활성화시키는 데 매우 중요하다고 생각한다. NHK의 동일본 대지진 기록 보관소 서비스도 그런 활동의 일환이다(http://www9.nhk.or.jp/311shogen/).

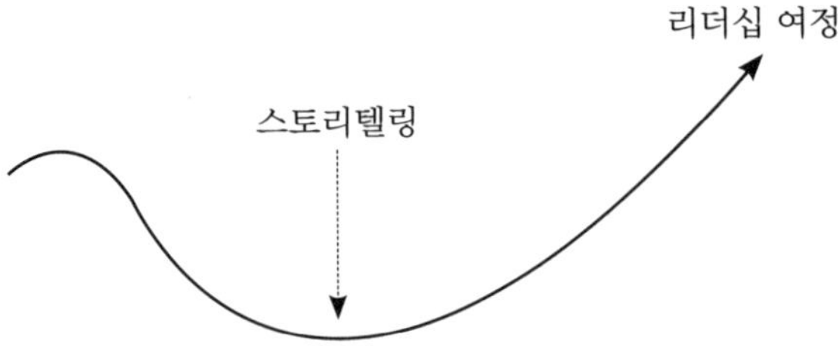

도표 5 스토리로 레질리언스를 발휘하다

손의 다마쓰카 씨는 퍼스트리테일링 시절, 오너인 야나이 다다시 씨의 뒤를 이었으나 3년도 되기 전에 그 자리에서 물러나는 극적인 경험을 했다.

그러나 그들은 그런 어려운 현실에 좌절하지 않고 미래를 향해 여정을 이어 나갔다. 예를 들어 좌천의 고배를 마신 마쓰이 씨는 '여기서 낙심하여 최선을 다하지 못하면 부활의 날은 없다.', '내가 내 진로를 끊을 뿐이다.'라는 생각으로 굳세게 일어나 리더십 여정을 재개했다.

리더는 종종 괴로운 경험을 한다. 그러나 그 경험을 이야기로 만들어 타인에게 전한다면 역경을 이겨내고 미래를 향한 여정을 용기 있게 계속할 수 있다. 이야기로 만들면 새로운 출발이 가능해진다. 동일본 대지진의 피해자들이 그랬듯이 말이다. 이야기로 만들면 자신이 원래 무엇을 하고 싶었는지도 재확인할 수 있다.

일본 마이크로소프트의 히구치 씨 역시 HP, 다이에이, 그리고 일본 마이크로소프트에서 이런저런 힘든 일을 겪는 중에도 '활기차게 일하면 그것이 좋은 성과로 이어진다. 기쁨은 나누어 배로 만들고 괴로움은 나누어 반으로 줄인다. 그런 이상적인 회사를 만들고 싶다.'는 생각으로 미래를 향해 나아갔다.

리더십 여정에 끝은 없다. 창조성이야말로 인간의 본질이기 때문이다. 그러므로 이 책을 펴내며 모든 이에게 이 말을 전하고 싶다.

Good luck to your leadership journey!

"이치조 선생은 학자니까 리더십에 관한 책을 써도 괜찮겠지만 나는 쓰지 않을 겁니다. 내 리더십 여정은 아직 끝나지 않았으니까요. 나는 지금도 계속 변화하고 있습니다. 내가 변하지 않게 되는 때가 내 리더십 여정이 끝나는 순간입니다."

2014년 10월에 실시한 인터뷰의 첫머리에서 LIXIL의 후지모리 씨가 했던 이 말에 감명을 받아 책의 제목을 '리더십의 철학'으로 정하게 되었다. 리더의 발자취를 각자의 리더십 철학이 확립되어 가는 여정으로 간주하고 그것을 이야기로 엮어 더 많은 사람의 리더십 여정을 응원하는 것, 그것이 바로 이 책의 목표다.

오랜만에 책을 단독 집필하면서, 내가 연구하는 리더십 이론과 지식창조 이론의 교집합 같은 책을 만들고 싶었다. 미시건 대학의 박사과정을 시작한 이후 내 연구의 핵심에는 항상 지식창조 이론이 있었다. 1991년 *Harvard Business Review*에 게재된 노나카 이쿠지로 선생의 논문 "The Knowledge Creating Company"에서 자극을 받아, 미시건 대학의 박사 논문의 주제도 "장소의 혁신(場におけるイノベーション)"으로 정했을 정도다. 세계에 메시지를 발신하는 의미 있는 일을 노나카 선생과 함께 하며 지적 창조 이론의 발전에 조금이라도 이바지할 수 있어서 정말로 기뻤다.

또한 미시건 대학의 은사인 노엘 M. 티시(Noel M. Tichy) 교수는 내게 기업 혁신과 리더십의 세계가 얼마나 매력적인지 가르쳐주었다. 그는 내게 기업을 혁신해야 하는 이유와 그것을 주도하는 리더십을 어떻게 육성해야 하는지도 가르쳐주었다.

또 노엘 교수는 나를 실천의 현장으로 데려가 내가 리더십 육성에 관한 나름의 실천지를 획득하도록 도와주었다. 그는 내가 유학하던 1991년 당시에 GE의 회장 겸 CEO인 잭 웰치의 믿음직한 부하 중 하나였는데, 그 네트워크 덕분에 나도 GE의 일을 맡을 수 있었다. 후지모리 씨와의 만남도 그 덕분에 성사되었다.

1995년에 미시건 대학에서 경영학 박사학위를 취득한 후, 나는 리더십 육성을 전문으로 삼아 활동의 장을 넓혀 나갔다. 시세이도의 마에다 씨, 닛산의 시가 씨, 도쿄해상일동의 나가노 씨, 로손의 다마쓰카 씨, 가오의 사와다 씨, JT의 신가이 씨 등 이 책에 등장한 리더들도 모두 내가 진행하는 리더 육성 프로그램의 지원자 또는 수강생으로 만날 수 있었다.

그때까지 일과 병행하여 연구해 왔던 지식창조 이론과 기업 변혁, 리더십 이론이 밀접하게 연관되기 시작한 것은 2011년부터 참여한 '지식 포럼'의 덕분이었다. '지식 포럼'은 2008년에 시작한 상당히 독특한 간부 육성 프로그램으로 지식창조 이론에 기반을 두고 있다. 또 이 프로그램은 노나카 선생이 주도하고 히토쓰바시 대학 명예 교수이자 하버드 대학 교수인 다케우치 히로타카(竹内弘高) 선생이 공동 지도를 맡았다. 그러나 다케우치 선생이 2010년에 히토쓰바시 대학을 은퇴한 후에는 내가 그의 자리를 대신하고 있다.

해마다 1년 내내 실시되는 '지식 포럼'은 매우 독특한 프로그램이다. 지식창조를 책임지는 리더는 이전에 경험해 보지 못한 혁신의 국면에서 올바른 판단을 내려야 한다. 미지의 상황에서 과거의 경험에 의지하고 싶겠지만 그런 경험을 해보았을 가능성은 낮다. 또 데이터는 과거만을 표현하므로 미지의 상황을 판단하기에는 부적합할지도 모른다. 그런 상황에서 리더는 무엇을 근거로 올바른 판단을 내릴 수 있을까?

'지식 포럼'에서는 그것을 '리버럴 아츠'라고 생각한다. 그래서 우리는 우선 반년에 걸쳐 교양을 철저히 가르친다. 평소에는 읽을 것 같지 않은 책을 읽히고 문학, 역사, 철학 등 전문 분야의 연구자에게 본격적인 강의를 듣게 한다. 그러나 아무리 제대로 가르친다 해도 1회 세 시간의 강의를 통해 배울 수 있는 교양은 제한적일 것이다.

그러므로 '지식 포럼'의 강의에서는 수강생인 경영자에게 교양의 의의부터 가르치려 한다. 일상적으로 독서할 뿐만 아니라 미술을 감상하거나 여행을 떠나는 등, 다양한 형태로 교양을 쌓을 수 있다는 사실을 그들에게 알려준다. 이처럼 교양을 쌓는 일에 관심을 갖고 리더십 여정에 첫발을 내디딤으로써 수강생들이 리더로서 올바른 판단력을 갖추게 하려는 것이다. 이것이 교양 강의의 목표다.

이 책의 집필에 큰 영향을 준 교토 대학의 명예 교수 야마다 요코 선생과 조치(上智) 대학 교수인 오기노 히로유키 선생도 '지식 포럼'의 교양 강의에서 처음 만났다. 교양 강의의 내용은 나에게도 큰 지적 자극을 준다. 나는 교양 강의를 통해 수강생과 똑같은, 아니 그보다 더 큰 자극을 받고 있는지도 모른다.

대학의 연구와 교육 이외의 기업 현장에서의 리더십 육성에 상당한 시간을 할애하게 된 상황에서, 교양 강의는 내가 자칫 잊을 뻔했던 소중한 사실을 일깨워 주었다. 나는 사회 정책과 노사 관계, 사회사상을 연구하면서 연구자로서의 인생을 시작했으므로 대학원생 시절이나 초보 연구생 시절에는 역사와 사상, 철학의 고전을 꽤 많이 읽었다. '지식 포럼'의 교양 강의를 듣다 보니 '그래, 이것이 내 원점이었지.' 하는 생각이 머리를 강타했다.

즉 지식 포럼에서, 좀 거창하게 말하자면 '나는 무엇인가?' 하는 자기 발견, 자기 재인식을 한 것이다. 이 책 내용에 비추어 말하자면, 그것은 나의 오센틱 리더십을 발견하는 순간이었다. 기업의 리더십 육성 활동과 내가 연구하는 사상이 다시 깊이 결부되기 시작했다. 그래서 이 책의 출판을 결심하게 되었다. 그런 의미에서 이 책은 나 개인에게도 무척 큰 의미가 있다.

이 책을 집필하는 데에 무척 많은 분들의 도움을 받았다. 무엇보다 감사 인사를 하고 싶은 분은 각각의 리더십 여정을 공유하도록 허락해 준 열두 명의 리더다. 바쁜 중에 시간을 내서 귀중한 이야기를 들려 준 데 대해 다시금 진심으로 감사의 인사를 드리고 싶다. 각각의 리더십 여정을 공유함으로써 더 많은 사람의 리더십 여정을 응원하고 싶다는 내 바람을 흔쾌히 들어 준 리더들에게 깊이 감사한다. 또 인터뷰를 진행할 수 있도록 일정과 환경을 조정해 준 각 회사의 담당자에게도 큰 신세를 졌다. 그들에게 이 지면을 빌어 감사의 말을 전하고 싶다.

노나카 이쿠지로 선생에게도 새삼 감사를 드리고 싶다. 내가 경영학을 지금까지 공부할 수 있었던 것도, '지식 포럼'을 통해 내 원점을 다시 확인할 수 있었던 것도 모두 노나카 선생의 덕분이다. 선생이 베풀어준 배려에 변변히 보답하지 못하는 것을 죄송하게 생각하며, 항상 지도해 주심에 다시금 감사를 표한다.

또한 지금의 내가 있는 것은 다케우치 히로타카 선생의 덕분이기도 하다. 1988년의 첫 만남부터 현재에 이르기까지, 다케우치 선생은 언제나 나의 절대적 멘토였으며 엄격한 피드백으로 나를 기르는 영원한 스승이었다.

지식창조 이론이 내 하나의 기둥이라면, 나머지 한 기둥은 리더십과 기업 변혁 이론일 것이다. 그것을 실천을 통해 가르쳐준 스승 노엘 교수에게도 다시금 깊이 감사드린다. 작년 10월 도쿄에서 오랜만에 그 분을 만났는데, 변함없이 리더십과 기업 변혁에 앞장서서 활약하는 모습에 새삼 큰 자극을 받았다.

내가 근무하는 히토쓰바시 대학 대학원 국제기업 전략연구과 직원들에게도 감사드린다. 함께 연구와 교육 활동을 하는 중에 팀워크를 구사하며 혁신에 지속적으로 도전하는 일의 중요성을 절실하게 배우고 있다. 또 '지식 포럼'을 운영하는 노나카 지식 연구소 여러분의 평소의 보살핌에도 깊은 감사를 드린다.

또 2003년부터 내가 강사로 일하게 된 스위스 로잔의 세계 최고 비즈니스 스쿨 IMD는 나의 세상을 유럽과 아프리카로 크게 넓혀주었다. 학장 도미니크 투르팽(Dominique Turpin) 씨를 비롯한 IMD 교직원들은 내가 로잔에 갈 때마다 동료로서 따뜻하게 맞아준다. 무척 즐겁고 고맙다.

또 이 책은 도요 경제신보사(東洋經濟新報社) 출판국 사토 게이(佐藤敬) 씨와의 만남이 없이는 태어나지 못했을 것이다. 언제나 온화한 사토 씨와의 만남에서 자극을 받아 어떻게든 책을 쓰고 싶어졌다. 인터뷰를 글로 옮기는 일에는 작가인 와타나베 노리코(渡辺典子) 씨의 공이 컸다. 인터뷰와 동시에 노트북 컴퓨터로 타이핑을 하는 와타나베 씨의 모습에 깊이 감탄했다. 두 사람 없이 이 책은 탄생하지 못했을 것이다. 진심으로 감사드린다. 또한 이번에 사토 씨를 도와준 오구라 다카시(小倉尙) 씨는 1998년에 출판된 『가치 경영 : 지의 관리』의 편집자이기도 했다. 17년 만에 함께 일할 수 있어서 무척 기뻤다.

Last but not least('마지막이지만 아주 중요한 말'이라는 뜻—역주). 이 책을 쓰는 동안 가족에게서 생각지 못한 강한 자극을 받았다. 미국에서 공부하는 딸은 전문 서적을 술술 읽기 시작했다. 대학원 공부를 시작한 아내 역시 환경 문제에 관한 전문 서적을 읽느라 독서에 빠져 있는 시간이 길어졌다. 아마존에서 주문한 원서가 연일 집으로 배달되는 가운데, '나도 뭐든 해야겠구나.', '나도 책을 써야겠다.'는 생각이 날로 강해졌다.

마지막으로 책을 낸 것이 2010년이었는데, 그나마 그 책은 공저였다. 책을 단독으로 집필한 것은 2004년 이후 처음이다. 그때도 『기업 변혁의 프로페셔널』이라는 제목으로 변혁과 리더십을 다루었지만 말이다. 그런 연유로, 지금까지와는 전혀 다른 의미에서, 즉 지적 자극을 주어 이 책의 집필을 재촉했던 가족에게 재차 감사의 말을 전하고 싶다.

2015년 5월 도쿄에서 **이치조 가즈오**

리더십의 철학

– 열두 명의 경영자에게 배우는 리더 육성법 –

초판 1쇄 인쇄 | 2016년 10월 20일
초판 1쇄 발행 | 2016년 10월 25일

지은이 | 이치조 가즈오(一條和生)
옮긴이 | 노경아
발행인 | 강희일 · 박은자
발행처 | 다산출판사
디자인 | 민하디지털아트 (02)3274–1333

주소 | 서울시 마포구 대흥로 6길 8 다산빌딩 402호
전화 | (02)717–3661
팩스 | (02)716–9945
이메일 | dasanpub@hanmail.net
홈페이지 | www.dasanbooks.co.kr
등록일 | 제3–86호(윤)

이 책의 판권은 다산출판사에 있습니다.
잘못된 책은 구입하신 서점에서 바꾸어 드립니다.

ISBN 978–89–7110–515–3 03000
정가 14,000원

다산출판사 신간안내

건강의학 솔루션 ❶

잘못 알려진 건강 상식

오카모토 유타카(岡本裕) 저 / 노경아 역 / 236면 / 정가 10,000원

『병의 90%는 스스로 고칠 수 있다』의 저자가 식생활, 영양, 의료, 질병에 관한 각종 '상식'을 철저히 파헤친다. 당신의 건강에 확실한 도움이 될 책!

건강의학 솔루션 ❷

치매정복 –치매로부터 벗어날 수 있는 77가지 습관–

와다 히데키(和田 秀樹) 저 / 오시연 역 / 192면 / 정가 9,000원

계산력이나 기억력이 아니다! 치매에 걸리지 않는 뇌를 만들 때 정말 중요한 것은? 노년정신의학 전문가이자 국제의료복지대학 교수인 와다 히데키가 말하는 '뇌 안티에이징'

건강의학 솔루션 ❸

혈관이 수명을 결정짓는다

다카하시 히로시(高橋 弘) 저 / 이진원 역 / 200면 / 정가 9,000원

하버드대학 의학부 전 부교수이자 의학박사인 다카하시 히로시가 매일 간단한 식사법과 생활습관을 실천하여 2개월 만에 혈관나이를 젊게 되돌릴 수 있는 방법을 정리해 놓았다.

오른손에 논어, 왼손에 한비자 –현대를 균형 있게 살아가기 위한 방법–

모리야 히로시(守屋洋) 저(중국문학자) / 김진연 역 / 276면 / 정가 10,000원

'인간을 믿으며 살아가자'는 『논어』와 '인간을 움직이는 것은 오로지 이익뿐'이라는 『한비자』. 지금까지 우리 사회는 『논어』가 주장하는 '성선설'을 기반으로 운영되어 왔다. 한편 『한비자』가 주장하는 '성악설'에는 그다지 익숙하지 않아 그 엄격함으로부터 눈을 돌리는 사람도 있을지 모른다. 하지만 저자는 지금과 같이 격변하는 사회 속에서 "우리도 한비자 방식을 도입해야 한다."는 파격적인 발언을 한다. 이 대조적인 두 권의 중국고전으로부터 실천적인 삶의 방식을 배워보자.

1%의 원리

탐 오닐(Tom O'Neil) 저 / 김효원 역 / 216면 / 정가 9,000원

이 책에서 제시된 굉장히 실용적인 활동 과제와 실제 사례, 그리고 특별히 설계된 30일 과정은 당신이 1%의 원리를 일상생활에 적용하면서 삶을 온전하게 누릴 수 있도록 도와줄 것이다. 매일 1%씩 작은 변화를 만들어 가면서 당신은 더욱 위대하고 영속적인 성공을 이루게 될 것이다.

현장론 –'비범한 현장'을 만들기 위한 이론과 실천–

엔도 이사오(遠藤 功) 저(와세다대학 경영대학원 교수) / 정문주 역 / 280면 / 정가 15,000원

'평범한 현장'과 '비범한 현장'의 차이를 밝히다. 현장의 능력 격차는 지극히 크다. 탁월한 현장력으로 갈고 닦아 경쟁력의 주축으로 삼는 '비범한 현장'의 수는 결코 많지 않다. 대부분의 현장은 되는 일도 없고, 안 되는 일도 없는 수준의 '평범한 현장'이다. 개중에는 기업을 파탄으로 몰고 가는 '평범 이하의 현장'도 있다. 필자의 문제의식은 여기에 있다. 어째서 현장의 능력 격차는 이토록 큰가? 어떻게 하면 '평범한 현장'을 '비범한 현장'으로 전환할 수 있을까? 그것이 바로 이 책의 주제다.

부자동네보고서 –부르주아 동네에서 펼쳐진 생드니 학생들의 연구–

니콜라 주냉(Nicolas Jounin) 저(전, 파리 생드니대학 교수) / 김보희 역 / 276면 / 정가 15,000원

이 책은 지배계층의 사회를 연구하며 펼쳐진 크고 작은 전투들을 신선하고 유쾌한 방식으로 풀어내고 있다. '상위'에 있는 자들이 '하위'에 있는 자들을 관찰하고 조사하던 익숙한 연구의 방향을 뒤집어보는 것, 이것이야말로 이 책이 던지고 있는 핵심적인 관점이다.

리더십의 철학 –열두 명의 경영자에게 배우는 리더 육성법–

이치조 가즈오(一條和生) 저 / 노경아 역 / 252면 / 정가 13,000원

리더의 발자취를 각자의 리더십 철학이 확립되어 가는 여정으로 간주하고, 그것을 이야기로 엮은 것이 이 책이다. 등장하는 리더는 열두 명. 각자의 여정은 무척이나 각양각색이다. 그러나 그 중 어떤 리더의 여정도 계획대로 순조롭게 진행되지 않았다. 정도의 차이는 있지만 누구나 성공과 실패의 시기를 모두 겪었다. 그래도 모든 리더십 스토리가 긍정적으로 끝나는 것은 그들이 아무리 힘들어도 희망을 잃지 않고 역경을 극복하며 여정을 지속했기 때문이다. 많은 독자들도 이 감동을 함께 느끼고 자신만의 리더십 여정을 시작하기를 진심으로 바란다.